Informationssicherheit
in Unternehmen

Horst Görtz
Jutta Stolp

Informationssicherheit in Unternehmen

Sicherheitskonzepte und -lösungen in der Praxis

ADDISON-WESLEY

An imprint of Addison Wesley Longman, Inc.

Bonn • Reading, Massachusetts • Menlo Park, California
New York • Harlow, England • Don Mills, Ontario
Sydney • Mexico City • Madrid • Amsterdam

Die Deutsche Bibliothek – CIP-Einheitsaufnahme

Informationssicherheit in Unternehmen / Horst Görtz, Jutta Stolp. – Bonn ; Reading, Mass. [u.a.] :
Addison-Wesley-Longman, 1999
(Informationssicherheit)
ISBN 3-8273-1426-7

Buch.– 1. Auflage – 1999
Gb.

Lektorat: Fernando Pereira, Sylvia Hasselbach

Korrektorat: Daniela Haralambie, Bonn

Produktion: Anne Heiming

Satz: mediaService, Siegen
gesetzt mit FrameMaker aus der Palatino 9,5/12 p

Belichtung, Druck und Bindung:
Bercker Graphischer Betrieb, Kevelar

Umschlaggestaltung: Hommer DesignProduction, Haar bei München

Das verwendete Papier ist aus chlorfrei gebleichten Rohstoffen hergestellt und alterungsbeständig. Die Produktion erfolgt mit Hilfe umweltschonender Technologien und unter strengsten Auflagen in einem geschlossenen Wasserkreislauf unter Wiederverwertung unbedruckter, zurückgeführter Papiere.

In der Reihe »Informationssicherheit« erscheinen folgende Titel:

Hagen Hagemann, Heino Hirsekorn, Firoz Kaderali, Heinz Müller, Andreas Rieke
Kryptologie – Interaktives Training
Technischer Datenschutz in Kommunikationsnetzen
ISBN 3-8273-1220-5

Horst Görtz, Jutta Stolp
Informationssicherheit in Unternehmen
Sicherheitskonzepte und –lösungen in der Praxis
ISBN 3-8273-1426-7

Günter Müller, Andreas Pfitzmann (Hrsg.)
Mehrseitige Sicherheit in der Kommunikationstechnik
Band 1: Verfahren, Komponenten, Integration
ISBN 3-8273-1116-0

Günter Müller, Kurt-H. Stapf (Hrsg.)
Mehrseitige Sicherheit in der Kommunikationstechnik
Band 2: Erwartung, Akzeptanz, Nutzung
ISBN 3-8273-1355-4

Günter Müller, Kai Rannenberg (Hrsg.)
Mehrseitige Sicherheit in der Kommunikationstechnik
Band 3: Technik - Einsatz - Wirtschaft
ISBN 3-8273-1360-0

Bruce Schneier
Angewandte Kryptograhie
Protokolle, Algorithmen und Sourcecode in C
ISBN 3-89319-854-7

Reinhard Wobst
Abenteuer Kryptologie
Methoden, Risiken und Nutzen der Datenverschlüsselung
ISBN 3-8273-1413-5

Weitere Titel in Vorbereitung

Inhaltsverzeichnis

Einleitung

Dieses Buch soll einen praktischen Beitrag zur Wissensvermittlung leisten. Es wurde aus der Praxis für die Praxis geschrieben und beschreibt Informationssicherheits-Lösungen, die in der Praxis bereits eingesetzt werden oder zumindest eine erste Erprobungsphase überstanden haben. Sie sollen beispielhaft vorführen, wo die Probleme liegen, was heute schon möglich ist und wie andere vorgegangen sind.

Damit auch Leser ohne fachlichen Hintergrund die Lösungen nachvollziehen können, werden in Teil I grundlegende Konzepte der Informationssicherheit vermittelt, soweit sie zum Verständnis der Beispiele nötig sind, so z.B. die Authentisierung, die Verschlüsselung, die digitale Signatur, Smart-Cards u.v.m. Auf diese Weise soll gewährleisten werden, daß auch Leser, die nicht mit allen Sicherheitstechnologien und -mechanismen vertraut sind, Nutzen aus den Praxisbeispielen ziehen können. Die Autoren haben bewußt nicht jedes Detail beschrieben, weil der Schwerpunkt auf der Praxis liegen sollte und es außerdem genügend technische Literatur gibt, auf die im Anhang verwiesen wird.

Auf dieser Basis präsentiert Teil II anhand von acht Beispielen aus der Praxis Lösungen zur Informationssicherheit. Es wurden interessante Lösungen aus den Bereichen Banken, Industrie und Verwaltungen in Europa ausgewählt. Leiter der Datenverarbeitung und Sicherheitsbeauftragte erhalten hier praktische Anleitungen zur Umsetzung gängiger Sicherheitskonzepte. Da sich viele Anwendungen in der Praxis ähneln, wird der Leser in den Beispielen Vergleiche zu seinen Anwendungen ziehen können. Auf jeden Fall sollte es alltäglich sein oder werden, für jede Anwendung einen Sicherheitscheck durchzuführen, um Risiken zu erkennen und dann zu vermeiden.

Teil III stellt das rechtliche Umfeld in Deutschland vor. Der Staat hat in den letzten Jahren Gesetze und Verordnungen erlassen, die den rechtlichen Rahmen zur Informationssicherheit geben und sie maßgeblich beeinflussen. Darüber hinaus werden in diesem Teil die wichtigsten Normen bzw. Industrienormen erläutert, die für die Informationssicherheit von Bedeutung sind.

Der Anhang schließlich versammelt ein Glossar, das die wichtigsten Fachwörter erklärt, und offeriert dem Leser darüber Adressen und Literaturhinweise, mit deren Hilfe er die hier gewonnenen Erkenntnisse vertiefen kann.

Bei der Realisierung des Buches ergaben sich Schwierigkeiten: Speziell in dem zukunftsträchtigen Bereich der Kommunikationssicherheit gab es leider erst wenige implementierte Lösungen. Langsam entstehen bei den Anbietern die Werkzeuge und Module, auf deren Grundlage preiswerte und einfach zu installierende Standardprodukte entwickelt werden. Die Branche ist voll ausgelastet. Die Autoren haben deshalb nur wenig Gegenliebe bei den Anbietern gefunden, als sie um Unterstützung gebeten haben. Nur zwei

Anbieter waren bereit, das Buchprojekt zu unterstützen. Das ist der Grund, warum acht der neun Beispiele von einem Anbieter stammen.

Für die Unterstützung danken die Autoren den beteiligten Mitarbeitern der Utimaco Safeware AG sowie der Kryptokom GmbH, die Detailinformationen zu den Praxisbeispielen geliefert haben.

Das Thema »Informationssicherheit« ist kein männliches Thema. Dennoch sprechen die Autoren im Text in der männlichen Form von Benutzern, Teilnehmern usw. und nicht von Benutzerinnen und Benutzern, Teilnehmerinnen und Teilnehmern. Wir bitten alle Leserinnen, uns dies nachzusehen.

Wir wünschen den Leserinnen und Lesern, daß sie aus der Lektüre dieses Buches größtmöglichen Nutzen ziehen können.

Oberursel, im Januar 1999

Horst Görtz, Jutta Stolp

Teil I Einführung

Sicherheit ist ein Grundbedürfnis der Menschen und hat fast denselben Stellenwert wie Essen und Trinken. Menschen wollen nicht mit einer ständigen Bedrohung leben. Deshalb geben Familien und ganze Völker je nach Sicherheitslage mehr oder weniger viel Geld für ihre Sicherheit aus. Dabei ist das Hauptinteresse auf die Lebenserhaltung und den Schutz des Vermögens gerichtet. Information ist in den letzten Jahren zum Produktionsfaktor aufgestiegen und hat nun dieselbe Bedeutung wie die bisherigen Produktionsfaktoren Boden, Kapital und Arbeit erlangt. Informationen sind schützenswert. Informationssicherheit ist in der Informationsgesellschaft ein wichtiger Teil der Sicherheitspolitik, um den sich auch der Staat zu kümmern hat (siehe Teil III).

Kapitel 1 führt in die betrieblichen Anforderungen an die Informationssicherheit ein. Es werden unter anderem neueste Befragungsergebnisse dargestellt und kommentiert.

In Kapitel 2 werden die Grundlagen der Informationssicherheit erläutert. Es geht dabei um Verschlüsselung als die zentrale Sicherheitstechnologie und darauf basierende Mechanismen wie Authentisierung und digitale Signaturen.

1 Betriebliche Anforderungen an die Informationssicherheit

Unternehmen haben in der Vergangenheit zunächst in die zentrale Datenverarbeitung und später in die individuelle Datenverarbeitung und in lokale Netzwerke mit Personal Computern investiert. Zunehmend konzentriert sich das Interesse auf das Internet und Intranets. Das Ziel war und ist die Verbesserung der Kommunikation der Unternehmensteile mit der Zentrale oder untereinander oder mit den Kunden und Lieferanten. Auch in die Vorbereitung des Electronic Commerce werden schon beachtliche Summen investiert.

Neue Medien bedeuten in der Datenverarbeitung im allgemeinen auch neue Risiken. Das war schon so, als man von der Batch- auf Dialogverarbeitung und später von der zentralen auf die dezentrale Datenverarbeitung umstieg. Nun soll das Netz zum Computer werden und wiederum ändert sich die Sicherheitslage.

Um mit den veränderten Anforderungen Schritt zu halten, sind die Risiken für das eigene Unternehmen zu analysieren, und es sind geeignete Schlüsse zu ziehen.

1.1 Warum ist Informationssicherheit immer noch ein Thema?

Cäsar

Informationssicherheit war schon immer ein wichtiges Thema. Bereits in der Antike haben die Mächtigen versucht, wertvolle Informationen vor ihren Feinden zu schützen. Der römische Kaiser Cäsar benutzte ein sehr einfaches Verschlüsselungsverfahren, um seine vertraulichen Botschaften an seine Truppen zu sichern.

Cäsars Informationssicherheit

Unverschlüsselte Nachricht:	Bei Tagesanbruch den Rubikon...
Verschlüsselt:	Cfj ubhfbocsvdi efo svcjlpo

Enigma

Er ersetzte jeden Buchstaben seiner Information durch den jeweils nächsten oder übernächsten, also z.B. ein a durch ein b oder ein c. Das Verschleierungsverfahren war primitiv und wurde natürlich bald geknackt.

Seither wurden Verschlüsselungsverfahren laufend verfeinert, geknackt und wieder verfeinert. Die deutsche Wehrmacht verfügte über ein »absolut sicheres« Verschlüsselungsverfahren, das mit der Enigma Chiffriermaschine realisiert wurde. Ver- und Entschlüsseln von Funksprüchen erledigte die

Enigma. Die Beherrschung des Atlantiks durch die deutschen U-Boote war nur durch die Enigma möglich. Folglich setzten die Briten mit polnischer Unterstützung alles daran, die Enigma zu knacken, was schließlich mit großem Einsatz in »Bletchley Park« gelang. Und damit ging die Vorherrschaft der deutschen Marine verloren.

Kryptoregulierung

Verschlüsselung war bis vor kurzer Zeit ausschließlich eine »Waffe« des Militärs. Verschlüsselung von Informationen in der Wirtschaft war so gut wie unbekannt. In manchen Staaten wird die Kryptografie auch heute noch als Waffe gesehen. In Frankreich und anderen Ländern gibt es staatliche Kryptoregelungen, die auf diesem Verständnis beruhen. Aber die Zeiten haben sich geändert. Heute kommen Unternehmen und zivile Verwaltungen ohne die Anwendung von Kryptoverfahren nicht mehr aus. Das hat auch Frankreich eingesehen und deshalb Verfahren entwickelt, die die Wirtschaft schützen sollen, aber gleichzeitig dem Staat Zugriffsmöglichkeiten geben. Dabei wird mit einem zusätzlichen Schlüssel gearbeitet. Auf diesen beansprucht der Staat jederzeitigen Zugriff, um vertrauliche Informationen entschlüsseln zu können. Die Verfahren wurden unter »Key Escrow« oder »Key Recovery« bekannt. In Deutschland hat der Innenminister immer wieder ähnliche Verfahren gefordert. Bisher ist es gelungen, die Ansprüche des Staates zurückzuweisen. Man kann nur hoffen, daß es dabei bleibt, denn der dritte Schlüssel ist und bleibt ein Risiko, weil sich professionelle Hacker und fremde Geheimdienste natürlich auf die Enttarnung dieses Schlüssels konzentrieren werden.

Neue Gefahren

Das Anliegen, Informationen gegenüber unberechtigten Dritten zu schützen, hat sich nicht geändert. Das Thema ist heute viel jedoch bedeutsamer als noch vor Jahren. Die Art und Weise, wie wir heute Daten verarbeiten und speichern, hat sich nämlich dramatisch geändert, und dabei sind neue Gefahren entstanden.

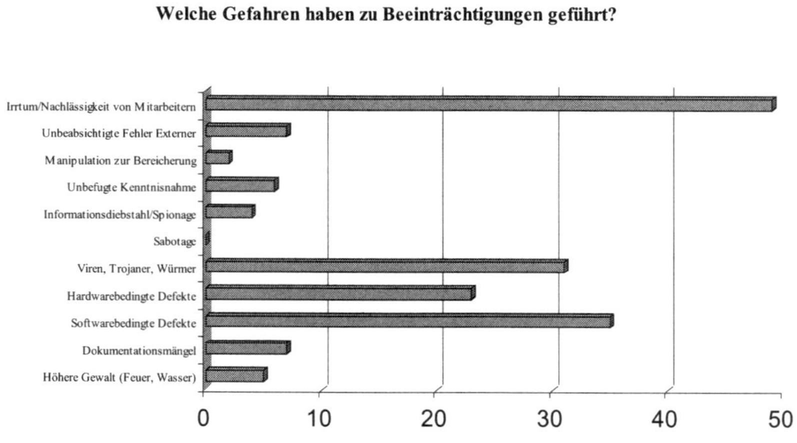

Abbildung 1.1: KES/Utimaco-Studie 1998: Gefahrenbereiche, die tatsächlich zu mittleren/großen Beeinträchtigungen geführt haben

Beein-trächtigungen

Die 1998 erhobene KES/Utimaco-Studie liefert hier interessante Ergebnisse. Die größten tatsächlichen Gefahren gehen von den eigenen Mitarbeitern aus. Irrtum und Nachlässigkeit sind nach wie vor die größten Bedrohungen für die Informationssicherheit. Softwarebedingte Defekte sind mit 35 % und Viren, Trojanische Pferde oder Würmer mit 31 % bedeutsame Gefahrenquellen. Im Vergleich hierzu sind Manipulation, Informationsdiebstahl oder unbefugte Kenntnisnahme zwar zunehmend, aber noch ohne große Bedeutung. Nun sagt diese Statistik nichts über den entstandenen Schadensumfang aus. Ein Informationsdiebstahl kann dem Unternehmen mehr schaden als 100 Irrtümer von Mitarbeitern. Es besteht noch ein zweites Problem: Die meisten Sicherheitsprobleme bleiben unentdeckt bzw. werden totgeschwiegen, denn das betroffene Unternehmen befürchtet einen noch größeren (Image-)Schaden, wenn das Sicherheitsproblem bekannt würde.

1.1.1 Dezentralisierte Datenverarbeitung und Datenkommunikation schaffen neue Gefahren

Risiken dezentraler DV

Die ehemals zentrale Datenverarbeitung fand schon wegen der notwendigen Klimatisierung der Großrechner in besonderen abgetrennten Räumen statt. Computer, Speicher und Daten waren durch bauliche Maßnahmen leicht zu schützen. Mit dem Aufkommen des Personal Computers wurde die Datenverarbeitung teilweise dezentralisiert. Personal Computer stehen heute in allen Büros. Sie sind Befugten und Unbefugten leicht zugänglich. Hinzu kommt, daß immer mehr Menschen mit dem PC umgehen und sich so Zugang zu Daten verschaffen können. Durch die Vernetzung von lokalen und entfernten Computern befinden sich Daten ständig in privaten oder öffentlich zugänglichen Netzen. Hacker haben da manchmal leichtes Spiel. Die Presse hat oft genug über spektakuläre Aktionen berichtet und die Gefahren aufgezeigt.

Sicherheitslücken

Die Professionalität, mit der Kriminelle Sicherheitslücken ausnutzen, wächst. Immer mehr Angriffe auf Datenverarbeitungs-Systeme gehen auf das Konto des organisierten Verbrechens. Besonders auffällig ist die Zunahme der Industriespionage, an der neben dem organisierten Verbrechen vermehrt auch Nachrichtendienste beteiligt sind. Im Kontrast hierzu ist das Sicherheitsbewußtsein der Nutzer noch unterentwickelt. Ein Penetrationstest des US-Verteidigungsministeriums im Jahre 1995 in 38.000 Fällen ergab, daß 65 % der Systeme leicht angreifbar waren. Dies hatten aber nur 3 % der Nutzer bemerkt.[1]

Sicherheitsvorkehrungen in Betriebssystemen und Anwendungslösungen

Die implementierten Sicherheitsfunktionen reichen im allgemeinen nicht aus. Wer Sicherheit haben möchte, muß zusätzliche Lösungen installieren.

---

1 Handelsblatt 15.7.1998

Großrechner

Betriebssysteme. Die Betriebssysteme für Großrechner wurden zu einer Zeit entwickelt, als wegen der räumlichen Abschottung der Datenverarbeitungs-Anlagen und noch nicht vorhandener Datenkommunikation keine logischen Sicherheitsvorkehrungen notwendig waren. Bauliche Maßnahmen reichten aus. Es wurde »nur« Stapelverarbeitung betrieben. Als dann die ersten Terminals bei den Anwendern aufgestellt wurden, war ein weites Tor für Benutzer geschaffen, die zwar Zugriffsrechte zu ihren Daten haben sollten, aber nicht mehr. Die übrigen Funktionen, wie z.B. Systemverwaltung oder Anwendungsentwicklung, sollte den ausgewählten Fachkräften vorbehalten bleiben. Von IBM und anderen Anbietern wurden zusätzliche Sicherheitsmodule entwickelt, die dem unsicheren Betriebssystem mehr Sicherheit gaben. Diese Add-Ons, wie z.B. RACF von IBM, fügten dem Betriebssystem die fehlenden Sicherheitsmaßnahmen hinzu. Dazu gehörten z.B. die Authentisierung der Benutzer durch Benutzerkennung und Paßwort.

PC

Als die ersten IBM-PC mit DOS ausgeliefert wurden, fehlte ebenfalls jegliche Sicherheit. Die Gefahr wurde auch nicht erkannt, denn die neue Art der Datenverarbeitung wurde als sehr persönliche Verarbeitung kleiner Datenmengen aufgefaßt. Die Datenverarbeiter in den Unternehmen sahen in den PCs »aufgebohrte« Schreibmaschinen, aber keine Computer. Das änderte sich mit der Zunahme der Leistung und mit der Vernetzung. Auch hier entwikkelten Sicherheitsanbieter Betriebssystemzusätze, die DOS sicher machten.

NT ist unsicher

Dem Betriebssystem DOS folgten OS/2 von IBM und Windows 95 von Microsoft. Beide Betriebssysteme enthalten keine nennenswerten Sicherheitsvorkehrungen. Das professionelle Windows NT ist mit Sicherheitsfunktionen ausgestattet. Sie können aber mit Hacker-Softwaretools, die aus dem Internet heruntergeladen werden können, umgangen werden. So kann man mit dem Programm NTFSDOS.EXE den Zugriff auf das geschützte NTFS-Dateisystem erhalten. Mit diesem im Internet für jeden verfügbaren Programm werden die Dateischutzmechanismen von Windows NT außer Kraft gesetzt. Peinlich ist nur, daß dieses Betriebssystem in Großbritannien trotzdem nach ITSEC E2 zertifiziert wurde. Es gibt noch ein weiteres allgemein verfügbares Programm: L0phtCrack. Es liefert die Paßworte der registrierten Benutzer aus der Registry und macht damit die Benutzeranmeldung durch fremde Dritte ganz einfach.

Netzwerk-Betriebssysteme

Netzwerk-Betriebssysteme wie Windows NT oder Netware bieten einen guten Zugangs- und Dateischutz. Sie haben nur den Nachteil, daß Administratoren oder Wartungspersonal Zugriff auf alle Dateien haben müssen, um ihre Aufgaben zu erfüllen. Die Vertraulichkeit ist nicht gewährleistet. Vertrauliche Daten müssen zusätzlich verschlüsselt werden.

Man kann sagen, daß die Sicherheitsvorkehrungen in den PC-Betriebssystemen generell nicht ausreichen.

Benutzeranmeldung

Anwendungssoftware. Die meisten Anwendungslösungen bieten einen mehr oder weniger zuverlässigen Zugangsschutz. Die wichtige Identifikations- und Authentisierungsfunktion ist nur dann akzeptabel, wenn sie in allen Systemen

- einheitlich zu verwalten,
- auf demselben Qualitätsniveau und
- gleich zu bedienen ist.

Da diese Voraussetzungen nicht gegeben sind, sollte man sich schon überlegen, ob man die Authentisierungsfunktionen in den verschiedenen Anwendungen verwenden kann. Eine einheitliche Zugangs- und Zugriffskontrolle auf Betriebssystemebene ist auf jeden Fall vorzuziehen, da es dem Anwender nicht gefallen wird, wenn er sich in allen Anwendungen auf unterschiedliche Weise mit unterschiedlichen Paßworten anmelden muß.

Benutzerrollen

Die Sicherheitsmechanismen in professionellen Betriebssystemen und in Sicherheits-Zusatzsystemen sehen mindestens zwei Rollen vor: Systemverwalter und Benutzer. Der Systemverwalter vergibt die Rechte an die Benutzer und hilft auch bei vergessenen Paßworten. Die Maßnahmen sollten aber so geregelt sein, daß er nur Rechte vergeben, aber nie sich selbst die Rechte von Benutzern verleihen kann. In Anwendungssystemen fehlt meistens die Rolle des Systemverwalters und dann entsteht folgendes Problem: Da die Paßworte richtigerweise nur dem Benutzer bekannt sind, kommt nach dem Ausscheiden oder bei Krankheit des Mitarbeiters niemand mehr an die Daten heran. In der Folge wurden für die meisten bekannten Standardprodukte kleine Hackprogramme entwickelt, mit denen man die Paßworte auslesen kann, was die Sicherheit zunichte macht.

Große Risiken

Datenkommunikation. Informationssicherheit auf den Kommunikationswegen ist nur dann gegeben, wenn die Leitungswege von der Telekom gemietet (fest geschaltet) sind. Das ist aus Kostengründen vielfach nicht mehr zu vertreten. Die Folge ist, daß nun öffentliche Leitungen verwendet werden, die unsicher sind. Zum öffentlichen Netz gehört auch das Internet, das jedem, also auch Hackern, den Zugang erlaubt und deshalb als unsicher zu bewerten ist. Ohne zusätzliche Sicherheitsmechanismen gibt es in öffentlichen Leitungsnetzen keine Sicherheit. Wie eine der jeweiligen Anwendung entsprechende ausreichende Kommunikationssicherheit zu erzielen ist, zeigt Teil II in den Praxisbeispielen auf. Ohne Verschlüsselung geht es nicht. Da aber die USA den Export von Verschlüsselungssoftware und -hardware besonders geregelt haben und starke Mechanismen nicht ausgeführt werden dürfen, ist die »Sicherheit« von aus den USA eingeführter Software in Frage zu stellen (siehe hierzu Kapitel 2). Man braucht sich aber keine Sorgen zu machen, die europäischen Anbieter von Sicherheitslösungen stehen in ihrer Leistungsfähigkeit den amerikanischen in nichts nach. Im Gegenteil: Sie sind in vielen Bereichen der Sicherheitstechnologie, wie z.B. bei SmartCards, sogar führend.

Wie beurteilt man die betriebliche Informationssicherheit?

Sichere Großrechner

Auch hier liefert die KES/Utimaco-Studie von 1998 interessante Erkenntnisse. Von den 205 Unternehmen, die den Fragebogen ausgefüllt haben, beurteilen mehr als zwei Drittel die Sicherheit der zentralen Datenverarbeitung als sehr gut bis gut. 20 % sind zufrieden, und nur 6 % bezeichnen sie als ausreichend bis nicht ausreichend.

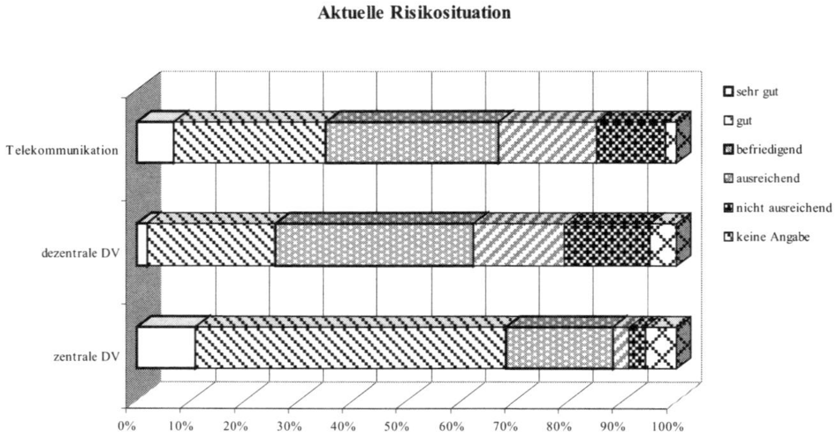

Abbildung 1.2: KES/Utimaco-Studie 1998: Die aktuelle Risikosituation in 205 Unternehmen

Unsichere dezentrale DV

Das ist bei der dezentralen Datenverarbeitung leider ganz anders. Hier bewertet nur ein Viertel (26 %) die Sicherheit als sehr gut bis gut, 37 % beurteilen sie als zufriedenstellend und ein Drittel als ausreichend bis nicht ausreichend.

Unsichere Telekommunikation

Erstaunlich ist auch das Ergebnis der Risikoeinschätzung bei der Telekommunikation/DFÜ. Hier gibt es in etwa eine Drittelung: 35 % vergeben ein sehr gut bis gut, 32 % sind zufrieden, und 31 % halten die Sicherheit für ausreichend bis nicht ausreichend.

Festzuhalten ist, daß die Sicherheitsprobleme der zentralen Datenverarbeitung über die Jahre gut unter Kontrolle gebracht wurden. Hier ist ein gewisser Reifezustand erreicht. Bei der dezentralen Datenverarbeitung ist ein Drittel der Befragten nicht zufrieden mit dem, was bisher erreicht wurde. Dasselbe trifft auch für die Telekommunikation zu, was nicht verwundert. Es gibt Nachholbedarf: Neue Technologien werden immer »ungesichert« eingeführt. »Erst die Technologie, dann die Sicherheit«, lautet offenbar das Motto der Entwickler. Wenn Sie, lieber Leser, zu der Erkenntnis kommen, daß Sie zu dem unzufriedenen Drittel gehören und etwas zu verbessern haben, werden Sie von den Praxisbeispielen im zweiten Teil des Buches profitieren können.

1.1.2 Wie hoch ist das Sicherheitsbewußtsein?

Umfrage der KPMG

Das Risikobewußtsein vieler Unternehmen ist noch unterentwickelt. Eine Umfrage der KPMG Deutsche Treuhand-Gesellschaft unter den 1000 größten deutschen Unternehmen ergab zwar, daß mehr als zwei Drittel ihrer Manager Wirtschaftskriminalität als ernsthaftes Problem sehen. Doch die meisten übertragen dieses Bewußtsein nicht auf die eigene Firma. Sie können sich nicht vorstellen, daß es ausgerechnet sie treffen könnte, schon gar nicht, wenn es um die eigenen Mitarbeiter geht.[2]

Sensiblisierung der Manager

Siemens hat, um die höchstmögliche Sicherheit vertraulicher Informationen zu erreichen, eine Stabsstelle errichtet, die für die Sensiblisierung und Schulung der Führungskräfte verantwortlich ist. Diese erklärt, warum Informationssicherheit notwendig ist. Die besten Kontrollsysteme taugen nämlich nichts, wenn sich die Mitarbeiter nicht damit identifizieren können und sie ablehnen. Mitarbeiter müssen die Maßnahmen zur Erhaltung der Informationssicherheit als notwendig und richtig einsehen.

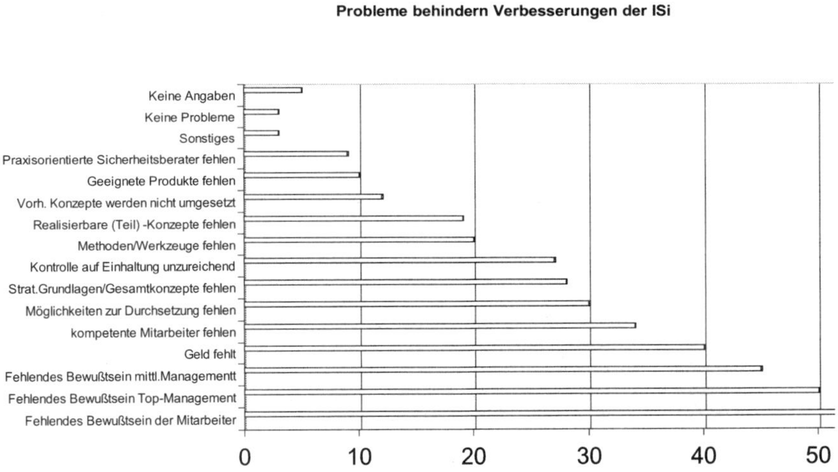

Abbildung 1.3: KES/Utimaco-Studie 1998: Welche Probleme behindern die Verbesserung der Informationssicherheit?

Bei weitem nicht alle Unternehmen und Verwaltungen bemühen sich wie Siemens um die Schaffung von Sicherheitsbewußtsein.

Sicherheitsbewußtsein

55 % der Befragten gaben an, es fehle am Sicherheitsbewußtsein der Mitarbeiter. Dabei hat die Zahl noch zugenommen, denn 1996 waren es nur 52 %. Ähnliches trifft auch für das Top-Management zu (50 % bzw. 45 %). Bei 40 % der 205 Befragten fehlt Geld. Ein Ergebnis hat sich in den letzten zwei Jahren erfreulicherweise verbessert: Während 1996 noch 45 % angaben, daß es Ihnen an kompetenten Mitarbeitern fehle, sind es 1998 nur noch 30 %. Auch die Frage nach strategischen Grundlagen und Konzepten sowie geeigneten Produkten zeigt eine vergleichbar positive Entwicklung. Wer die Sicherheit von Informationen verbessern möchte, muß neben Sachinvestitionen in höhere

2 Wirtschaftswoche Nr. 25 vom 11.6.1998, Seite 85

Sicherheit der Betriebssysteme, der Datenkommunikation und der Anwendungen vor allem in das Sicherheitsbewußtsein des Managements und der Mitarbeiter investieren. Insbesondere muß durch eine Risikoanalyse ermittelt werden, wo die Probleme liegen.

1.2 Welche Informationen müssen wogegen geschützt werden?

Öffentliche Informationen bedürfen keines Schutzes. Interne und vertrauliche Informationen dagegen sind unbedingt gegenüber unberechtigten Dritten zu schützen, wenn man vermeiden will, daß sie zu öffentlichen Informationen werden.

Schützenswerte Anwendungen

Der Frage, welche Informationen gegen unbefugte Einsichtnahme und Manipulation zu schützen sind bzw. wie hoch der Bedarf an Verfügbarkeit oder Verbindlichkeit ist, ist die KES/Utimaco-Studie 1996 nachgegangen. Sie hat ergeben, daß in den Unternehmen und Verwaltungen die Hälfte der Informationen geschützt werden muß.

Abbildung 1.4: KES/Utimaco-Studie 1996: Schützenswerte Anwendungen/ Systeme

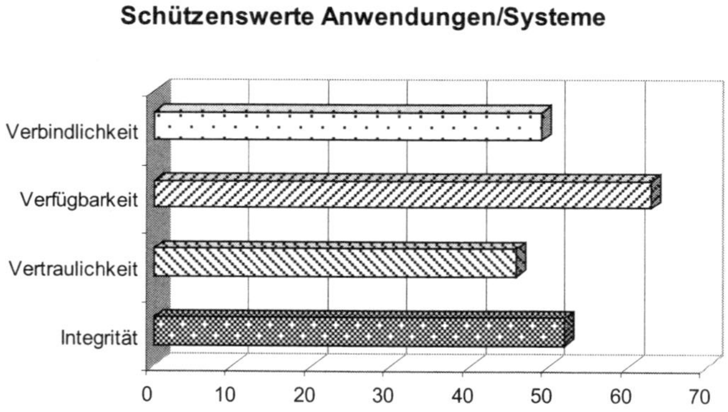

Der Verlust der Verfügbarkeit wird bei den meisten Anwendungen als nachteilig empfunden.

Bedrohungen

Die Bedrohungen für die betriebliche IT-Sicherheit sind wie folgt zu verstehen: man befürchtet den Verlust der

1. Integrität von Informationen. Damit ist die Unversehrtheit von Informationen gemeint. Die Schutzmaßnahme muß Manipulationen vermeiden oder zumindest erkennen. 50% der Anwendungen müssen geschützt werden.
2. Vertraulichkeit von Informationen. Der Schutz muß die unbefugte Kenntnisnahme von Inhalten verhindern (Geheimschutz). Über 40% der Anwendungen sind schützenswert.

3. Verfügbarkeit von Informationen. Es sind Vorkehrungen zu treffen, die einen Verlust der Informationen sowie einen Verlust der damit verbundenen Dienstleistung verhindern. Die Verfügbarkeit hat mit über 60% den höchsten Stellenwert.
4. Verbindlichkeit von Informationen. Speziell im Bereich der Kommunikation sind Maßnahmen zu treffen, die Informationen verbindlich machen. Man muß der Information glauben können. Knapp 50% der Anwendungen fordern die Verbindlichkeit der Informationen.

100%ige Sicherheit

100%ige Sicherheit gibt es nicht. Andererseits ist Sicherheit nur dann gegeben, wenn sie heute nicht angezweifelt werden kann. Lösungen, die eine unvollkommene Sicherheit schaffen, sind nichts wert. Es ist allgemein bekannt, daß alle praktischen und theoretischen Sicherheitsrisiken von potentiellen Angreifern früher oder später ausgenutzt werden. Deshalb sind Sicherheitslösungen, die keine ausreichende Sicherheit bieten, wirtschaftlich unsinnig und sollten besser unterbleiben.

Sicherheitsklassifizierung

Natürlich muß man Unterschiede in der Schutzbedürftigkeit der Informationen machen. Es lohnt sich, einmal alle Anwendungen zu untersuchen und sie in Sicherheitsklassen einzuteilen. In der Wirtschaft haben sich folgende Klassen bewährt:

1. Öffentliche Daten
2. Unternehmensinterne Daten (nur für den Dienstgebrauch)
3. Vertrauliche Daten (nur dem Management oder einem dedizierten Personenkreis zugänglich)

Öffentliche Daten bedürfen wie gesagt keines Schutzes, unternehmensinterne Daten dagegen sehr wohl. Das mindeste ist ein guter Zugriffsschutz, um zu verhindern, daß interne Daten öffentlich werden. Vertrauliche Daten müssen *verschlüsselt* gespeichert und übertragen werden.

Grundschutzhandbuch

Das Bundesamt für Sicherheit in der Informationstechnik (BSI) hat ein *Grundschutzhandbuch* herausgegeben, das als Grundlage für Sicherheitsanalysen und -konzepte dienen kann. Die neueste KES/Utimaco-Studie 1998 hat nachgefragt, ob das Grundschutzhandbuch bekannt ist. 61% der 205 befragten Unternehmen aus Deutschland und der Schweiz kennen es. Leider wenden es nur 21% an, und nur 7% planen den Einsatz. Es kann beim BSI bezogen werden; die Adresse ist im Anhang aufgeführt.

Beachten Sie bitte auch die Ausführungen des BSI über PC-Sicherheit, abgedruckt in Kapitel 2.4.

Wer ist für die betriebliche Informationssicherheit verantwortlich?

Es gibt keine allgemeine Antwort auf diese Frage. In jedem Unternehmen sollte ein Verantwortlicher für die Sicherheit der Informationen benannt werden, dessen Rechte zumindest so weit gehen sollten wie die des Datenschutzbeauftragten. In großen Unternehmen wurden Sicherheitsbeauftragte bestellt, die manchmal mit ihren Mitarbeitern für alle Sicherheitsprobleme zuständig sind. Sie sind für die Bewachung genauso verantwortlich wie für den Schutz von Informationen.

Datenverarbeitungs-Leiter überwiegen

Die Abbildungen 1.1 bis 1.5 zeigen die Realität. In immer mehr Unternehmen wird der Bedeutung der Informationssicherheit durch Organisation und personelle Ausstattung Rechnung getragen. Die Zahl der Beauftragten für die Informationssicherheit ist in den letzten zwei Jahren angestiegen. Nur die Datenschutzbeauftragten sind dem Management unterstellt. Die anderen sind der zweiten oder dritten Ebene zuzurechnen. Bei fast einem Viertel übernimmt ein Ausschuß für Informationssicherheit die Aufgabe der Risikoanalyse, Strategie, Konzeption und Sensibilisierung der Benutzer. In nahezu einem Drittel der 205 befragten Unternehmen ist der Leiter der IV/DV für die Informationssicherheit, soweit es um die Beschaffung geht, verantwortlich. Das Top-Management sieht sich in 22% der Unternehmen in der Verantwortung für die Informationssicherheit.

Abbildung 1.5: KES/Utimaco-Studie 1998: Wer ist für die Informationssicherheit verantwortlich?

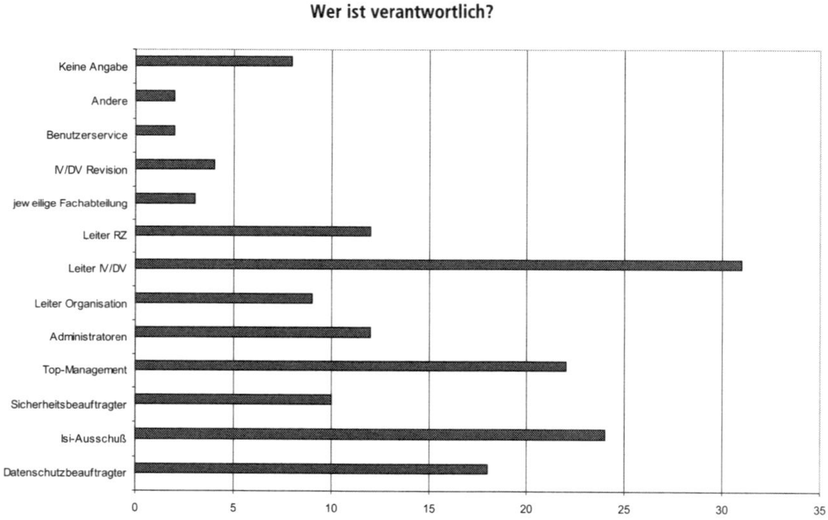

1.3 Realisierung der Informationssicherheit

Risikoanalyse

Die Realisierung von Informationssicherheit ist ein ständiger Prozeß, weil die Technologieentwicklung sowohl den Informationsschützer wie auch den Hacker begünstigt. Am Anfang dieses Prozesses steht die Risikoanalyse. Das Unternehmen muß sich klar darüber werden, welchen Risiken die eigenen Informationen ausgesetzt sind. Die Analyse muß alle Anwendungen betreffen und die vorhandenen Systeme mit einbeziehen. Daten sind in Risikoklassen (vertraulich, intern, öffentlich) einzuteilen, Systeme sind zu bewerten. Dabei sind Daten, die in Großrechnern verarbeitet und gespeichert werden, im allgemeinen besser geschützt als solche, die in Notebooks einer relativ hohen Diebstahlgefährdung ausgesetzt sind, oder Daten, die in öffentlichen Netzen leichte Beute von Hackern werden können.

Sicherheitspolitik

Aufgrund der Risikoanalyse entwirft man die Sicherheitspolitik, die von der Geschäftsleitung genehmigt und zur Grundlage aller erforderlichen Sicherheitsentscheidungen wird. Die Sicherheitspolitik beschreibt zum Beispiel, mit welchen Mitteln vertrauliche Daten zu schützen sind, wie Benutzer sich gegenüber den Computersystemen zu authentisieren haben, ob SmartCards verwendet werden oder man sich mit den »preiswerten« aber unsicheren Paßworten begnügen will.

Implementierung

Nachdem das Unternehmen die Grundlagen für die zukünftige Informationssicherheit geschaffen hat, kann man dazu übergehen, sie zu realisieren. Es werden Projekte gestartet, Produkte ausgewählt, lizensiert und implementiert oder individuelle Lösungen entworfen und realisiert. Heute kann man Sicherheitsvorhaben auf der Basis von Produkten umsetzen, wobei man darauf achten sollte, möglichst flexible Produkte auszuwählen, die eine individuelle Lösung ermöglichen.

Administration

Sicherheitslösungen kommen ohne Administration nicht aus. Benutzer, Zertifikate, SmartCards müssen verwaltet werden, um sie auf dem laufenden zu halten. Dieser Prozeß wird von Sicherheits- oder Systemverwaltern ausgeübt, die unter Sicherheitsgesichtspunkten besonders ausgewählt werden sollten. Manche besonders sicherheitskritischen Maßnahmen sollten nach dem Prinzip der Vier-Augen-Kontrolle von zwei Personen ausgeführt werden.

Revision

Das Sicherheitssystem bedarf der ständigen Überprüfung, weil durch die laufenden Entwicklungen neue Gefahren und Risiken entstehen. Wenn bei der Revision Zweifel an der Sicherheit aufkommen, wird der Prozeß mit der Risikoanalyse neu gestartet.

1.4 BSI-Empfehlungen für den PC-Einsatz

Das Bundesamt für Sicherheit in der Informationstechnik hat die nachfolgenden Empfehlungen herausgegeben. Sie sollten nicht nur für DOS-PCs, sondern ebenfalls für PCs mit den Betriebssystemen Windows 95, OS/2 und Windows NT gelten, denn auch diese Betriebssysteme bieten keine bzw. leicht überwindbare Sicherheit. Die vorgeschlagenen Maßnahmen gelten auch dann, wenn der PC Zugang zu internen oder externen Netzen hat. Das BSI empfiehlt, solche Sicherheitsprodukte einzusetzen, die nach ITSEC (*Information Technology Security Evaluation Criteria*) zertifiziert sind. In Deutschland ist das BSI für die Erteilung von ITSEC-Zertifikaten bzw. die Zulassung von Prüf- und Zertifizierungsstellen zuständig. Die Evaluationen werden von zugelassenen Prüfstellen nach ITSEC und dem Evaluationshandbuch ITSEM durchgeführt. Seit neuestem werden auch Evaluationen nach den Common Criteria durchgeführt. Diese wurden zwischen europäischen Staaten, den USA und Kanada vereinbart und sollen einmal weltweit gelten.

PC-Sicherheitsprodukt

»Für den PC mit mehreren Benutzern ist der Einsatz eines PC-Sicherheitsproduktes vorzusehen. Für die Beschaffung eines Produktes oder für die Überprüfung schon im Einsatz befindlicher Produkte kann folgende Mindestfunktionalität als Maßstab genutzt werden. Mit ihr soll erreicht werden, daß

1. nur autorisierte Personen den PC benutzen können,
2. die Benutzer auf die Daten nur in der Weise zugreifen können, die sie zur Aufgabenerfüllung benötigen,
3. Unregelmäßigkeiten und Manipulationsversuche erkennbar werden.

Mehrere Benutzer

Empfohlene Mindestfunktionalität für PC-Sicherheitsprodukte für den Einsatz bei PCs mit mehreren Benutzern:

1. Identifikation und Authentisierung des Administrators und der Benutzer. Es sollte eine Sperre des Systems nach drei fehlerhaften Authentisierungsversuchen stattfinden, die nur der Administrator zurücksetzen kann. Wird ein Paßwort verwendet, sollte das Paßwort mindestens sechs Stellen umfassen und verschlüsselt im System gespeichert werden.
2. Rechteverwaltung und -kontrolle auf Festplatten und Dateien, wobei zumindest zwischen lesendem und schreibendem Zugriff unterschieden werden soll.
3. Rollentrennung zwischen Administrator und Benutzer. Nur der Administrator kann Rechte zuweisen oder entziehen.
4. Protokollierung der Vorgänge »Anmelden«, »Abmelden« und »Rechteverletzung« sollte möglich sein.
5. Kein Systemzugriff auf Betriebssystemebene darf für Benutzer möglich sein.
6. Bildschirmsperre nach zeitweiser Inaktivität der Tastatur oder Maus und Reaktivierung mittels Identifikation und Authentisierung.
7. Bootschutz soll verhindern, daß der PC unbefugt von Diskette gebootet werden kann.

ITSEC-Zertifikat

Sinnvolle minimale Evaluationstiefe und Mindeststärke der Mechanismen für Zertifikate nach ITSEC: E2, mittel bzw. EAL-3, mittel nach den Common Criteria. Zusätzliche Forderungen an das PC-Sicherheitsprodukt:

1. Benutzerfreundliche Oberfläche zur Erhöhung der Akzeptanz.
2. Aussagekräftige und nachvollziehbare Dokumentation für Administrator und Benutzer.

3. Wünschenswerte Zusatzfunktionalität des PC-Sicherheitsproduktes:
   - Rollentrennung zwischen Administrator, Revisor und Benutzer; nur der Administrator kann Rechte zuweisen oder entziehen und nur der Revisor hat Zugriff auf die Protokolldaten,
   - Protokollierung von Administrationstätigkeiten,
   - Unterstützung der Protokollauswertung durch konfigurierbare Filterfunktionen und
   - Verschlüsselung der Datenbestände mit einem geeigneten Verschlüsselungsalgorithmus und in einer Weise, daß ein Datenverlust bei Fehlfunktion (Stromausfall, Abbruch des Vorgangs) systemseitig abgefangen wird.

Hardware/ Software

Die Realisierung dieser Funktionalität kann sowohl in Hardware wie auch in Software erfolgen. Bei der Neubeschaffung eines Produktes sollten zertifizierte Produkte berücksichtigt werden.

Eine Übersicht über PC-Sicherheitsprodukte und deren Funktionalitäten ist als BSI Schrift 7101 erhältlich. Die vom BSI zertifizierten IT-Produkte und -Systeme können der BSI Schrift 7148 entnommen werden.«

1.5 Beurteilung der Sicherheit von Lösungen

Das ist eine schwierige Aufgabe. Das geflügelte Wort »Der Krug geht solange zum Wasser, bis er bricht« ist kein guter Rat, weil das Risiko zu groß ist und die Folgen einer Sicherheitsverletzung sehr teuer werden können.

ITSEC oder CC

Bei der Beschaffung von DV-Produkten und DV-Systemen muß rechtzeitig festgelegt werden, ob der Zusicherung des Herstellers oder Vertreibers über die implementierten Sicherheitsfunktionen vertraut werden kann. Insbesondere bei einem hohen oder sehr hohen Schutzbedarf kann die Vertrauenswürdigkeit der Produkte in Hinblick auf Informationssicherheit nur dadurch gewährleistet werden, daß unabhängige Prüfstellen die Produkte untersuchen und bewerten (evaluieren).

Eine allgemein anerkannte Grundlage dieser Evaluationen bilden die europäischen »Kriterien für die Bewertung der Sicherheit von Systemen der Informationstechnik (ITSEC)« und das Evaluationshandbuch ITSEM. In Deutschland führen das Bundesamt für Sicherheit in der Informationstechnik (BSI) selbst und vom BSI akkreditierte Prüfstellen solche Evaluationen durch. Bei positivem Evaluationsergebnis und bei Einhaltung der Rahmenbedingungen von ITSEC und ITSEM wird für das untersuchte Produkt oder System vom BSI ein Sicherheitszertifikat erteilt. Seit neuestem können Produkte auch nach den Common Criteria evaluiert werden.

Evaluationsstufen

Aus dem dazugehörenden Zertifizierungsreport geht hervor, welche Funktionalität mit welcher Prüftiefe (Evaluationsstufe E 1 geringste Prüftiefe bis Evaluationsstufe E 6 höchste Prüftiefe) untersucht wurde und welche Bewertung vorgenommen wurde. Die Evaluationstiefe E 0 bedeutet keine Sicherheit. Zusätzlich wird die geprüfte Mechanismenstärke der Implementation der Sicherheitsfunktionen angegeben, die aufzeigt welcher Aufwand zum Überwinden der Sicherheitsfunktionen notwendig ist. ITSEC unterscheidet hier die Mechanismenstärken *niedrig*, *mittel* und *hoch*. Darüber hinaus werden Hinweise gegeben, welche Randbedingungen beim Einsatz des Produktes beachtet werden müssen. Bei den Common Criteria entspricht EAL-2 der Stufe E1, EAL-3 der Stufe E2 usw.

IT-Beschaffung

Stehen bei der IT-Beschaffung mehrere Produkte mit angemessenem Preis-/ Leistungsverhältnis zur Auswahl, sollte ein eventuell vorhandenes Sicherheitszertifikat positiv ins Gewicht fallen. Hierbei sollten Sicherheitszertifikate insbesondere dann berücksichtigt werden, wenn der evaluierte Funktionsumfang die Mindestfunktionalität (weitestgehend) umfaßt und die Mechanismenstärke dem Schutzbedarf entspricht. Je höher dann die im Zertifikat angegebene Prüfungstiefe ist, desto mehr Vertrauen kann dem Produkt hinsichtlich der Wirksamkeit und Korrektheit der Sicherheitsfunktionen entgegengebracht werden.

Zertifikate

Die Zertifizierungsstellen geben regelmäßig Übersichten heraus, welche Produkte ein Zertifikat erhalten haben. Eine Zusammenstellung der vom BSI zertifizierten IT-Produkte und -Systeme kann beim BSI angefordert werden (BSI 7148 – BSI-Zertifikate). Weiterhin veröffentlicht das BSI neu erteilte Zertifikate in der Zeitschrift *KES, Zeitschrift für Kommunikations- und EDV-Sicherheit*. Die KES/Utimaco-Studie 1998 zeigt steigendes Interesse am Einsatz zertifizierter Produkte: 30% der 205 befragten Unternehmen setzen bereits zertifizierte Produkte ein, zwei Drittel derer, die zertifizierte Produkte einsetzen, sind hinsichtlich des Nutzens und der Zuverlässigkeit zufrieden.

Das BSI informiert über die ITSEC und die Common Criteria im Internet unter *http://www.bsi.bund.de* oder unter der im Anhang genannten Adresse.

2 Grundlagen der Informationssicherheit

2.1 Einführung in die Kommunikationssicherheit

»Das Netz ist der Computer«

Mit dem Ausspruch »Das Netz ist der Computer« hat Scott McNealy von Sun Microsystems ein neues Zeitalter der Informationstechnik charakterisiert. Die fortschreitende Vernetzung von IT-Systemen wird die Informationsverarbeitung in den nächsten Jahren dramatisch verändern. Neue Technologien wie Internet und Intranet, Virtual Private Networks (VPN) und Netzcomputer (NCs) beginnen, sich im DV-Alltag vieler Unternehmen zu etablieren.

Mobile Rechner

Auch ein starkes Wachstum im Segment mobiler Rechner ist zu verzeichnen. Die treibenden Kräfte sind neben einem Zuwachs an mobiler Produktivität insbesondere die neuen Möglichkeiten des kostengünstigen Remote Access auf das Firmennetzwerk. Eine Umfrage des PC-Magazins hat ergeben, daß mittlerweile 44 Prozent der Unternehmen die Mitglieder der Geschäftsleitung mit mobilen Rechnern ausstatten. An zweiter Stelle folgt der Außendienst mit 37 Prozent. Gerade diese Gruppen benötigen auf Ihren Dienstreisen Zugriff auf das Firmennetzwerk, um elektronische Post zu lesen, aktuelle Informationen abzurufen oder zu versenden. IDC sagt deshalb voraus, daß 1999 bereits 92 Prozent aller Unternehmen Remote Access-Lösungen einsetzen werden.

Telekommunikation

Das Thema »Informationssicherheit« wird vor diesem Hintergrund einen neuen Stellenwert erhalten. Galt es vorher, Daten auf stationären und mobilen Systeme vor unberechtigtem Zugriff zu schützen, stehen jetzt Fragen der sicheren Datenkommunikation im Vordergrund: Wie kann das Unternehmensnetz, wenn es sich nach außen öffnet, vor ungebetenen Besuchern geschützt werden? Wie läßt sich verhindern, daß Informationen (z.B. auch Paßworte) auf dem Übertragungsweg abgehört oder unbemerkt verändert werden?

2.1.1 Risiko »Öffentliche Netze«

Statement der Gartner Group 1997

»Wir glauben, daß 70% aller Unternehmen schon mehr oder weniger hohe finanzielle Verluste durch Informationssicherheitslücken erlitten haben. Bis 2002 erwarten wir, daß 90% aller Unternehmen erhebliche finanzielle Verluste hinnehmen müssen (70% Wahrscheinlichkeit).« Diese Meinung der Gartner Group mag zunächst übertrieben erscheinen. Sie wird aber durch entsprechende Erfahrungen gestützt. Das US-Verteidigungsministerium wollte es genau wissen und versuchte, in 8.932 eigene Server und Großrechner einzudringen, was in 88% der Fälle auch problemlos gelang. Nur 390 Einbrüche wurden bemerkt, und nur in 19 Fällen wurde Anzeige erstattet. Die geringe

Anzahl der bemerkten Einbrüche (weniger als 5%) sollte aufmerken lassen. Diese Tatsache läßt manche Statistik in neuem Licht erscheinen. Viele Unternehmen haben oder hatten ein Sicherheitsproblem – Sie wissen es nur nicht.

Hacker kennen die Lücken

Sobald ein Computer an ein öffentliches Netz angeschlossen ist, können Hacker aus der ganzen Welt in diesen Computer eindringen und die gespeicherten Daten lesen oder kopieren, ohne daß der Computerbesitzer davon Kenntnis nehmen kann. Wie vielleicht noch erinnerlich, sind 1986/87 deutsche Hacker in über 100 Computer der amerikanischen Raumfahrtbehörde NASA eingedrungen, indem sie Betriebssysteme so veränderten, daß sie sich mit eigenem Paßwort offiziell anmelden konnten. Während der Hackversuch damals noch aufwendig war, ist es heute viel leichter, denn auch weniger Fachkundige können sich Hackingtools aus dem Internet besorgen und an die Arbeit machen. Es gibt eine große Anzahl von Möglichkeiten, sogenannte *malicious software* zu schreiben, die zu arglistigen Zwecken eingesetzt wird.

Malicious Software

Bevor diese schädigende Software weiter erläutert wird, wollen wir uns ansehen, was zum Schutz der Kommunikation in öffentlichen Netzen schon getan wird. Die meisten Befragten haben Zugangs- oder Zugriffsbeschränkungen zu den öffentlichen Netzen eingeführt. Auch Firewalls und Virenschutzmechanismen sind mit über 40% beliebt. Alle übrigen Maßnahmen sind jedoch noch entwicklungsfähig.

Trojaner

Als *trojanisches Pferd* wird ein Programm bezeichnet, das außer den vorgesehenen und erwarteten Funktionen unbemerkt auch andere, unerlaubte ausführt. Trojanische Pferde können als Anhang von Daten, die man aus dem Internet herunterlädt, mitgeliefert werden. So kann ein trojanisches Pferd bewirken, daß bestimmte Daten, an denen der Autor des Trojaners interessiert ist, an ihn übertragen werden, ohne das dies je bemerkt würde. Trojanische Pferde können natürlich auch Software verändern und damit zum Beispiel Einfluß auf Steuerungsprozesse nehmen, was schlimme Folgen haben könnte.

Viren

Computerviren werden ebenfalls über das Internet verbreitet. Sie infizieren und verändern Software und können sogar alle Daten von der Festplatte löschen. Wie bekannt, werden Computerviren vor allem über Disketten, mehr und mehr auch über das Internet verbreitet. Antivirensoftware, die ständig aktualisiert wird, dient der Erkennung und teilweise auch der Eliminierung von Viren. Sie wird heute schon weitgehend angewandt. 40% der Befragten der KES/Utimaco-Studie 1998 setzen sie umfassend und weitere 34% teilweise ein. Dennoch bleiben Viren ein ernstes Problem für die Informationssicherheit.

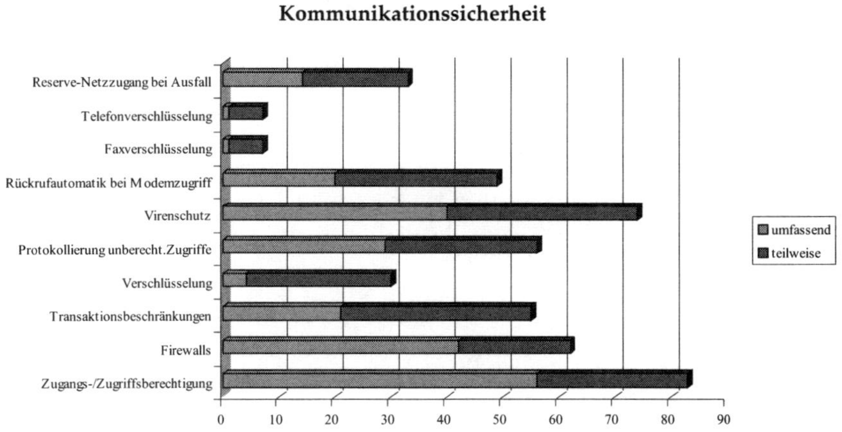

Abbildung 2.1: KES/Utimaco-Studie 1998: Angewandte Maßnahmen zum Schutz der Kommunikation in öffentlichen Netzen

Applets und ActiveX

Applets bzw. *ActiveX* sind typisch für das Internet. Applets sind in der betriebssystemunabhängigen Sprache Java geschrieben. Beide führen normalerweise sehr sinnvolle und harmlose Funktionen aus. Sie werden bei einem Zugriff auf eine Internetadresse automatisch in den Computer des Benutzers übertragen. Solange diese Funktionen dem Zwecke des Internetzugriffs dienen, ist das in Ordnung. Sie können aber auch jede andere unerwünschte Funktion ausführen, so z.B. Daten kopieren oder Programme modifizieren. Java bietet mehr Gewähr für Sicherheit als ActiveX.

2.1.2 Wer könnte an Informationen interessiert sein?

Wirtschaftsspionage

Nach Beendigung des kalten Krieges wurden enorme Kapazitäten an hochqualifiziertem Personal und moderner Technik bei den Geheimdiensten frei. Sie werden heute zur Wirtschaftsspionage auch gegenüber befreundeten Staaten eingesetzt. Wer glaubt, die in der europäischen Union zusammengeschlossenen Staaten würden sich gegenseitig nicht ausspionieren, irrt. Bekannt geworden ist ein Fall, in dem per Fax versandte Angebote eines deutschen Unternehmens von ausländischen Kräften abgehört wurden. Das Ergebnis war, daß ein französischer Wettbewerber den großen Auftrag in letzter Minute wegschnappen konnte, weil sein Angebot in Details besser war als das deutsche. Der Wettbewerber konnte leicht besser sein, weil er das deutsche Angebot genau kannte. Dieser Fall ist kein Einzelfall. Man sollte bedenken, daß die professionellen Geheimdienste über viel Geld und große Fähigkeiten verfügen. Die Hackergebnisse der jugendlichen Hacker werden veröffentlicht; die der Geheimdienste und der Kriminellen nicht.

US-Geheimdienst

Die Problematik der Wirtschaftsspionage ist viel größer als gemeinhin angenommen wird. Man sollte keine Fairneß erwarten. Wenn es darum geht, der eigenen Volkswirtschaft in fremden Märkten Vorteile zu verschaffen, setzen auch »Freunde« alle denkbaren Mittel ein. Da Spionage selten zu beweisen ist, führen die Resultate politisch höchstens zu Verstimmungen. In dem Buch »Chipkarte statt Füllfederhalter« berichten die beiden Autoren Bieser und Kersten über den Erfolg des US-Geheimdienstes CIA bei den Handelsgesprächen, die Präsident Clinton 1995 mit den Japanern geführt hat. Clinton war während der ganzen Verhandlungen stets über die Verhandlungspositionen der Japaner informiert. Gleiches soll den Amerikanern 1996 bei Verhandlungen mit der EU gelungen sein. Auch hier waren sie über die europäischen Verhandlungspositionen bestens informiert. Einem Bericht des London Telegraph vom Januar 1998 zufolge hört die *US National Security Agency* (NSA) mit ihrem Echelon-System europaweit Electronic Mails, Telefonate und Faxe routinemäßig ab. Eine auf künstlicher Intelligenz basierende Software namens MEMEX untersucht die abgehörten Nachrichten nach Schlüsselwörtern. Hinzu kommt, daß der US-Geheimdienst gegenüber seinen Gegenspielern den bedeutenden Vorteil hat, daß die meiste Hardware und Software aus den Vereinigten Staaten importiert wird. Die Hardware könnte eingebaute »Wanzen« und die Software integrierte »Hintertüren« haben, die zu Spionagezwekken mißbraucht werden können. Aus gutem Grund drängen die Vereinigten Staaten auf die Regulierung der Verschlüsselung und haben selbst den Export von starker Verschlüsselung verboten. Die französische Regierung genehmigt nur Verschlüsselung, die ihre Geheimdienste knacken können. Die Nutzung von starker Verschlüsselung wird als Waffenmißbrauch hart bestraft. Neuerdings ist man in Frankreich im Zuge des »Telecommunications Reform Act« von 1996 bereit, starke Verschlüsselung zu genehmigen, wenn ein Nachschlüssel hinterlegt wird. Die französische Regierung, unterstützt durch die britische und die amerikanische, drängt in der OECD auf eine einheitliche Regelung. Sie konnte bisher nicht erreicht werden, weil es immer noch liberal denkende Politiker gibt, die ein Kryptografieverbot oder eine Schlüsselhinterlegung nicht dulden wollen.

500.000 potentielle Angreifer

Der bekannte Sicherheitsexperte Frederick Cohen vom amerikanischen Computer Security Institute hat fünfzig verschiedene Angriffsmethoden beschrieben, die im Internet möglich sind. Er hat auch berichtet, daß diese in der Praxis teilweise schon in großem Umfang angewendet werden. Unter den Millionen von Internetbenutzern sind ganz sicher eine große Menge braver Leute, aber auch solche mit unlauteren Absichten. Wenn man nur einem halben Prozent der heutzutage 100 Millionen Benutzer kriminelle Absichten unterstellt, kommen über 500.000 potentielle Angreifer zusammen.

2.1.3 Wie greifen Hacker im Internet an?

Man in the Middle

Eine im Internet versandte Nachricht sucht sich automatisch einen freien Weg durch das Netz zum Empfänger. Angreifer täuschen nun einen freien Weg zum eigenen Rechner vor, um in den Besitz der Information zu gelangen. Erst nach ihrer Auswertung wird diese dann an den vorgesehenen Empfänger weitergeleitet. Diese Angriffsmethode wird als *Man in the Middle* bezeichnet.

IP-Spoofing

Die Adressierung von Computern im Internet erfolgt über spezielle Internet-Adressen (*Internet Protocol Address*). Die Adresse besteht aus zwei Teilen, einer Netzwerkadresse und der Adresse des Computers. Sie werden zentral vergeben. Die Adresse des Kommunikationspartners könnte durch ein trojanisches Pferd oder durch Applets so verändert werden, daß statt dessen ein anderer Kommunikationspartner angewählt wird, der sich als der Richtige ausgibt und den Fehlgeleiteten mit falschen Informationen täuscht. Diese Angriffsmethode nennt man *IP-Spoofing*.

Paßwortschnüffler

Die einfachste Methode, Zugriff zu Daten zu erhalten, ist immer die Ausspionierung von Benutzerkennungen und Paßworten. Wie gehen nun Hakker vor? Sie setzen ein Programm ein, das jeweils die ersten 100 übertragenen Bytes aller Verbindungen des angegriffenen Computers auffängt und auswertet. Damit werden die Login-Informationen zu mehreren Computern, zu denen der Angegriffene Zugang hat, bekannt. Die vierteljährlichen Internet-Sicherheitsberichte des CERT (*Computer Emergency Response Team*) berichten von einer Zunahme der Paßwortschnüffler im Internet.

Im Internet gelten heute die Rechte des Stärkeren. Man kann sich aber dagegen wehren; wie dies geschehen kann, das zeigen im weiteren Verlauf die Praxisbeispiele.

2.1.4 Wie kann man sich schützen?

Die Bedrohungen bei der Kommunikation über öffentliche Netze betreffen vor allem den Verlust der

- Vertraulichkeit,
- Integrität,
- Verbindlichkeit und
- Verfügbarkeit.

Bedeutung der Verfügbarkeit

Nach der KES/Utimaco-Studie schätzen die befragten Unternehmen die *Verfügbarkeit* von Diensten und Daten als besonders wichtig ein (63%). Die Verfügbarkeit kann durch Hardwaremaßnahmen (Ausfallsicherheit) verbessert werden. Aber auch ein Schutz gegen den Import schädigender Software wie Viren, Trojaner usw. kann die Verfügbarkeit erhalten. Maßnahmen sind z.B. die eindeutige Authentisierung durch Crypto-Server oder Firewalls und verschlüsselte Kommunikation, die dem internen Netz vorgeschaltet werden. Unerwünschte Daten wie schädigende Software würden, selbst wenn sie die Authentisierungsprüfung noch bestehen, durch die Entschlüsselung unwirksam gemacht werden.

Um die *Integrität* der Daten sorgen sich 52%. Ein Schutz gegen Veränderung von Daten bietet die digitale Signatur, die ausführlich in Kapitel 2.7 dargestellt wird.

Die *Verbindlichkeit* von Informationen spielt beim Electronic Commerce eine bedeutende Rolle; sie wird ebenfalls in Kapitel 2.7 behandelt.

Die Wahrung der *Vertraulichkeit* von Informationen rangiert mit nur 46% der Befragten am Ende der Bedrohungsskala, was verwunderlich ist, wenn man die Aktivitäten der Wirtschaftsspione bedenkt. Aber nur wenige der Vertraulichkeitsverletzungen werden entdeckt und den Strafverfolgungsbehörden gemeldet. Über die Wahrung der Vertraulichkeit wird in Kapitel 2.2.2 ff. berichtet.

Implementierungsprobleme

Bei der Kommunikationssicherheit werden Mechanismen wie Authentisierung von Partnern, Verschlüsselung, digitale Signatur und Zertifikate eingesetzt, die nachfolgend beschrieben sind. Will man diese Mechanismen implementieren, treten Probleme auf, die nicht leicht zu lösen sind:

- Entfernte Umgebungen können nur schwer oder gar nicht kontrolliert werden. Sicherheitskritische Informationen, wie etwa kryptografische Schlüssel, müssen sicher verwahrt werden können. Auch die Frage der Installations- und Verteilungsmechanismen für Sicherheitskomponenten in einer solchen Umgebung (z.B. die Schlüsselverteilung) stellt sich als nicht trivial heraus.
- Interoperabilität: Während Sicherheitslösungen typischerweise nur ein Zielsystem abdecken müssen (das, auf dem sie laufen), verbinden Netzwerke heterogene Systeme, deren Sicherheitsmechanismen zusammenarbeiten müssen. Die Forderung nach einheitlichen Verfahren und Standards ist also in einer vernetzten Umgebung deutlich höher.
- Sicherheitsmechanismen sollen möglichst benutzertransparent, also unsichtbar für den Anwender, arbeiten, damit sie zwingend und ohne zusätzlichen Aufwand genutzt werden.

SmartCards

Diese Probleme können aber durch geeignete Technologien gelöst werden. So sind *SmartCards* das ideale Medium, um in unsicheren Umgebungen für Sicherheit zu sorgen. Auf SmartCards können in gesicherter Umgebung kryptografische Abläufe erfolgen, die Benutzer authentisieren oder digitale Signaturen berechnen. Sinnvollerweise werden dabei standardisierte Protokolle verwendet, die die Interoperabilität auch in heterogenen Umgebungen sicherstellen. Mit der fortschreitenden Standardisierung von Sicherheitsprotokollen zeichnet sich der wachsende Bedarf an nicht-proprietären Sicherheitslösungen für die Datenkommunikation ab. Im folgenden sollen diese Sicherheitsprotokolle näher erläutert werden.

Sicherheitsprotokolle

Sicherheitsprotokolle können nach ihrem Anwendungszweck unterschieden werden. Für die Partnerauthentisierung zählen zu den bekanntesten *Kerberos* (mit einem Ticket-Prinzip) und *Challenge Response*. Prinzipiell können weitere Verfahren (*2/3-way handshake*) der Partnerauthentisierung dienen, manchmal werden diese mit einem standardisierten Interface wie GSS-API umgeben. Bekannte Protokolle, die der Sicherung einer byteorientierten Datenübertragung dienen, sind die Aktivitäten der IPSEC-Initiative (z.B. mit SKIP als Keymanagement) und *Secure Socket Layer* (SSL). Zur Sicherung einer transaktionsorientierten Datenübertragung, insbesondere im Mail-Bereich, wurden verschiedene Protokolle entwickelt: PEM (*Privacy enhanced mail*), *Secure MIME* (S/MIME) und *Mailtrust*. Auch im Bereich der EDI-Sicherheit sind Felder für Sicherheit definiert. IPSEC wird in Teil II näher beschrieben.

Anwendung der Technologien

Authentisierung

Die genannten Technologien lassen sich in Sicherheitsapplikationen nutzen. Mittels einer GSS-API Implementierung ist eine Authentisierung von Partnern möglich, die auch bei Remote Access-Diensten (z.B. über RAS) zum Einsatz kommen kann. Wenn starke Authentisierungsverfahren wie ein GSS-API vorhanden sind, können auch Paßwortsysteme eliminiert und die Single-Sign-On-Problematik entschärft werden.

Vertraulichkeit

Die Vertraulichkeit im Netzwerk wird z.B. durch Secure Mail & Messaging, Secure File Transfer auf Basis von S/MIME oder SSL oder auch der TCP/IP-Verschlüsselung gewährleistet. Letztere wird IPSEC-konform am besten durch den Einsatz von NDIS-Encryption-Filtern übernommen. Diese ermöglichen die Behandlung der IP-Pakete unabhängig von der eingesetzten Netzwerkkarte und unabhängig vom Protokollstack. NDIS wird von Windows 95, Windows NT und OS/2 unterstützt. Dort, wo diese Integration nicht möglich ist (z.B. zu einem Hostrechner), übernimmt ein Security Gateway die transparente Ver-/Entschlüsselung der IP-Pakete. Hinter dem Security Gateway ist der Datenverkehr normal, d.h. unverschlüsselt.

Die Integrität von Daten wird durch die digitale Signatur gewährleistet.

Marktentwicklung Informationssicherheit

Europa: + 50% p. a.

Datamonitor hat das Marktwachstum in den USA, Europa und dem Rest der Welt vorausgesagt. Während der europäische Markt 1998 mit 644 Mio. US-Dollar noch halb so groß ist wie der US-Markt, soll sich das bis zum Jahre 2002 wesentlich geändert haben. Die beiden Märkte USA und Europa sind dann mit 2,8 bzw. 2,3 Milliarden US-Dollar vergleichbar groß. Das bedeutet aber, daß der europäische Markt um über 50% pro Jahr und der US-amerikanische »nur« um 34% wachsen wird. Der Rest der Welt wird sogar um 56% p.a. auf 1,8 Milliarden US-Dollar wachsen. Das Wachstum verteilt sich auf die Sicherheitsfunktionen »Zugriffskontrolle«, »Authentisierung«, »Verschlüsselung«, »Public-Key-Infrastructure« und »Antivirus«, wobei die beiden letztgenannten am stärksten wachsen sollen.

2.2 Einführung in die Verschlüsselung

Verschlüsselung ist ein wesentlicher Bestandteil moderner Informationssicherheit. Chiffrierung, Kryptierung, Codierung, Kryptografie. Es gibt viele Worte für Verschlüsselung. Kryptografie kommt vom griechischen *Kryptos* und *Logos* und meint »verstecktes Wort«. Man unterscheidet Kryptografie und Kryptoanalyse. Der Kryptologe entwickelt Verfahren, um die Sicherheit von Informationen zu gewährleisten. Der Kyptoanalyst versucht, Verschlüsselungssysteme zu brechen.

Ständige Verbesserungen

Verschlüsselungsmechanismen sind historisch gesehen immer wieder Angriffen ausgesetzt gewesen und mußten deshalb mit fortschreitender Technologie laufend verbessert werden. Das war und ist ein nie endender Kreislauf. Man weiß, daß heute als sicher anzusehende Verschlüsselungsverfahren irgendwann einmal unsicher sind.

Mathematische Algorithmen

Verschlüsselungsmechanismen bestehen heute aus einem mathematischen Algorithmus und einem oder zwei Schlüssel(n). Für die Sicherheit sind beide gleichermaßen verantwortlich. Hinzu kommt, daß der Anwender von Verschlüsselung dem Verfahren vertrauen können muß. Im allgemeinen ist er aber kein Kryptoexperte und deshalb nicht in der Lage, die Sicherheit eines Verfahrens zu beurteilen. Man hat deshalb in den 70er Jahren begonnen, Algorithmen zu veröffentlichen, weil man wollte, daß sie gezielt angegriffen werden. Das hat dazu geführt, daß Sicherheitsfachleute auf der ganzen Welt versucht haben, den veröffentlichten Kryptoalgorithmus DES zu knacken. Aus den Diskussionen konnte man sich ein Bild über die Sicherheit der veröffentlichten Algorithmen machen. Der standardisierte Algorithmus DES, der im nächsten Kapitel beschrieben wird, galt lange als sehr sicher. Wie wir später sehen werden, ist es um die Sicherheit von DES heute nicht mehr so gut bestellt.

Veröffentlichung

Natürlich ist die Veröffentlichung von Algorithmen ein Risiko, weil ein Geheimnis preisgegeben wird. Deshalb werden Chiffrieralgorithmen, die dem Staatsschutz dienen, nicht veröffentlicht. Nachdem ein Algorithmus publiziert war, erhielt der Schlüssel als einzige geheime Information die wichtige Funktion, die Sicherheit zu gewährleisten. Angreifer kennen den Algorithmus. Die einfachste Art der Kryptoanalyse ist es, einem unachtsamen Anwender den Schlüssel zu entlocken.

2.2.1 Kryptoanalyse

Eine übliche Methode, Verschlüsselung zu knacken, besteht in einem *Brute-Force-Attack*. Hierbei werden alle möglichen Schlüssel solange ausprobiert, bis der richtige gefunden ist. Bei 56 Bit Schlüssellänge (DES) gibt es 72 Billarden Schlüssel.

Experten-meinung

Wir wollen uns auf den heutigen Stand der Kryptoanalyse konzentrieren. Welche Art von Verschlüsselung ist heute als sicher anzusehen? Die Regierung der Vereinigten Staaten von Amerika erlaubt normalerweise den Export von Kryptosystemen nur, wenn der Schlüssel nicht länger als 40 Bit ist. Experten halten solche Kryptosysteme für unsicher. 1995 haben sich namhafte Verschlüsselungsexperten in den USA getroffen und über die Sicherheit von Schlüsseln diskutiert. Das Ergebnis war im Internet und ist im folgenden nachzulesen. Die nachfolgende Tabelle der Abbildung 2.2 bedarf der Erläuterung.

Brute-Force-Attack

Die Angriffsversuche wurden mittels Brute-Force-Attack durchgeführt, d.h., es wurden einfach alle möglichen Schlüssel ausprobiert. Die Werkzeuge heißen FPGA oder ASIC. FPGAs (*Field Programmable Gate Arrays*) sind bereits auf einem Board montiert frei zu kaufen. Man kann sie programmieren. Sie steigern die Effektivität einer Kryptoanalyse beträchtlich. ASICs (*Application-Specific Integrated Circuits*) hingegen müssen speziell für den Zweck entwickelt werden, d.h., die Investition ist viel größer und deshalb auch nur großen Institutionen möglich. Dafür sind ASICs aber viel schneller. Ein Zehn-Dollar-Chip kann 200 Millionen Schlüssel pro Sekunden testen. Mit einem ASIC (Investition: rund 300.000 US-Dollar) kann innerhalb von 3 Stunden jeder 56-Bit-Schlüssel gefunden werden. Wenn man eine Lebenszeit von 3 Jahren annimmt und den Chip kontinuierlich nutzt, würde jeder gefundene Schlüssel nur 38 US-Dollar kosten.

ASICs

Wie man der Tabelle entnehmen kann, ist ein Geheimdienst mittels ASICs in der Lage, einen mit 40 Bits verschlüsselten Datenstrom fast verzögerungsfrei mitzulesen. Bei 56 Bits (DES) beträgt die Verzögerung nur 12 Sekunden. Die Investition ist allerdings mit 300 Millionen US-Dollar sehr hoch. Für eine umfassende Wirtschaftsspionage könnten sich die 300 Millionen allerdings schnell lohnen.

75-Bit-Schlüssel erforderlich

Die Autoren der Tabelle kamen Ende 1995 zu dem Schluß, daß Schlüssellängen von mindestens 75 Bits erforderlich sind, um eine ausreichende Sicherheit zu erreichen. Bitte bedenken Sie, daß diese Aussage heute nicht mehr stimmen muß. Wenn man sich heute für Verschlüsselung zu entscheiden hat, wäre eine Schlüssellänge von 128 Bit angemessen.

Abbildung 2.2: Welche Schlüssellängen sind sicher?

Sichere Schlüssellängen

Welche Schlüssellängen sind erforderlich?

Hacker-Typ	Budget	Werkzeug	Zeit/Kosten pro geknackter Schlüssel 40 Bits	56 Bits	notwendige Schl-Länge
normaler Hacker	klein	herumstöbern	1 Woche	unmöglich	45
kleine Firma	$ 400	FPGA	5 Std ($0,08)	38 Jahre ($5.000)	50
	$10.000	FPGA	12 Minuten ($0,08)	556 Tage ($5.000)	55
Abteilung großer Firmen	$300.000	FPGA	24 Sekunden ($0,08)	19 Tage ($5.000)	60
	oder	ASIC	18 Sekunden ($0,001)	3 Stunden ($38)	
Große Firma	$10.000.000	FPGA	7 Sekunden ($0,08)	13 Stunden ($5.000)	70
	oder	ASIC	0.005 Sekunden ($0,001)	6 Minuten ($38)	
Geheimdienste	$300.000.000	ASIC	0,0002 Sekunden ($0,001)	12 Sekunden ($38)	75

Known-Plaintext-Attack

Known-Plaintext-Attacks setzen voraus, daß der Algorithmus, Teile des Klartextes und des dazugehörigen Schlüsseltextes bekannt sind. Der Schlüssel hingegen ist unbekannt. Die Vorgehensweise soll an einem Beispiel erläutert werden. Wenn Kryptoanalysten das Verschlüsselungsprodukt kaufen können, können sie einen bekannten Klartext mit einem bekannten Schlüssel verschlüsseln, den Schlüsseltext analysieren und ihre Erkenntnisse daraus ziehen. Diese würden sie dann auf den anzugreifenden Schlüsseltext anwenden. Bei weichen Algorithmen führen diese Angriffe oft zum Erfolg; bei starken Algorithmen und langen Schlüsseln hingegen nicht.

2.2.2 Wozu dient Verschlüsselung?

Heute geht ohne Verschlüsselung in der Informationssicherheit nichts mehr; Verschlüsselung ist der zentrale und vielseitige Schutzmechanismus. Verschlüsselung ist bei den folgenden Sicherheitsfunktionen beteiligt:

1. Benutzerauthentisierung (*user authentication*)
2. Datenauthentisierung, Echtheit der Daten (*data authentication*)
3. Wahrung der Datenintegrität (*data integrity*)
4. Authentisierung des Datenursprungs (*data authentication*)
5. Gewährleistung der Verbindlichkeit von Daten (*non-repudiation of origin*)
6. Wahrung der Vertraulichkeit von Daten (*data confidentiality*)

Benutzerauthentisierung

Benutzer von Computern zur lokalen oder entfernten Bearbeitung und Speicherung von Informationen müssen sich als berechtigte Personen ausweisen, um Zugang zu erhalten.

Identifikation

Die Zugriffskontrolle wird heute noch mittels Benutzerkennung plus Paßwort durchgeführt. Als Benutzerkennung wird beispielsweise der Name des Benutzers, seine Personalnummer oder ein Pseudonym verwendet. Um zu verhindern, daß sich ein Fremder als bekannter Benutzer ausgeben kann, muß dieser seine Identität durch ein weiteres Erkennungsmerkmal beweisen. Hierzu eignen sich das bekannte Paßwort, ein PIN-Code, eine SmartCard oder, ganz fortschrittlich, ein biometrisches Merkmal.

Paßwort

Das Paßwort ist der kritische Punkt in jeder Benutzerauthentisierung. Man hat deshalb die Sicherheit von Paßwortprüfungen ständig verbessert.

1. Paßworte werden einwegverschlüsselt gespeichert. Sie sind nicht entschlüsselbar. Die Prüfung erfolgt durch Einwegverschlüsselung der Tastatureingabe und Vergleich der beiden einwegverschlüsselten Bitmuster.
2. Paßworte müssen eine definierte Mindest- und Maximallänge haben.
3. In einer Liste festgelegte Worte oder Wortbestandteile dürfen nicht verwendet werden, um leicht zu erratende »weiche« Paßworte wie »System«, »Test« usw. zu verhindern.
4. Paßworte müssen nach Ablauf einer definierten Frist geändert werden.
5. Paßworte dürfen nicht oder erst nach n-maliger Änderung wieder benutzt werden.

Trotzdem ist das Paßwort in Verruf geraten, weil seine Sicherheit ausschließlich vom sorgfältigen Umgang des Benutzers abhängt. Befragungen von Computerbenutzern haben immer wieder ergeben, daß sie das Paßwort nur allzu sorglos behandeln. Die Zugangssicherheit ist in Frage gestellt. Eine starke Authentisierung, wie sie zunehmend gefordert wird, kann nicht mehr auf der Benutzerkennung plus Paßwort basieren.

Benutzerauthentisierung mittels Challenge-Response

Challenge-Response hat Vorteile

Eine starke Benutzerauthentisierung kann auf dem »Challenge-Response«-Prinzip beruhen. Voraussetzung hierfür ist neben der Software ein sogenannter *Token*, ein spezieller Taschenrechner im Kreditkartenformat mit Tastatur, Verschlüsselungsprozessor und persönlichem Schlüssel. Zunächst muß sich der Benutzer des Tokens durch Eingabe seiner PIN als berechtigter Besitzer ausweisen. Wenn der Benutzer sich am Computersystem anmelden möchte, generiert dieser eine Zufallszahl (*Challenge*), die am Bildschirm erscheint. Der Benutzer tippt die Challenge in seinen Token ein, der durch Verschlüsselung die Antwort (*Response*) ermittelt. Diese wiederum wird als Paßwort in die Computertastatur eingegeben und vom Computersystem verifiziert. Manche Tokens, wie z.B. Secure-ID, generieren die Zufallszahl zeitabhängig selbst, so daß eine Eingabe entfällt. Trotzdem ist das Verfahren nicht sehr benutzerfreundlich. Challenge-Response hat folgende Vorteile:

1. Ein Paßwort besteht immer nur für eine Sitzung. Ein Hacker, der das Paßwort abfangen würde, könnte damit nichts anfangen, weil bei der nächsten Anmeldung ein neues Paßwort generiert wird.
2. Es wird das Prinzip »Besitz und Wissen« angewendet. Ein Benutzer muß über einen Token verfügen und die richtige PIN kennen. Ein verlorener Token ist für den Finder solange wertlos, solange die PIN unbekannt bleibt.

Challenge-Response mit SmartCards

Die Verwendung von SmartCards als Token anstelle des speziellen Rechners macht die starke Authentisierung benutzerfreundlicher und sehr sicher. Das Verfahren ist ähnlich, läuft aber im wesentlichen automatisch ab. Die nachfolgende Abbildung 2.3 zeigt den Ablauf einer Benutzerauthentisierung nach dem Challenge-Response-Verfahren mit SmartCards.

Abbildung 2.3: Benutzerauthentisierung durch Challenge-Response mit SmartCards

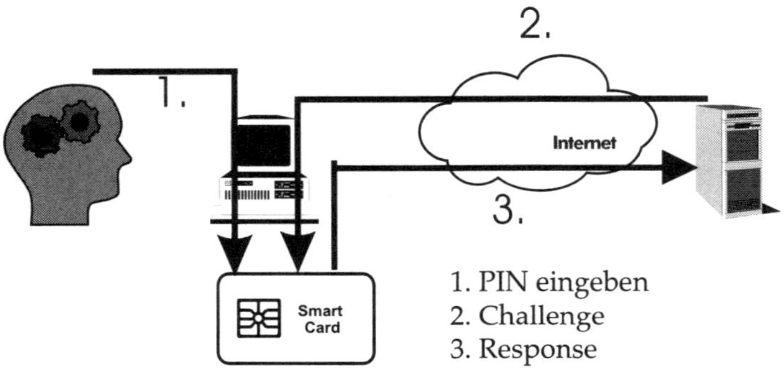

Mit SmartCards einfacher

Die einzige Aktion des Benutzers besteht aus seiner Authentisierung gegenüber der SmartCard durch Eingabe einer PIN (1.) oder durch ein biometrisches Merkmal. Danach fordert der Host die SmartCard durch Übermittlung einer Random-Zahl heraus (2. Challenge). Die SmartCard errechnet die Antwort und sendet sie an den Host zurück, der sie verifiziert (3. Response). Nachdem die Anwendung von SmartCards nicht mehr so teuer ist, hat sie nur noch Vorteile gegenüber den auf Taschenrechnern basierenden Tokens.

Datenauthentisierung (Echtheit von Daten)

Man unterscheidet die beiden Authentisierungsarten

1. Datenauthentisierung und
2. Authentisierung des Absenders.

Manipulationsgefahr

Daten können in Computersystem und auf Kommunikationswegen von Unberechtigten verändert werden. Man kann eine Manipulation nicht erkennen; hier liegt zweifellos ein großes Problem. Durch auf Verschlüsselung basierende Integritätsprüfungen von Daten kann man Manipulationen zwar nicht verhindern, aber erkennen.

Für den Empfänger einer Information ist es wichtig zu wissen, wer sie abgesandt hat, denn jeder könnte sich als ein anderer ausgeben und dessen Rolle übernehmen. Das ist nicht nur bei Nachrichten wichtig. Besonders, wenn es um kaufmännische Vorgänge wie z. B. Bestellungen oder Zahlungen geht, ist eine eindeutige Authentisierung des Datenabsenders notwendig.

Sind die Daten unverändert (Integritätsprüfung)?

Die Integritätsprüfung ist immer im Zusammenhang mit der Prüfung des Datenabsenders zu sehen. Lassen Sie sich nicht erzählen, daß das Abhören von Telefonleitungen eine schwierige Sache und deshalb nicht zu befürchten sei. Es ist ausschließlich, wie bei der Kryptoanalyse, eine Frage der Kosten. Auf jeden Fall ist es leichter, eine Telefonleitung abzuhören als ein Koaxialkabel. Das Lesen *und* Ändern von Nachrichten ist auch viel schwieriger als nur Lesen.

Es macht keinen Sinn, weniger bedeutsame Daten mit großem Aufwand gegen Manipulationen zu schützen. In einem Bürokommunikationssystem zur gesamten internen oder auch externen Kommunikation sollte die Frage der Erhaltung der Datenintegrität aber nicht gestellt werden – das sollte selbstverständlich sein. Denken Sie daran, daß Personenkreise existieren könnten, denen jeder Geldaufwand recht ist, um dem Wettbewerber Schaden zuzufügen oder an sein Wissen heranzukommen. Und vergessen Sie nicht: Information ist mittlerweile zu einem der wichtigsten Produktionsfaktoren avanciert.

Abbildung 2.4: Datenintegrität

Ist der Absender echt (Authentisierung des Absenders)?

Man muß sicherstellen, daß die Person, die behauptet, Urheber einer Nachricht zu sein, sie auch wirklich ist. Zwei Beispiele sollen das erläutern.

- Ein unbekannter Dritter (Hacker) sendet eine Information an B und gibt vor, sie kommt von A.
- A sendet eine Information an B. Der unbekannte Dritte fängt sie ab, ändert sie und sendet sie weiter an B.

Abbildung 2.5: Echtheit der Daten

Digitale Signatur

Obwohl die Datenauthentisierung aus zwei Komponenten besteht, wird sie mit einem Mechanismus durchgeführt. Aus der Menge der Bits einer Information wird eine Prüfsumme (*Hash*) errechnet, die mit dem geheimen Schlüssel (*Public-Key-Verschlüsselung*, siehe mehr dazu in Kapitel 2.7.5) des Absenders verschlüsselt wird. Sie wird mitgesandt. Der Empfänger ermittelt dieselbe Prüfsumme und verschlüsselt sie mit dem öffentlichen Schlüssel des Absenders. Stimmen beide Prüfsummen überein, sind die Integrität der Information und ihr Ursprung bewiesen. Das ist das Prinzip der digitalen Signatur, die später näher erläutert wird.

Ist die erhaltene Information verbindlich (Verbindlichkeit von Daten)?

Verbindlichkeit ist im Electronic Commerce unverzichtbar. Es muß sichergestellt werden, daß der Urheber einer Information (z.B. einer Bestellung) diese nicht leugnen kann. In der Welt von Kugelschreiber und Papier übernimmt diese Funktion die handgeschriebene Unterschrift. Ein Sicherheitssystem muß durchgängig die Beweisbarkeit des Ursprungs einer Information sicherstellen. Dazu gehört neben der oben beschriebenen Datenauthentisierung auch die sorgfältige Schlüsselgenerierung, die gewährleistet, daß kein anderer persönliche geheime Schlüssel kennen kann. Deshalb werden Schlüssel möglichst vom Benutzer selbst generiert.

Hinzu kommen Zertifikate, die eine vertrauenswürdige Stelle (*Trust Center*) ausgestellt hat und die untrennbar mit der Identität des Besitzers verbunden sind. Zertifikate enthalten unter anderem die Benutzerkennung, den öffentlichen Schlüssel ihres Besitzers und ein Gültigkeitsdatum. Sie sind mit dem geheimen Schlüssel des Trust Centers signiert und können von jedem Empfänger auf ihre Echtheit überprüft werden. Sie dienen der Verbindlichkeit signierter Nachrichten.

Non-Repudiation of Origin

Non-Repudiation bedeutet soviel wie »Sende- und Empfangsnachweis«. Mit dieser Methode wird ein fälschungssicherer Beweis der Herkunft bzw. der Ankunft einer Nachricht erbracht. Voraussetzung hierfür ist unter anderem, daß der geheime Schlüssel nur einmal existiert und sich im sicheren Besitz des Eigentümers befindet.

Abbildung 2.6: Verbindlichkeit von Daten

Wie kann die Vertraulichkeit von Daten gewahrt werden?

Die Wahrung der Vertraulichkeit ist die älteste und bekannteste Funktion der Verschlüsselung. Wie bereits in Kapitel 1 ausgeführt, haben zu allen Zeiten die Mächtigen der Welt versucht, ihre Informationen geheimzuhalten. Verschlüsselung war das Mittel hierzu. Heute spielt diese ursprüngliche Form der Verschlüsselung neben der Benutzerauthentisierung eine große Rolle, vor allem in der Wirtschaft.

Ursprüngliche Funktion

Vertraulichkeit wird auch vom Datenschutzgesetz gefordert. Maßnahmen zum Schutz der Vertraulichkeit können Wirtschafts- oder Konkurrenzspionage wirksam verhindern.

Abbildung 2.7: Datenvertraulichkeit durch Verschlüsselung

Verschlüsselung, aber sicher

Mit einem Verschlüsselungsmechanismus wird ein Text (Klartext) in einen unverständlichen Schlüsseltext umgewandelt. Der Empfänger eines Schlüsseltextes wandelt diesen mit demselben Verschlüsselungsmechanismus in Klartext zurück.

Seit der Erfindung von Computern basieren Verschlüsselungsmechanismen auf mathematischen Algorithmen sowie einem oder zwei Schlüsseln als Modifikatoren. Der Schlüssel ist alles, was ein Teilnehmer in einer verschlüsselten Kommunikation benötigt. Er ist unbedingt geheimzuhalten.

Bei der Verschlüsselung unterscheidet man *symmetrische* und *asymmetrische* Verfahren. Symmetrische Verfahren sind älter und benutzen zur Ver- und Entschlüsselung denselben Schlüssel. Ein typisches symmetrisches Verfahren ist DES, ein typisches asymmetrisches Verfahren ist RSA, die beide nachfolgend erklärt werden. Die angewandten Verfahren und Programme sollten in Deutschland nach ITSEC zertifiziert sein, wenn man sicher gehen will, daß sie

1. ausreichend sicher sind und
2. keine absichtlichen Hintertüren (*Trap Doors*) enthalten, die eine unberechtigte Entschlüsselung der Daten ermöglichen würden.

2.2.3 Manche Staaten möchten mitlesen können

Key Escrow

In wenigen westlichen Industriestaaten bestehen gesetzliche Einschränkungen, weil stark verschlüsselte Informationen auch für den Staatsschutz nicht lesbar sind. Geheimdienst und Polizei befürchten, ihre Aufgabe nicht mehr wahrnehmen zu können. Diese Staaten versuchen, sich durch Verfahren, die man *Key Escrow* nennt, Zugang zu verschlüsselten Inhalten zu verschaffen. Um den Eindruck von »Big brother is watching you« zu verdrängen, sollen Polizei oder Staatsschutz nur auf Schlüssel zugreifen dürfen, nachdem ein Richter sie dazu befugt hat. Es ist die Frage zu stellen, ob durch solche Maßnahmen Kriminelle davon abgehalten werden, unerlaubt Verschlüsselung anzuwenden. Die Antwort mag sich der Leser selbst geben. Auf jeden Fall würden der Wirtschaft neue zusätzliche Maßnahmen aufgebürdet und die Sicherheit der Information in Frage gestellt. Der Staat kann in jedem Fall mitlesen. Wenn man das noch tolerieren mag, bleibt das Risiko, daß fremde Geheimdienste sich den »Staats«-Schlüssel beschaffen. Es wird also darauf ankommen, wie sicher der Staat mit den ihm anvertrauten Nachschlüsseln umgeht. Die französische und amerikanische Regierung betreiben eine einheitliche Regelung innerhalb der OECD. Bisher hat sich die deutsche Bundesregierung wegen der immensen Gegenwehr aus allen Teilen der Gesellschaft nicht zu Key Escrow-Verfahren entschließen können.

Die Regierungen sind bisher Antworten zu den folgenden Fragen schuldig geblieben:

1. Wenn alle Staaten der Welt Key Escrow/Recovery eingeführt hätten, welche Sicherheitsbehörde welcher Staaten dürfte dann unter welchen Voraussetzungen auf die Schlüssel zugreifen?
2. Wie kann ausgeschlossen werden, daß staatliche Schlüsselverwaltungsstellen von Kriminellen oder Spionen durchsetzt sind?

Meinung der EU

Deshalb hat die europäische Kommission in einer Mitteilung vom 8.10.1997 sehr richtig festgestellt: »Eine Beschränkung der Verwendung von Verschlüsselungstechnologien könnte gesetzestreue Unternehmen und Bürger daran hindern, sich selbst gegen kriminelle Angriffe zu schützen, aber sie würde nicht bewirken, Kriminelle von deren Verwendung abzuhalten.«

Frankreich

In Frankreich erlaubt der Staat die Anwendung von Verschlüsselung nur, wenn er einen Nachschlüssel hat. Um den Unternehmen Schutz gegenüber Dritten (Ausnahme: die eigene Regierung) zu gewähren, wird folgendes Verfahren angewandt:

1. Die Behörde »Service Central de la Sécurité des Systems d´Information«, kurz SCSSI genannt, ist für das Genehmigungsverfahren zuständig und dem Premierminister unterstellt.
2. Das Unternehmen beantragt die Anwendung der verschlüsselten Datenkommunikation beim SCSSI, der die zur Anwendung kommenden Sicherheitsmechanismen prüft und ein Zertifikat erteilt, wenn das Verfahren den Anforderungen entspricht. Das deutsche Produkt SafeGuard VPN ist zum Beispiel vom SCSSI in einer französischen Spezialversion zertifiziert worden.
3. Die Unternehmensdaten können dann mit einem starken Verschlüsselungsalgorithmus wie z.B. IDEA oder Triple-DES verschlüsselt werden.
4. SCSSI vergibt für jedes Unternehmen, dem eine verschlüsselte Datenkommunikation gestattet wird, ein Public-Key-Schlüsselpaar und händigt dem Unternehmen den öffentlichen Schlüssel aus.
5. Der symmetrische Schlüssel, mit dem die Unternehmensdaten verschlüsselt wurden, wird mit dem öffentlichen Schlüssel des Datenempfängers und mit dem öffentlichen »Staats«-Schlüssel verschlüsselt mitgeschickt.

2.2.4 Symmetrische oder asymmetrische Algorithmen

In Kapitel 2.3 werden die beiden großen Gruppen heute üblicher Verschlüsselungsalgorithmen vorgestellt. Bevor die Details erläutert werden, sollen hier zunächst die Vor- und Nachteile betrachtet werden: Die beiden Gruppen konkurrieren im allgemeinen nicht miteinander. Sie haben wegen ihrer unterschiedlichen Vorteile verschiedene Aufgaben. Die Kombination beider Algorithmen ist sehr sinnvoll, wie Sie später sehen werden.

Tabelle 2.1: Vergleich symmetrischer und asymmetrischer Algorithmen

	Symmetrische	**Asymmetrische**
Vorteile	Einfache Schlüsselerzeugung Gute Performance	Nur ein Schlüsselpaar Kein Austausch von geheimen Schlüsseln
Nachteile	Der Austausch von geheimen Schlüsseln ist notwendig. Für jeden Partner ist ein geheimer Schlüssel notwendig.	Schlechte Performance Komplexe Schlüsselerzeugung
Anwendung	Verschlüsselung von Massendaten Datenvertraulichkeit	Schlüsselmanagement Digitale Signaturen Datenintegrität Authentisierung

2.3 Symmetrische Verschlüsselung

Die ältesten mathematischen Verschlüsselungs-Algorithmen sind symmetrisch. In symmetrischen Algorithmen wird derselbe Schlüssel zum Verschlüsseln und zum Entschlüsseln benutzt. Massendaten kann man bis heute aus Performancegründen nur mit einem symmetrischen Algorithmus verschlüsseln. In der Praxis spielen drei symmetrische Algorithmen eine Rolle: Es sind dies der inzwischen schon betagte DES, Triple-DES und der europäische IDEA. Alle drei Algorithmen sind veröffentlicht.

2.3.1 DES

Der symmetrische Verschlüsselungsalgorithmus DES wurde von der IBM Anfang der 70er Jahre entwickelt und 1974 von der US-Regierung veröffentlicht. DES ist als ANSI-Standard genormt (ANSI X3.92-1981). Der Algorithmus arbeitet mit der sogenannten *Produktverschlüsselung*, bei der als elementare Verschlüsselung Substitutionen und Permutationen verwendet werden. DES ist eine Blockchiffre. Es werden jeweils 64 Bits Klartext in 64 Bits Schlüsseltext und umgekehrt verwandelt. Die Schlüssellänge beträgt 64 Bits, wobei allerdings nur 56 Bits bedeutsam sind. Im Gegensatz zu RSA gibt es zur Ver- und Entschlüsselung nur einen Schlüssel. DES wurde von Banken zur Erhaltung von Vertraulichkeit in Finanzanwendungen übernommen und ist heute Standard im Finanzbereich.

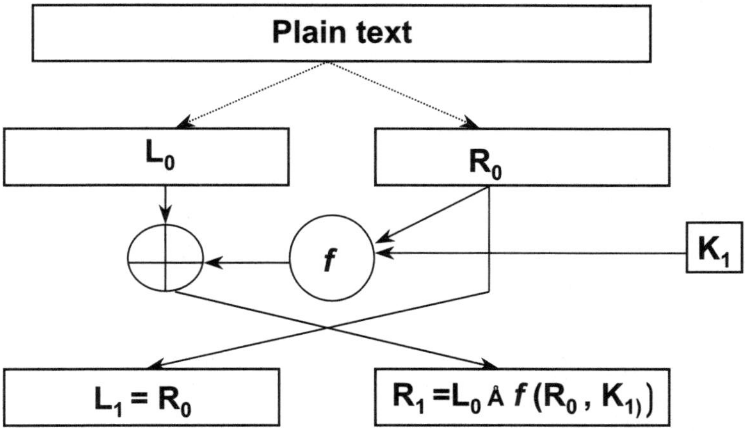

Abbildung 2.8: So arbeitet der DES-Algorithmus (Auszug)

DES-Varianten

Es gibt mehrere DES-Varianten, die je nach Anwendung eingesetzt werden. Am gebräuchlichsten ist CBC (*Cipher Block Chaining*). Der CBC-Block-Verkettungs-Modus verknüpft den DES-Schlüssel mit dem jeweils vorangehenden Datenblock, was die Sicherheit erhöht, weil jeder Datenblock mit einem neuen, anderen Schlüssel chiffriert wird. Der ECB-Modus (*Electronic Code Book*) verschlüsselt jeden Block mit demselben Schlüssel. Das macht Angriffe relativ leicht, weshalb dieser Modus nur zur Verschlüsselung von maximal 8 Bytes (Paßwort) benutzt werden sollte. Die beiden anderen Modi, CFB (*Cipher Feedback*) und OFB (*Output Feedback*), werden für Streamciphers verwendet.

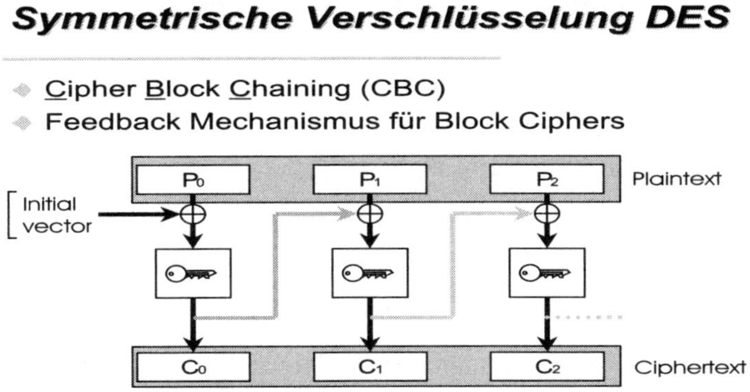

Abbildung 2.9: Cipher Block Chaining

DES ist schnell

DES ist relativ schnell; in Hardware implementiert sind Verschlüsselungsraten im Gbyte-Bereich machbar. DES-Software kann auf schnellen Rechnern (PC mit mehr als 200 MHz) schon eine benutzertransparente Chiffrierung gewährleisten, d.h., die Geschwindigkeit ist so hoch, daß die Verzögerungen durch die Verschlüsselung nicht mehr als störend empfunden werden. Das hat dazu geführt, daß DES-Verschlüsselungshardware nur noch dort verwendet wird, wo hohe Durchsatzraten oder sichere Schlüsselspeicherung gefordert sind. Im End-To-End-Einsatz reicht die Softwareversion von DES aus Schnelligkeitsgründen heute immer aus.

... und andere

Auf einem PC mit 90 MHz Prozessor können 15 Megabit pro Sekunde verschlüsselt werden. Triple DES würde nur 5,6 Mbit/sek. und IDEA 7,9 Mbit/sek. schaffen. Zum Vergleich: RSA mit 512 Bitschlüssel kann nur 1.000 Bit/sek chiffrieren.

Wie sicher ist DES?

DES galt lange Zeit als sehr sicher. Unterdessen ist die Sicherheit von DES wegen der geringen Schlüssellänge in Frage gestellt worden. Die US-Regierung erlaubt den Export von Verschlüsselungshardware oder -software mit einem Schlüssel von maximal 40 Bit Länge. Auf Anregung der Firma RSA haben zwei Teams in den USA und in Europa den Versuch unternommen, einen 40-Bit Schlüssel zu knacken. Die beiden Teams schafften das in 3,5 bzw. 3,8 Stunden. Eine mit einem relativ kurzen Schlüssel gesicherte Information wäre demzufolge maximal 4 Stunden sicher. Damit war bewiesen, daß die Vereinigten Staaten von Amerika nur Verschlüsselungslösungen exportieren wollen, die keine nennenswerte Sicherheit bieten.

Die nächste Aufgabe war die Enttarnung eines 48 Bit-Schlüssels. Es gibt (bei 48 Bit) immerhin 281.474.976.710.656 mögliche Schlüssel. Innerhalb von 13 Tagen war die Arbeit erfolgreich abgeschlossen. Tatsächlich wurde dann Standard-DES im Jahre 1997 nach 140 Tagen geknackt. An der Brute-Force-Attack hatten sich Tausende von Rechnern im Internet beteiligt.

Die TÜV Informationstechnik GmbH und das BSI beurteilen die Sicherheit ziemlich gleich. Danach sind Schlüssel mit einer Länge von mehr als 80 Bit als sicher anzusehen. DES hat nur 56 Bit Schlüssellänge und wäre demzufolge nicht mehr sicher.

Tabelle 2.2: Sicherheit symmetrischer Algorithmen

Algorithmus/Schlüssellänge	TÜV Informationstechnik	BSI
40 Bit	Unsicher	Unsicher
DES, 56 Bit	Teilweise sicher	Unsicher
80 Bit	Noch sicher	Unsicher
IDEA, Triple-DES, 112/128 Bit	Sicher	Sicher

DES noch anwenden?

DES hat den Vorteil, daß der Algorithmus standardisiert und weit verbreitet ist. Die Sicherheit ist fraglich geworden. Dennoch muß man überlegen, ob sich für einen Angreifer der immer noch große Aufwand lohnt, DES zu knacken. Andererseits gibt es inzwischen sehr viel sicherere Alternativen. Um die Sicherheit zu erhöhen, hat man daher einen DES-Algorithmus mit längerem Schlüssel geschaffen – Triple-DES.

2.3.2 Triple-DES

Diese DES-Version benutzt einen doppelt (112 Bit) oder dreifach (168 Bit) so langen Schlüssel. Die Sicherheitsbedenken, die nach den oben geschilderten erfolgreichen Angriffen aufgekommen sind, gelten für Triple-DES nicht. Wenn man DES grundsätzlich den Vorzug geben möchte, sollte man die sichere Triple-DES-Version vorziehen.

2.3.3 IDEA

Es war abzusehen, daß DES einmal mit vertretbarem Aufwand zu brechen sein würde. Deshalb haben an der ETH Zürich zwei Kryptologen einen blockorientierten Verschlüsselungsalgorithmus entwickelt, der sicherer als DES sein sollte. Dr. Xuejia Lai und Prof. James Massey sind die Urheber des *International Data Encryption Algorithm*, kurz IDEA, den sie 1991 erstmalig publiziert haben. IDEA ist in Europa und den USA patentiert. Die kommerziellen Rechte liegen bei der Firma Ascom Systec AG in der Schweiz. Die nicht-kommerzielle Nutzung von IDEA ist frei.

IDEA ist sicher

IDEA gilt als potentieller Ersatz für DES. Der Algorithmus arbeitet auch mit 64 Bit-Blöcken, wobei allerdings ein 128 Bit-Schlüssel benutzt wird.

Michael Weiner von Bell-Northern Research hat einen Computer entworfen, der heute verfügbare Technologie verwendet und speziell zum Knacken von DES-Schlüsseln geeignet ist. Dieser 1 Million Dollar teure Computer wäre in der Lage, 3 Trillionen Schlüssel pro Sekunde auszuprobieren. Er würde DES in 3,5 Stunden, Triple-DES mit 112 Bits Schlüssellänge in 30 Billionen Jahren und IDEA erst in 2 Trillionen Jahren knacken. Selbst wenn sich die Technologie laufend weiterentwickelt, ist abzusehen, daß IDEA für die nächsten Jahren sicher ist.

IDEA ist schnell

IDEA ist nicht langsamer als DES, was auch ein Grund wäre, ihn anstelle von DES zu verwenden. Und IDEA ist europäisch, was den Einsatz von US-Exportgesetzen unabhängig macht. IDEA findet zunehmende Anerkennung und wird schon von zahlreichen, vor allem europäischen Unternehmen bevorzugt.

2.3.4 US-Export-Regelung

Key Recovery

Die US-Regierung hat Mitte 1997 ausgewählten amerikanischen Anbietern die Erlaubnis erteilt, starke symmetrische Verschlüsselung zu exportieren, sofern die Anwendungen strikt auf Finanztransaktionen beschränkt sind. Für Anwendungen in anderen Applikationen ist das *Key Recovery*-Verfahren vorgeschrieben, d.h., Export ist nur erlaubt, wenn US-Behörden Zugriff auf Schlüssel erlangen können. Das muß man wissen, bevor man amerikanische Verschlüsselungsprodukte einsetzt.

Das Key Recovery-Verfahren können auch Unternehmen anwenden, um jederzeit die Möglichkeit zu haben, an verschlüsselte Daten der Mitarbeiter heranzukommen.

2.4 Asymmetrische Verschlüsselung (RSA)[1]

Public-Key-Verfahren

Public-Key-Verfahren sind neueren Ursprungs. Diffie und Helman haben 1976 einen ersten Public-Key-Algorithmus vorgestellt, der allerdings nur zur Schlüsselabsprache verwendet werden kann. Später wurden RSA und andere entwickelt, die auf diesem Prinzip basieren.

In allen Public-Key-Verfahren benutzt man zum Verschlüsseln und Entschlüsseln zwei verschiedene, voneinander abhängige Schlüssel. Den einen nennt man den »öffentlichen« Schlüssel (*Public Key*), weil er durchaus publiziert werden kann. Der zweite Schlüssel ist der »geheime« Schlüssel (*Secret Key*), der geheim bleiben muß. RSA-Schlüssel haben eine Bitlänge von 512 Bit und länger. Attacken gegen 512 Bit-Schlüssel sind angekündigt. Schlüssel sollten deshalb 640, 748 oder 1024 Bit lang sein. Um den geheimen Schlüssel sicher aufzubewahren, kommt man derzeit um SmartCards kaum herum.

Der wesentliche Vorteil von Public-Key-Verfahren ist neben der hohen Sicherheit das einfache Schlüsselmanagement. Der Nachteil ist die geringe Performance.

Public-Key-Verfahren

Der RSA-Algorithmus ist der asymmetrische Kryptoalgorithmus, der in zahlreichen Varianten angewendet wird. Er wurde in der Vergangenheit von vielen Experten sorgfältig untersucht und hat sich dabei als »standfest« erwiesen. Seine Sicherheit basiert auf der Schwierigkeit, eine große natürliche Zahl zu faktorisieren. Bei entsprechend großem Schlüssel ist eine unberechtigte Entschlüsselung derzeit nicht in einem akzeptablen Zeitraum möglich. Ein sicherer Schlüssel sollte unbedingt länger als 520 Bit lang sein, denn 430 Bit lange Schlüssel wurden bereits erfolgreich angegriffen. Die in den USA zum Export freigegebenen RSA-Verfahren mit einer Schlüssellänge von 512 Bit taugen wenig.

Patent läuft ab

RSA ist in den USA patentiert, aber in Europa frei benutzbar. Das RSA-Patent läuft im Jahre 2000 ab.

2.4.1 Die Schlüsselanzahl entscheidet über die Bedienbarkeit

RSA ist langsam

Symmetrische Algorithmen wie DES sind eintausendmal schneller als RSA. Sie haben allerdings den Nachteil, daß sich die Anzahl der notwendigen Schlüssel mit jedem zusätzlichen Kommunikationspartner vervielfacht, so daß das Schlüsselmanagement in großen Netzen unhandlich wird. Jeder Teilnehmer muß für jeden in Frage kommenden Kommunikationspartner einen anderen Schlüssel benutzen. Die Anzahl der Schlüssel in einem auf symmetrischer Verschlüsselung basierenden Kommunikationssystem ist sehr groß, nämlich [n * (n-1) / 2], wobei n für die Anzahl der Teilnehmer steht. Die Verwaltung und Schlüsseldistribution kann sehr aufwendig werden. Ein Kommunikationssystem mit 1.000 Teilnehmern würde 499.500 Schlüssel be-

---

1 RSA steht für die Anfangsbuchstaben seiner Entwickler Rivest, Shamir und Adleman.

nötigen. Beim RSA-Verfahren hat jeder Teilnehmer hingegen nur zwei Schlüssel, d.h., bei 1.000 Teilnehmern existieren nur 2.000 Schlüssel und nicht mehr.

Hybrid-Verfahren RDH

Das RSA-DES-Hybrid-Verfahren (RDH) kombiniert die höhere Durchsatzleistung von DES oder IDEA mit dem besseren Schlüsselmanagement von RSA. Die Verschlüsselung der Daten erfolgt mit einem symmetrischen Algorithmus und einem zufällig generierten Sitzungsschlüssel (*Session-Key*). Der Sitzungsschlüssel wird mit dem öffentlichen Schlüssel des Kommunikationspartners nach einem Public-Key-Algorithmus verschlüsselt und mit den verschlüsselten Daten mitgeschickt.

Der Empfänger der verschlüsselten Information entschlüsselt zunächst den mitgeschickten Sitzungsschlüssel mit seinem geheimen Schlüssel und erst danach die Daten mit dem DES- oder IDEA-Schlüssel. Nur er kann die Daten entschlüsseln, weil nur er den zu seinem öffentlichen Schlüssel passenden geheimen Schlüssel hat.

Das Schlüsselmanagement von RSA

RSA-Schlüssel müssen in einer sicheren Umgebung mit entsprechender Hard- oder Software (Schlüsselmanagement) generiert werden. Dabei ist die Einmaligkeit des Schlüsselpaars sicherzustellen, um doppelte Schlüssel zu vermeiden. Eine Zufallszahl dient als Grundlage der Schlüsselgenerierung. Sie sollte hardwaremäßig mit einem Rauschgenerator oder softwaremäßig nach einem zuverlässigen Verfahren erzeugt werden. Es gibt bereits SmartCards, die im Chip über einen Rauschgenerator für die Schlüsselerzeugung verfügen.

PKI

Die sichere Umgebung wird *Public-Key-Infrastructure* genannt und später in Kapitel 2.7.5 beschrieben. Nach der Schlüsselerzeugung werden beide Schlüssel vorzugsweise in der SmartCard ihres Besitzers gespeichert. Der Besitzer des geheimen Schlüssels muß diesen nicht kennen. Es reicht aus, wenn er das Paßwort (PIN), das den Zugriff auf den Speicher der SmartCard gewährt, kennt und sicher (im Kopf) aufbewahrt. Die PKI darf den geheimen Schlüssel nicht speichern, um sicherzustellen, daß kein anderer als der Besitzer des Schlüssels ihn kennt.

RSA-SmartCards

Die SmartCard hilft, ein verbleibendes Risiko der RSA-Verschlüsselung zu mindern. Heutige SmartCards verfügen über einen im Chip implementierten RSA-Prozessor, so daß die Verschlüsselung und entsprechend auch die Entschlüsselung in der SmartCard vorgenommen werden kann. Der geheime Schlüssel verläßt die SmartCard nie, was die Sicherheit des Vorgangs erhöht.

2.4.2 Verschlüsseln, Authentisieren, Signieren mit RSA

Das RSA-Verfahren erlaubt nicht nur die Erhaltung der Vertraulichkeit von Daten, sondern auch die Authentisierung von Absender und Daten. RSA wird in der Praxis eingesetzt zur

1. Verschlüsselung von Kryptoschlüsseln symmetrischer Kryptoverfahren wie DES oder IDEA,
2. digitalen Signatur und
3. starken Authentisierung von Benutzern

Das RSA-Verfahren hat Vor- und Nachteile. Es ist vielseitig, erleichtert die Schlüsselverwaltung, ist bei entsprechender Schlüssellänge sehr sicher, aber rechenintensiv und damit langsam. In der Praxis verwendet man RSA nicht zur Verschlüsselung von Massendaten.

Vertraulichkeit

Zum Verschlüsseln von Daten oder Schlüsseln nimmt man den öffentlichen Schlüssel des Empfängers. Alle Teilnehmer kennen ihn, aber nur einer hat den passenden geheimen Schlüssel zum Entschlüsseln. So können alle verschlüsselte Nachrichten an einen Empfänger senden.

Authentisierung

Das Public-Key-Verfahren hat den Vorteil, daß man den Nachweis der Authentizität führen kann. Eine vereinbarte Zahl wird mit dem geheimen Schlüssel des Absenders verschlüsselt. Wenn der Empfänger sie mit dem öffentlichen Schlüssel des Absenders entschlüsseln kann, ist bewiesen, daß die Nachricht nur vom Absender kommen kann. Kein anderer hat denselben geheimen Schlüssel.

Abbildung 2.10: RSA-Ver- und Entschlüsselung

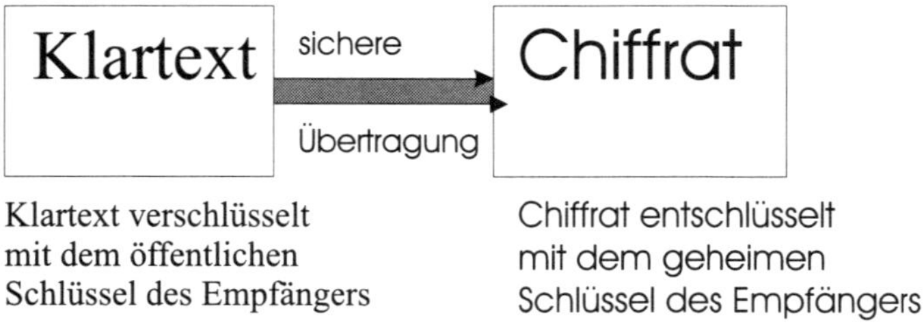

Digitale Signatur

Bei der *digitalen Signatur* wird eine kryptografische Prüfsumme (Hash) des zu unterzeichnenden Dokuments mit dem geheimen Schlüssel des Absenders verschlüsselt. Der Empfänger kann nicht nur den Absender authentisieren; er kann auch die Unverfälschtheit des Dokuments nachweisen. Sie ist bewiesen, wenn die Prüfsumme nach der Entschlüsselung durch den öffentlichen Schlüssel des Absenders verifiziert werden kann. Weitere Einzelheiten zur digitalen Signatur finden Sie in Kapitel 2.7.

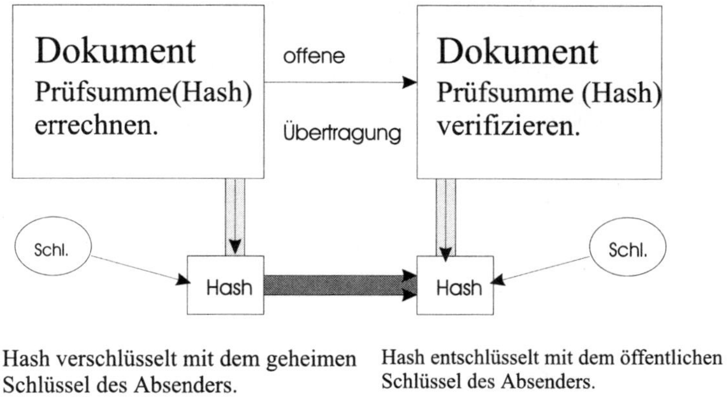

Abbildung 2.11: RSA-Authentisierung oder Signatur

2.5 SKIP

Diffie-Hellman-Methode

Das *Simple Key Management for Internet Protocol,* kurz SKIP, wurde von Sun Microsystems entwickelt. SKIP dient dem Schlüsselmanagement und ermöglicht eine sitzungsbezogene Schlüsselabsprache zwischen Kommunikationspartnern nach der Diffie-Hellman-Methode.

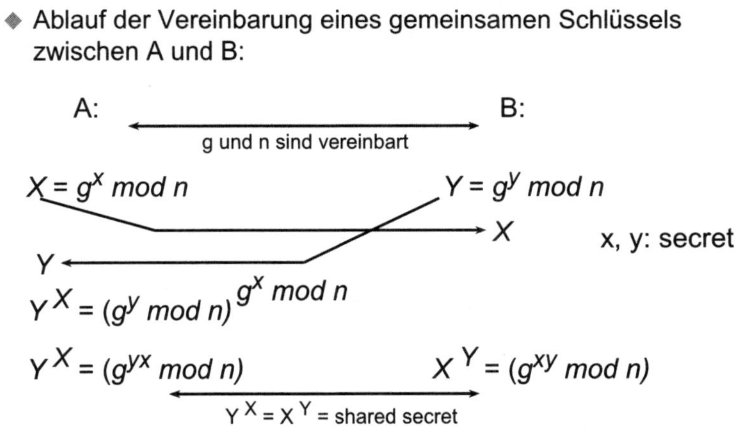

Abbildung 2.12: Schlüsselvereinbarung nach der Diffie-Hellman-Methode

Ein Schlüssel (siehe Abbildung 2.12) besteht aus einem geheimen (X) und einem öffentlichen Schlüssel ($X=g^x$ mod n;X). X wird zufällig erzeugt; g und n sind große Primzahlen, die nicht notwendigerweise geheim sind.

Nur Schlüsselvereinbarung

Die beiden Kryptoexperten Whitfield Diffie und Martin Hellman haben 1976 den ersten Public-Key-Algorithmus erfunden. Der Diffie-Hellman ist ein spezialisierter Algorithmus, denn er kann nicht zur Verschlüsselung, sondern nur zur Schlüsselvereinbarung benutzt werden. Bei Verwendung von genügend langen Schlüsseln ist die Sicherheit hoch. Der Algorithmus war patentiert. Das Patent ist aber 1997 ausgelaufen.

SKIP läuft als Kernel-Prozess zwischen dem Netzwerk-Interface des PCs und der IP-Protokollebene.

Abbildung 2.13: Einbindung von SKIP in die Netzwerksebenen

Shared Secret Das grundlegende Prinzip ist, daß beide Kommunikationspartner einen geheimen Wert besitzen und einen öffentlichen Wert austauschen. Aus dem eigenen geheimen Wert und dem öffentlichen Wert des Partners kann jeder einzelne ein sogenanntes *Shared Secret* generieren. Dieses Shared Secret geht als solches niemals über die Leitung, sondern wird zur Ver- und Entschlüsselung von Chiffrierschlüsseln (*Encryption Keys*) genutzt. Alle zwischen Client und Server übertragenen IP-Pakete werden automatisch verschlüsselt bzw. entschlüsselt. Die IP-Datenpakete werden dazu in einen SKIP-Header eingepackt, so daß die verschlüsselten Pakete routbar bleiben.

Abbildung 2.14: SKIP-Header

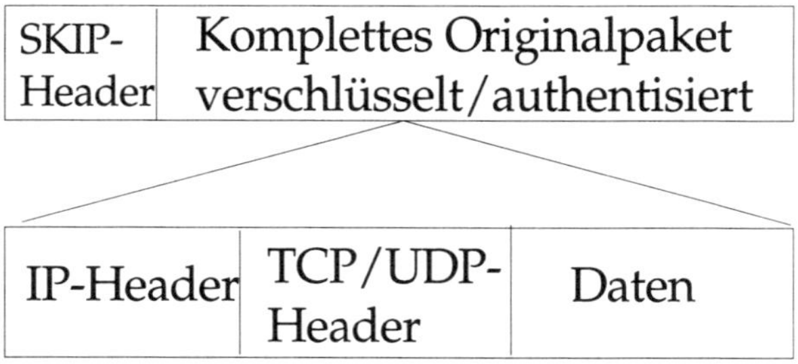

2.6 GSS-API

IETF-Standard

Das GSS-API (*Generic Security Service Application Programming Interface*) ist eine standardisierte Sicherheitsschnittstelle, die Anfang der neunziger Jahre von der *Internet Engineering Task Force* (IETF) ursprünglich zur Sicherung von Internet-Anwendungen definiert wurde. Sie ermöglicht die Verwendung kryptografischer Sicherheitsmechanismen zur

- Authentisierung von Kommunikationspartnern und
- Sicherung der Kommunikation hinsichtlich Vertraulichkeit und Integrität

in verteilten Systemen über eine gemeinsame Schnittstelle. Das GSS-API schafft eine Unabhängigkeit von Mechanismen, Kommunikation und Systemen, wie nachfolgend näher erläutert wird.

Unabhängig von Sicherheits-mechanismen

Die grundlegende Absicht bei der Entwicklung der GSS-API war die Unabhängigkeit der Schnittstelle von speziellen Sicherheitsmechanismen. Deshalb ist die Schnittstelle flexibel hinsichtlich der verwendeten Kryptosysteme (symmetrisch/asymmetrisch) und deren Algorithmen wie z.B. RSA, DES oder IDEA. Darüber hinaus ist sie für die Anwendung das darunterliegende Authentisierungssystem.

Jede Art von Kommunikation

Ein weiterer Aspekt zur Erhöhung der Flexibilität ist die Kommunikationsunabhängigkeit des GSS-API. Die Definition des GSS-API enthält selbst keine Kommunikationsaufrufe oder -anforderungen. Die von den einzelnen Sicherheitsmechanismen erzeugten, kryptografisch geschützten Datenelemente werden über die Schnittstelle an die aufrufende Anwendung zurückgegeben. Die Datenübertragung erfolgt dann auf Anwendungsebene.

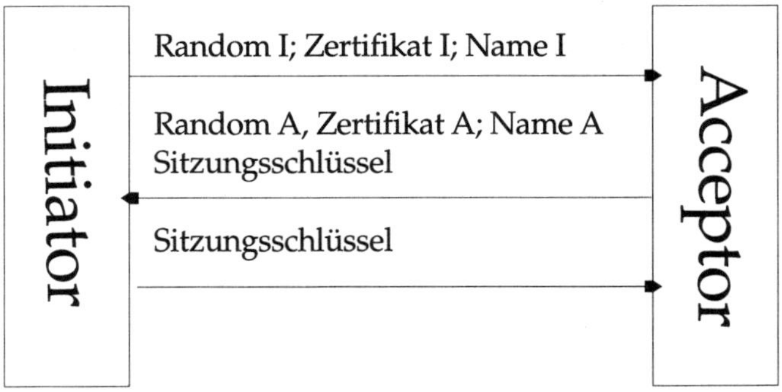

Abbildung 2.15: GSS-Authentisierung (Beispiel)

Betriebssystem-unabhängig

Wichtig für die Akzeptanz und Verbreitung einer Schnittstelle wie des GSS-API ist die Plattform- und Betriebssystemunabhängigkeit. GSS enthält in der Schnittstellendefinition keine system- und rechnerspezifischen Anforderungen, statt dessen aber eine Gruppe einfacher, systemunabhängiger Schnittstellen.

Wie könnte eine Authentisierung nach GSS ablaufen?

Eine Vorbemerkung zum besseren Verständnis des Vorgangs ist nötig. Die Begriffe »Zertifikat« und »Zertifizierungsinstanz« werden in Kapitel 2.7.5 ausführlich erläutert. Ein Zertifikat weist einen Benutzer aus. Es wird von einer Zertifizierungsinstanz erzeugt und mit ihrem geheimen Schlüssel chiffriert. Wenn nun die Entschlüsselung des Zertifikats mit dem öffentlichen Schlüssel der Zertifizierungsinstanz gelingt, ist die Echtheit bewiesen. Da beide Kommunikationspartner sich ihre Zertifikate zusenden, können beide sich von der Echtheit der Zertifikate und der Kommunikationspartner überzeugen.

Benutzer-transparenz

Die beiden Partner – Benutzer oder Maschinen – wollen eine sichere Kommunikation beginnen. Hierzu sind die folgenden Schritte nötig, die für den Benutzer transparent ablaufen:

1. A sendet sein Zertifikat an B.
2. B prüft die Echtheit des Zertifikats mit dem öffentlichen Schlüssel der Zertifizierungsinstanz. Nach erfolgreicher Prüfung ist die Identität von A bewiesen.
3. B erzeugt einen zufälligen Sitzungsschlüssel (*random*) und chiffriert diesen mit dem öffentlichen Schlüssel von A.
4. B sendet den verschlüsselten Sitzungsschlüssel zusammen mit dem eigenen Zertifikat an A.
5. A prüft die Echtheit des Zertifikats von B mit dem öffentlichen Schlüssel der Zertifizierungsinstanz. Nach erfolgreicher Prüfung ist die Identität von B bewiesen.
6. A dechiffriert den Sitzungsschlüssel mit seinem geheimen Schlüssel und kann ihn nun für diese Sitzung zum Chiffrieren von Daten für A benutzen.

Sitzungsschlüssel

In jedem GSS-Prozeß wird der Sitzungsschlüssel jeweils neu und zufällig erzeugt und mit dem öffentlichen Schlüssel des Empfängers verschlüsselt. Er gilt nur für diese eine Sitzung. Ein Abfangen und Wiedereinspielen des Sitzungsschlüssels ist deshalb sinnlos, weil er beim nächsten Mal keine Gültigkeit mehr hat. Nur der Empfänger kann den Sitzungsschlüssel korrekt dechiffrieren, weil nur sein geheimer Schlüssel ein einwandfreies Ergebnis bringt. Die nachfolgende Kommunikation erfolgt verschlüsselt, wobei der Klartext-Sitzungsschlüssel verwendet wird.

2.7 Die digitale Signatur

Die digitale Signatur ist für die Rechtswirksamkeit elektronischer Geschäfte von hoher Bedeutung. Da bei direkter elektronischer Übertragung keine übliche Unterschriftsleistung möglich ist, hätte man natürlich auch auf die Idee kommen können, die digitalisierte Form einer Handunterschrift zu benutzen. Aber damit wäre das Sicherheitsproblem nicht gelöst worden. Das elektronische Abbild einer Unterschrift könnte man nach Belieben kopieren und ohne Entdeckungschance unerlaubt benutzen. Die digitale Signatur dagegen ist ein elektronisches Siegel, das die Integrität der Daten und die Authentisierung des Urhebers ermöglicht.

45 % planen Einsatz

Auf der Grundlage des Gesetzes zur digitalen Signatur sind die Planungen des Einsatzes der digitalen Signatur zur Wahrung der Datenintegrität und zur Schaffung von Datenverbindlichkeit in deutschen Unternehmen schon weit fortgeschritten; Abbildung 2.16 gibt darüber Auskunft. Während bisher nur 16% der befragten Unternehmen digitale Signaturen einsetzen, planen dies 45%. 35% haben keine Pläne, und 20% sind sich noch nicht schlüssig.

Einsatzbereiche

Interessanter ist noch die Frage, in welchem Einsatzbereich digitale Signaturen zur Anwendung kommen werden. Abbildung 2.17 stellt neueste Befragungsergebnisse dar. Nur 2% derer, die digitale Signaturen einsetzen werden, wollen sie im Business-To-Business-Bereich *nicht* einsetzen. Das ist erstaunlich. Der Business-To-Business-Bereich dominiert mit 82%, gefolgt von der internen (53%) und der Business-To-Consumer-Kommunikation (45%). Im letztgenannten Bereich sind sich aber noch 37% der Unternehmen über ihre Pläne im unklaren.

Werden Sie digitale Signaturen einsetzen?

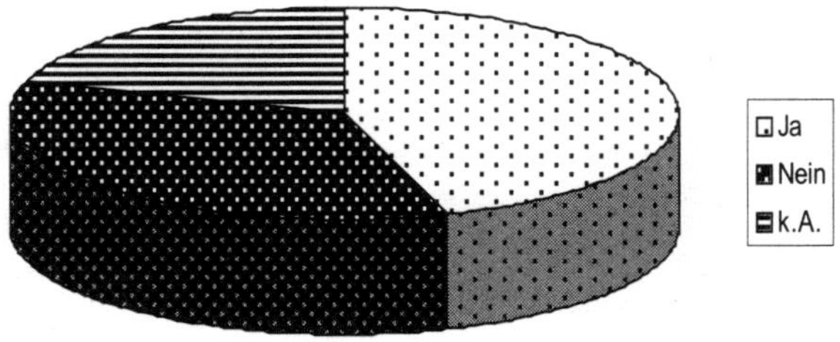

Abbildung 2.16: KES/Utimaco-Studie 1998: Einsatzpläne für die digitalen Signaturen

Abbildung 2.17: KES/Utimaco-Studie 1998: Einsatzbereiche für die digitale Signatur

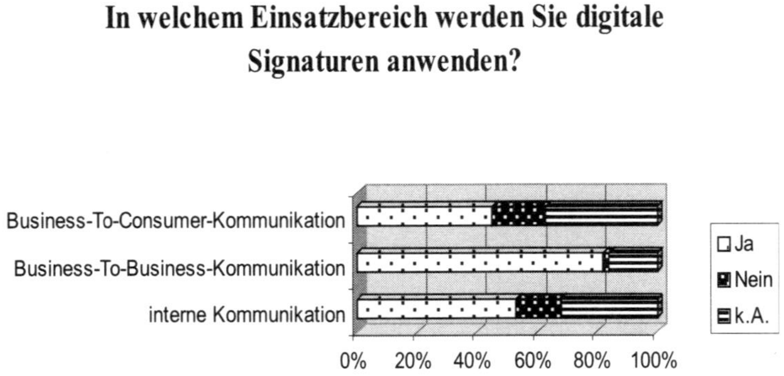

Vielseitige Signatur

Die digitale Signatur ist weitaus mehr als Ersatz der Handunterschrift. Wie bereits ausgeführt, kann die digitale Signatur den Unterzeichner eindeutig authentisieren und Manipulationen an der unterzeichneten Nachricht erkennbar machen. Sie kann in Verbindung mit dem Zertifikat für Verbindlichkeit der Nachricht sorgen und damit das Rechtsgeschäft vollständig absichern. Anwendungen für die digitale Signatur sind zahlreich. Immer, wenn es darum geht, die Unverfälschtheit einer elektronischen Information zu gewährleisten, ist die digitale Signatur gefordert. Elektronische Informationen können Texte, Bilder oder Videos, technische Zeichnungen oder Programme sein. Digitale Signaturen versiegeln sie und sorgen für die Verbindlichkeit der Information.

Signaturen schützen E-Techniken

Für eine gesetzeskonforme digitale Signatur braucht der Benutzer in Deutschland neben der Signatursoftware einen SmartCard-Leser und eine SmartCard. Sie erfordert außerdem eine bisher nicht existierende neue Infrastruktur, die es erlaubt, klassische Funktionen wie Identifikation, Beglaubigung und Rechteverwaltung auf eine neue informationstechnische Basis zu bringen. Von dieser Stelle erhält der Benutzer seine SmartCard mit den Schlüsseln und Zertifikaten für die digitale Signatur. Die Infrastruktur, auch Public-Key-Infrastructure (PKI) genannt, erfordert hohe Sicherheit, da in Zukunft der gesamte elektronische Geschäftsverkehr wie E-Commerce, E-Mail, E-Banking usw. davon abhängen wird, und die Haftungssummen entsprechend hoch sind.

SigG und SigV

In Deutschland sind mit dem Signaturgesetz (SigG) und der Signaturverordnung (SigV) die Anforderungen an die technische Realisierung der digitalen Signatur und der Zertifizierungsinstanzen (*Certification Authorities*, CA) gesetzlich geregelt. So müssen Sicherheitsprodukte und -werkzeuge, mit denen digitale Signaturen durchgeführt werden, nach ITSEC E2 evaluiert sein, wenn man Wert auf eine rechtliche Anerkennung legt. Zertifizierungsinstanzen werden nur anerkannt, wenn sie nach ITSEC zertifiziert sind. Wegen der hohen Sicherheitsanforderungen ist aber E4-hoch gefordert. Die Schlüssel müssen sicher in Hardware gespeichert werden. Das ist zur Zeit nur in SmartCards oder Hardware mit vergleichbarer Sicherheit möglich. Auch die SmartCards müssen ein E4-hoch-Zertifikat besitzen. In anderen Ländern sind ähnliche Gesetze in Vorbereitung. Man geht heute davon aus, daß in absehbarer Zeit jeder Marktteilnehmer in den OECD-Ländern in der Lage ist, Nachrichten digital zu signieren.

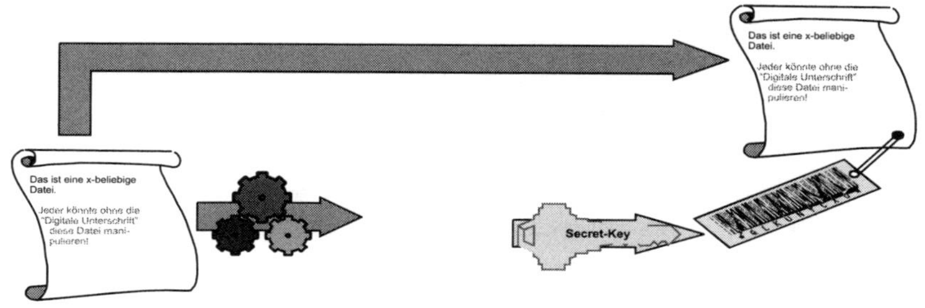

Abbildung 2.18: Die Erzeugung der digitalen Signatur

ITSEC-Zertifizierung

Die digitale Signatur ist in aller Regel Bestandteil einer Anwendung. Entwickler von Anwendungen, die mit digitalen Signaturen ausgestattet werden sollen, sind gut beraten, bereits zertifizierte Signaturlösungen (Software als Toolkit, SmartCards, SmartCard-Leser) zu verwenden, weil die Eigenentwicklung plus Zertifizierung qualifiziertes Know-how verlangt, viel Zeit in Anspruch nimmt und entsprechende Kosten nach sich zieht.

2.7.1 Verbindliche Geschäftsvorgänge durch digitale Signaturen

Rechtliche Anerkennung

Durch das deutsche Signaturgesetz werden digitale Signaturen gesetzlich geregelt. Gesetzlich anerkannte Signaturen werden aufgrund ihrer hohen tatsächlichen Sicherheit und der gesetzlichen Anerkennung als Beweis für die Urheberschaft und Unverfälschtheit der Daten akzeptiert. Für gesetzlich anerkannte Signaturen gilt der Anscheinsbeweis.

Kriterien für eine Anerkennung

Um eine digitale Signatur gesetzlich anzuerkennen, muß sie mit einem öffentlichen Schlüssel aus einem Zertifikat einer behördlich genehmigten Zertifizierungsstelle überprüft werden können. Das Zertifikat muß zum Zeitpunkt der Prüfung gültig gewesen sein, d.h., die im Zertifikat angegebene Gültigkeitsdauer war nicht überschritten und das Zertifikat war nicht gesperrt. Außerdem müssen die im Zertifikat angegebenen mathematischen Verfahren (Algorithmen) zum Zeitpunkt der Prüfung noch als geeignet beurteilt werden. Es müssen folgende Grundsätze erfüllt sein:

1. Die Signatur muß auf nicht knackbaren mathematischen Verfahren wie z.B. Public-Key-Verfahren, RSA beruhen.
2. Der Signaturschlüssel muß einmalig sein. Die Schlüssellänge bei Einsatz des RSA-Verfahrens muß 1024 Bit oder länger sein. 1024 Bit entsprechen einer 300-stelligen Zahl. Man kann so praktisch ausschließen, daß Schlüssel doppelt vergeben werden.

3. Der geheime Schlüssel muß sicher z.B. in einer SmartCard gespeichert sein. Der Zertifizierungsstelle ist es untersagt, geheime Schlüssel zu speichern.
4. Der geheime Schlüssel muß zuverlässig an den rechtmäßigen Inhaber gebunden sein. Das erreicht man durch Speicherung in einer SmartCard, die nur nach Eingabe einer PIN benutzt werden kann.
5. Ungewollte Signaturen müssen ausgeschlossen werden können.
6. Es muß eine zuverlässige Prüfung digitaler Signaturen erfolgen können.

Ungewollte Signaturen

Der Ausschluß ungewollter Signaturen ist eine Forderung, die inzwischen heftig diskutiert wird. Insbesondere die Darstellungskomponente gefällt einigen Diskussionsteilnehmern nicht. Wenn man konsequent verbindliche Signaturen erreichen will, darf man die Augen nicht vor den alltäglichen Gefahren für die Sicherheit durch trojanische Pferde verschließen. Es gibt nun einmal die technischen Möglichkeiten, den Anwender der digitalen Signatur zu täuschen, indem ihm ein Dokument zum Signieren untergeschoben wird. Es muß auch sichergestellt werden, daß die Daten nach der letzten Kenntnisnahme, aber vor dem Signieren nicht verändert werden können. Als Gegenmaßnahmen kommen sichere oder nachträglich durch Zusatzsysteme gesicherte Betriebssysteme oder Internet-Browser in Betracht, die aber alle den gesetzlichen Anforderungen genügen müssen.

Darstellungskomponente

Die Darstellungskomponente soll dafür sorgen, daß die angezeigten mit den signierten Daten übereinstimmen. Das kann man beispielsweise durch Anzeige der Ausdrucksform des Dokuments gewährleisten, d.h., dem Unterzeichner wird die Druckausgabe des Dokuments am Bildschirm angezeigt. Etwaige durch Makros hinzugefügte, aber verborgene Textstellen würden nicht im Ausdruck, aber in der Original-Textdatei existieren. Der Autor des Textes kann diesen im Druckformat nochmals prüfen und dann signieren. Dabei können sowohl die Text- als auch die Bilddatei signiert und versandt werden, wobei die Bilddatei die verbindliche ist. Der Empfänger würde dann beide Signaturen prüfen.

Verbindlichkeit

Es gibt noch eine besonders wichtige Eigenschaft der digitalen Signatur, die z.B. bei elektronischen Bestellungen von Bedeutung ist: Der Absender einer Bestellung kann diese später nicht leugnen. Voraussetzung sind ein Zertifikat einer vertrauenswürdigen Stelle und die absolute Einmaligkeit des geheimen Schlüssels sowie seine Geheimhaltung. Damit wird die Verbindlichkeit der Bestellung eindeutig nachgewiesen (*non-repudiation of the origin*). Diese Eigenschaft der digitalen Signatur macht sie rechtsfähig. Der vertrauenswürdige Dritte ist das Trust Center, das das Zertifikat des Absenders ausgestellt hat. Näheres zur Verbindlichkeit von Nachrichten und zu den Zertifikaten lesen Sie weiter unten im Text.

2.7.2 Ablauf der digitalen Signatur

Bevor der Benutzer seine Nachricht (Bestellung, Brief, Überweisung usw.) absendet, wird sie digital signiert.

1. Der Benutzer wird aufgefordert, seine SmartCard in den Leser zu stecken und sich ihr gegenüber durch Eingabe der PIN (Paßwort) zu authentisieren. In der Karte ist festgelegt, wieviel Fehlversuche erlaubt sind. Wird die maximal zulässige Anzahl überschritten, wird die Karte gesperrt. Sie kann nur durch einen besonderen Prozeß entsperrt werden.
2. Danach wird über die Nachricht eine kryptografische Prüfsumme (Hash) ermittelt, die eindeutig und fälschungssicher ist.
3. Diese Prüfsumme wird in die SmartCard übertragen und dort mit dem geheimen Schlüssel des Benutzers, der in der SmartCard gespeichert ist, verschlüsselt.
4. Die Nachricht wird zusammen mit der verschlüsselten Prüfsumme (digitale Signatur) und dem Zertifikat (siehe weiter unten) an den Empfänger übertragen.
5. Der Empfänger prüft die Unverfälschtheit der Nachricht und die Authentizität des Absenders durch eine erneute Ermittlung der Prüfsumme über das Original der Nachricht (Hash), die er mit dem öffentlichen Schlüssel des Absenders (aus dem Zertifikat) entschlüsselt.
6. Sind die beiden verschlüsselten Prüfsummen identisch, ist der Nachweis der Authentizität und der Unverfälschtheit erbracht.

Wenn die beim Empfänger ermittelte Prüfsumme ungleich der mitgesandten wäre, wäre entweder das signierte Dokument verändert worden, oder die beiden Schlüssel passen nicht zusammen, d.h., es handelt sich um einen anderen Absender oder ein verändertes Zertifikat.

2.7.3 Geheime und öffentliche Schlüssel des Public-Key-Verfahrens

RSA oder DSA

Die digitale Signatur basiert auf der Anwendung von asymmetrischen Public-Key-Verschlüsselungsverfahren. RSA ist der dabei üblicherweise benutzte Algorithmus. Es gibt aber auch andere anerkannte Algorithmen, wie z.B. DSA (*Digital Signature Algorithm*). Beim RSA-Verfahren wird ein Schlüsselpaar, das aus zwei zueinander passenden Schlüsseln besteht, verwendet. Einer der beiden Schlüssel muß geheimgehalten werden und wird deshalb *geheimer, privater Schlüssel* oder *Secret-Key* genannt. Der andere kann publiziert werden, weshalb er *öffentlicher Schlüssel* oder *Public-Key* heißt. Weitere Einzelheiten finden Sie in Kapitel 2.4.

Sichere Schlüsselerzeugung

Es gibt bei der Schlüsselerzeugung Grundsätze, die beachtet werden sollten. Bei veröffentlichten Algorithmen ist der Schlüssel essentiell für die Sicherheit verantwortlich. Der geheime Schlüssel eines Public-Key-Algorithmus muß geheim bleiben und deshalb sicher gespeichert werden. Die beiden Schlüssel werden in einer sicheren Umgebung automatisch generiert, wobei Verfahren eingesetzt werden, die die unbedingt notwendige Einmaligkeit und Nicht-Nachvollziehbarkeit des Schlüsselpaars gewährleisten. Es werden *Random-Number-Generators* (RNG) verwendet, die nicht vorauszusagende Ergebnisse liefern. Noch sichere Ergebnisse liefern hardwarebasierte Rauschgeneratoren. Es gibt schon SmartCards, die mittels eines integrierten Rauschgenerators selbst Schlüsselpaare generieren können. Sie werden den Prozeß der dezentralen Schlüsselgenerierung beim Benutzer verändern. Die Schlüsselerzeugung kann zentral oder dezentral erfolgen.

Zentrale CA

Die zentrale Schlüsselgenerierung erfolgt durch die *Zertifizierungsinstanz* (CA) zusammen mit der Ausgabe des signierten Zertifikats. Sie hat folgende Vorteile bzw. Nachteile:

1. Sie ist im allgemeinen wirtschaftlicher und einfacher als eine dezentrale Generierung.
2. Der geheime Schlüssel ist der Zentrale bekannt. Das hat den Vorteil, daß man an Daten herankommt, auch wenn der Besitzer des geheimen Schlüssels im Urlaub, krank oder verstorben ist. Der Nachteil ist aber offensichtlich. Der geheime Schlüssel ist nicht mehr geheim, denn er ist der Schlüsselausgabestelle (Zertifizierungsinstanz) ebenfalls bekannt. Die Verbindlichkeit der Daten durch den Sende- und Empfangsnachweis (*Non-Repudiation*) ist nicht gewährleistet. Öffentliche Zertifizierungsstellen dürfen nach dem Gesetz keine geheimen Schlüssel speichern. Eine Lösung des Problems wären zwei Schlüsselpaare. Eins zum Verschlüsseln, wobei eine Kopie hinterlegt wird, damit ein Recovery möglich wird. Das zweite Schlüsselpaar wird zum Signieren verwendet. Der geheime Schlüssel wird nicht hinterlegt.
3. Der geheime Schlüssel muß an den Besitzer ausgeliefert werden. Solange das auf einer SmartCard mit separat versandtem PIN-Brief geschieht, ist der Prozeß sicher zu gestalten. Andere Distributionswege könnten unsicher sein.

Dezentrale CA

Die dezentrale Schlüsselerzeugung hat vor allem im Hinblick auf die Verbindlichkeit von Daten Vorteile, aber auch Nachteile:

1. Der geheime Schlüssel verbleibt ausschließlich beim Besitzer und wird demzufolge nicht kopiert und als Backupkopie zentral verwahrt. Der für die Verbindlichkeit so wichtige Sende- und Empfangsnachweis (Non-Repudiation) ist gewährleistet.
2. Benutzer müssen nach der Schlüsselerzeugung den öffentlichen Schlüssel zum Zwecke der Zertifikatsausstellung an die Zertifizierungsinstanz schicken.

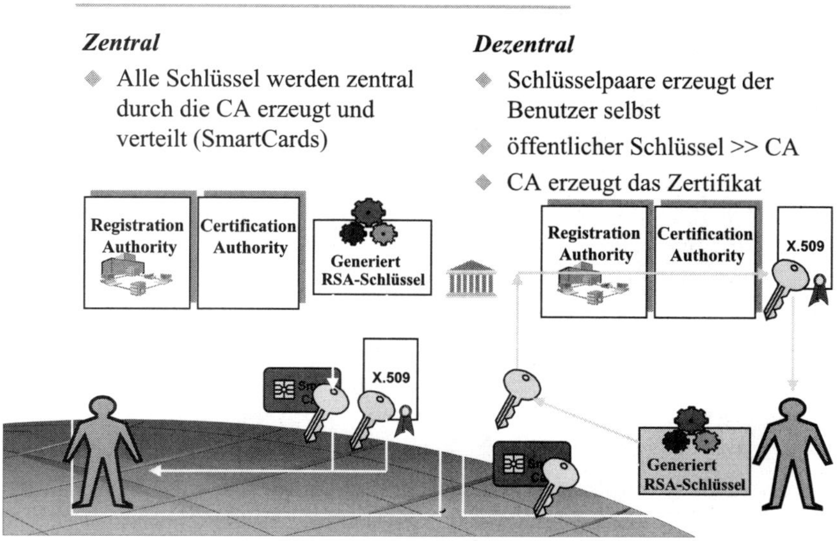

Abbildung 2.19: Vergleich zentrale/ dezentrale Schlüsselerzeugung

Der Schlüsselerzeugungsprozeß kann, wie die Anwendungsbeispiele im Teil zwei zeigen, zwischen der Zentrale und den Benutzern aufgeteilt werden.

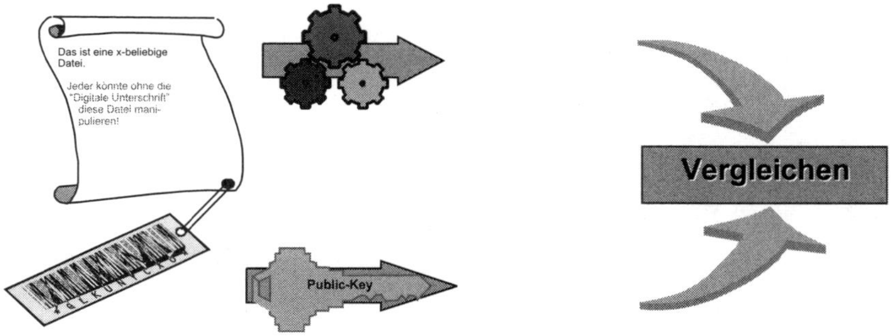

Abbildung 2.20: Verifizieren einer digitalen Signatur

2.7.4 Die Prüfsumme (Hash) sorgt für Datenintegrität

Die Prüfsumme wird aus der Gesamtzahl der Bits eines Textdokuments oder einer Grafik oder einer binären Datei ermittelt. Das Ergebnis muß einmalig und eindeutig sein und den Inhalt des Dokuments vollkommen widerspiegeln. Technisch gesehen wird beim Hash eine Eingabe von beliebiger Länge in eine feste Größe von Bits umgewandelt, wobei natürlich die Eingabe erhalten bleibt. Heute übliche Verfahren basieren auf kryptografischen Algorithmen. Der CBC (*Cipher Block Chaining*)-Modus von DES ist nach ISO 9797 genormt. Schnelle Hashverfahren wie MD4, MD5, SHA (*Secure Hash Algorithm*) und RIPE-MD werden häufig benutzt.

MD4, MD5

MD4 (*Message Digest 4*) und MD5 wurden von Ronald Rivest (*RSA Data Security, Inc.*) entwickelt. MD5 ist der Nachfolger des in Zweifel gezogenen MD4. Die Eingabe in den Algorithmus erfolgt in 512 Bitblöcken; die Ausgabe, der Hashcode, ist 128 Bits lang. MD5 ist ein Internet-Standard und daher frei verfügbar. Auch beim MD5 kann man sich Angriffsszenarien vorstellen, was seine Sicherheit fraglich macht.

SHA

Der SHA wurde 1994 von den beiden US-amerikanischen Sicherheitsdienststellen NIST und NSA entwickelt. Der Hashcode ist 160 Bits lang; die Sicherheit wird als hoch bezeichnet. Es gibt neuerdings eine verbesserte Version: SHA-1.

RIPE-MD

Im europäischen (EU)-Projekt RIPE wurde der Hashalgorithmus RIPE-MD (*RIPE Message Digest*) entwickelt. Die Eingabe erfolgt ebenfalls in 512 Bitblöcken. Es wird ein Hashcode mit 128 oder 160 Bit (RIPEMD-160) Länge erzeugt. Die Sicherheit von RIPE-MD-160 wird als sehr hoch beurteilt.

Durchsatz

Die Durchsatzleistung der Hashalgorithmen ist unterschiedlich hoch. Der schnellste (MD5) hat einen Durchsatz von 113,5 Mbit/sec. Der langsamste (RIPE-MD-160) ist sehr viel langsamer (39,8 Mbit/sec.), aber auch sicherer. Der SHA-1 liegt mit einer Leistung von 48,7 Mbit/sec. dazwischen. Alle Werte wurden auf einem 90 MHz-PC ermittelt.

Tabelle 2.3: Sicherheit der Hashalgorithmen

Hashalgorithmus	TÜV Informationstechnik GmbH	BSI
MD4, MD5, 128 Bit	Unsicher	Unsicher
RIPE-MD, 128 Bit	Gut	Gut
RIPE-MD, 160 Bit	Gut	Gut
SHA-1	Unklar	Gut

2.7.5 Die Public-Key-Infrastructure (PKI)

CA

Vor dem elektronischen Austausch von Informationen müssen die Partner authentisiert werden. Das setzt voraus, daß sich jeder Teilnehmer durch einen elektronischen »Paß« ausweisen kann. Dieser muß durch eine vertrauenswürdige Stelle ausgestellt worden und fälschungssicher sein. Im elektronischen Geschäftsverkehr heißt er Zertifikat und die ausstellende Stelle Zertifizierungsinstanz (CA), Zertifizierungsstelle oder Trust Center (TC). Die Zertifizierungsinstanz oder Zertifizierungsstelle muß vertrauenswürdig sein. In Deutschland wird dies durch eine Zertifizierung gemäß Signaturgesetz bzw. Signaturverordnung und die Verleihung eines Schlüsselpaars durch eine Wurzelinstanz (BAPT) erreicht. Teilnehmer registrieren sich im allgemeinen lokal bei einer Registrierungsstelle (RA). CA und RA sind Teil der *Public-Key-Infrastructure* (PKI).

Die Public-Key-Infrastructure kann folgende Aufgaben haben:

1. Registrierung der Teilnehmer.

2. Zentrale Ausgabe und Verwaltung von Schlüsseln, Führen von »Logbüchern« für die Schlüsselhistorien, Unterstützung von Schlüsselbackup, falls gefordert.
3. Zentrale Ausgabe und Verwaltung von SmartCards mit den individuellen Schlüsseln eines jeden Teilnehmers.
4. Ausgabe und Verwaltung von Zertifikaten mit persönlichen Angaben und dem öffentlichen Schlüssel der Teilnehmer.
5. Führung von Sperrlisten.
6. Cross-Zertifizierung.

RA

Die Registrierungsstelle oder *Registration Authority* (RA) prüft den Antrag auf Ausstellung eines Zertifikats und die Identität des Antragstellers. Sie ist im allgemeinen dezentral angesiedelt. Sie liefert oftmals auch das Zertifikat und das Schlüsselpaar, die beide von der CA erzeugt wurden, auf einer SmartCard oder einem anderen sicheren Speichermedium einschließlich PIN-Brief an den Teilnehmer aus. Sie ist vergleichbar mit dem lokalen Einwohnermeldeamt, das einen Paßantrag bearbeitet und an die Bundesdruckerei zur Herstellung des Passes weiterleitet.

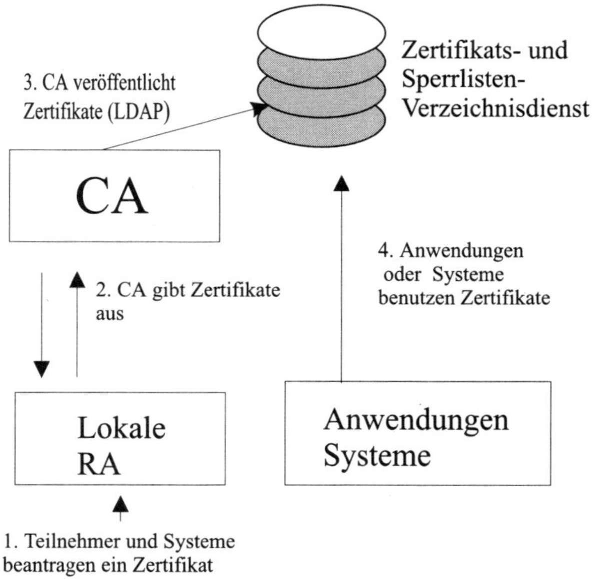

Abbildung 2.21: Funktion einer PKI

Zertifizierungsinstanz (CA)

CA vergibt Zertifikate

Die Zertifizierungsinstanz steht dafür ein, daß die von ihr ausgestellten Zertifikate vertrauenswürdig sind. Sie erfordert deshalb eine sichere Umgebung. Sie kann strikt zentral, hierarchisch strukturiert oder als vertrauenswürdiges Netz realisiert werden. Die zentrale CA vergibt als einzige Autorität Zertifikate, die sie mit ihrem geheimen Schlüssel signiert. Jeder kann die Gültigkeit eines Zertifikats mit dem öffentlichen Schlüssel der CA verifizieren. Der öffentliche Schlüssel wird manuell an alle verteilt, die Zertifikate prüfen wollen.

privatrechtliche CAs

Nach dem Willen des deutschen Gesetzgebers sind die Zertifizierungsstellen privatrechtlich organisiert. Der rechtliche Rahmen wurde durch das Signaturgesetz geschaffen; sie dürfen ihren Betrieb erst nach Genehmigung durch die zuständige Behörde aufnehmen. Die Behörde prüft, ob die Zertifizierungsstelle die gesetzlichen Vorgaben einhält. Die Prüfung wird alle zwei Jahre und nach Änderungen an der Sicherheit wiederholt. Die Zertifizierungsstelle hat die Inhaber von Signaturschlüsseln über die seinerseits nötigen Sicherheitsmaßnahmen zu informieren. Die besonders wichtigen technischen Komponenten für die Schlüsselerzeugung und die Anwendung des geheimen Schlüssels müssen den gesetzlichen Anforderungen entsprechen. Die Zertifizierungsstellen übernehmen die Garantenstellung. Die Signaturverordnung (SigV) zum Signaturgesetz regelt u.a. die Hierarchie der Zertifizierungsinstanzen in Deutschland. Die Wurzelinstanz ist die Bundesbehörde *Bundesamt für Post und Telekommunikation* (BAPT). Sie vergibt das Schlüsselpaar an die zugelassenen Zertifizierungsinstanzen. Die privatrechtlich organisierten Zertifizierungsinstanzen müssen sich nach ITSEC E4-hoch evaluieren lassen, bevor sie ihre Zulassung erhalten.

Abbildung 2.22: Hierarchie der Zertifizierungsstellen nach der SigV

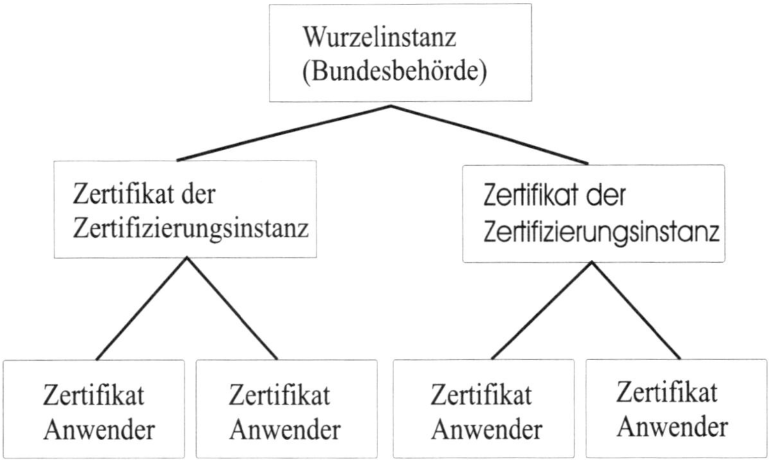

Lokale Annahmestellen

Die Zertifizierungsstellen werden auf Antrag tätig. Benutzer, die das Signaturverfahren nutzen wollen, stellen bei einer lokalen Annahmestelle einen Antrag, nachdem sie sich durch Vorlage des Personalausweises identifiziert haben. Die Zertifizierungsstelle erzeugt das Schlüsselpaar und speichert es zusammen mit dem signierten Zertifikat in einer SmartCard. Die SmartCard wird dem Benutzer zusammen mit dem PIN-Brief durch die lokale Annahmestelle ausgehändigt.

CA-Hierarchien

Hierarchisch geordnete Zertifizierungsinstanzen bestehen aus mehreren Stellen. Die höchste Stufe hält den Wurzelschlüssel, gibt die Zertifikate der nächsten Hierarchiestufe aus und signiert sie. Diese Stufe wiederum gibt Zertifikate der folgenden Stufe aus und signiert sie ebenfalls. Der Benutzer erhält dann sein Zertifikat von der lokalen Zertifizierungsinstanz.

Vertrauenswürdige Netze (*Web of Trust*) geben jedem, der ein Zertifikat besitzt, die Möglichkeit, andere zu signieren. Benutzer müssen sich selbst von der Vertrauenswürdigkeit überzeugen, was nicht immer einfach ist. Diese Zertifizierungsstruktur wird von *Pretty Good Privacy* (PGP) benutzt.

Web of Trust

Man kann aber auch die Generierung von Schlüsseln sowie die Ausgabe von SmartCards einerseits und die Ausgabe von Zertifikaten trennen.

CA signiert Zertifikate

Öffentlichen Schlüsseln kann nur vertraut werden, wenn sie von einer vertrauenswürdigen CA mit ihrem geheimen Schlüssel signiert sind. Es ist die Aufgabe der CA, dafür zu sorgen, daß das Zertifikat tatsächlich zu der Person gehört, deren Identität angegeben ist. Der Empfänger eines Zertifikats kann sich von seiner Gültigkeit durch Verifizierung der Signatur mit dem öffentlichen Schlüssel der CA überzeugen. Falls die Schlüssel einer CA kompromittiert werden sollten, müssen alle Zertifikate, die diese CA ausgestellt hat, erneuert werden.

Zertifikate sind für die Verbindlichkeit der Informationen wichtig

Ein Zertifikat ist eine Datenstruktur (z.B. gemäß X.509), die den öffentlichen Schlüssel mit den persönlichen Daten des Benutzers – seiner Identität – untrennbar verbindet. Es ist durch die Zertifizierungsinstanz mit deren geheimem Schlüssel digital signiert. Ein Zertifikat hat eine limitierte Gültigkeitsdauer und kann unabhängig von seinem Besitzer geprüft werden. Zertifikate können ungeschützt über jede Kommunikationsleitung übertragen werden.

Sperrlisten

Nachdem ein Zertifikat ausgegeben worden ist, kann es für eine bestimmte Gültigkeitsdauer benutzt werden. Es mag aber Gründe geben, ein Zertifikat vorzeitig zu sperren. Dann muß die Zertifizierungsinstanz das Zertifikat widerrufen. Widerrufene Zertifikate werden in die Sperrliste, auch *Certificate Revocation List* (CRL) genannt, eingetragen und wieder entfernt, wenn die Gültigkeitsdauer ausgelaufen ist. Die Sperrliste kann jeder Teilnehmer anfordern und für seine Zwecke nutzen.

Verzeichnisdienste nach X.500

X.500 oder LDAP

Die Zertifikate mit den öffentlichen Schlüsseln entsprechen heute weltweit den Normen der CCITT (*Consulting Comittee International Telephone and Telegraph*) X.500. Diese Norm ist ein integrierter Teil der X.400 (*Compatible E-Mail Systems*). X.500 beschreibt einen Verzeichnisdienst, der lesbare Namen in unlesbare Adressen übersetzt. Um eine Nachricht zu versenden, würde ein Teilnehmer den Namen des Empfängers eingeben, und der E-Mail-Client würde seine E-Mail-Adresse vom nächsten Verzeichnisdienst abfordern. Diese Vorgehensweise wird auch für Zertifikate angewandt, was zu Sicherheitsbedenken geführt hat, weil die Kombination von E-Mail-Adresse und Zertifikat zum »Piggy Backing« genutzt werden könnte. Mit dem LDAP (*Lightweight Directory Access Protocol*) erfolgt im allgemeinen der Zugriff auf die X.500-Verzeichnisse.

Zertifikate nach X.509

X.509 beschreibt den Inhalt von Zertifikaten. Auch das deutsche Signaturgesetz akzeptiert X.509 als Norm.

Genormtes Zertifikat

Eine definierte Struktur für ein Zertifikat wurde unter X.509 genormt. Die letzte Version ist X.509(v3). Das Zertifikat wird von der Zertifizierungsinstanz mit dem Inhalt gemäß Tabelle 2.4 ausgestellt und mit ihrem geheimen Schlüssel signiert. Es gibt eine Sperrliste (Revocation List).

Inhalt des Zertifikats

Die Tabelle 2.4 zeigt den Inhalt des Zertifikats. Einige Teile sind selbsterklärend wie Versions- und Seriennummer. Die Algorithmus-Identifikation ist ein Schlüssel, der Auskunft über die verwendeten Algorithmen gibt. Aussteller ist die Zertifizierungsstelle, die das Zertifikat ausgegeben und signiert hat. Das Gültigkeitsdatum enthält den Tag der letzten Gültigkeit. Das Subjekt enthält den Namen oder das Pseudonym des Benutzers, dessen Identität fest mit dem Zertifikat verbunden ist. Schließlich enthält das Zertifikat den öffentlichen Schlüssel und die Signatur der Zertifizierungsstelle. Der Name kann durch Attribute, wie Zeichnungsberechtigung oder Zugriffsrechte, ergänzt werden.

Tabelle 2.4: Aufbau eines X.509-Zertifikats

Aufbau eines X.509-Zertifikats
Version
Seriennummer
Algorithmus-Identifikation
Aussteller (Name der CA)
Gültigkeitsdatum
Subjekt (Benutzername)
Öffentlicher Schlüssel des Benutzers
Signatur durch die CA
Erweiterungen

Sperrlisten (Certificate Revocation List, CRL)

Widerruf von Zertifikaten

Anwender oder Anwendungssoftware, die ein fremdes Zertifikat prüfen, müssen sicher sein, daß es noch gültig ist. Das Gültigkeitsdatum im Zertifikat gibt einen Hinweis. Es kann aber Gründe geben, ein noch gültiges Zertifikat zu widerrufen, wenn zum Beispiel der Mitarbeiter das Unternehmen verlassen hat. Alle übrigen Teilnehmer sollten darüber informiert werden, denn das Zertifikat des ausgeschiedenen Mitarbeiters ist für Unternehmenszwecke nicht mehr gültig. Die Zertifizierungsinstanz führt eine Sperrliste, die sie je nach Vereinbarung auf Anforderung oder automatisch per Electronic Mail verteilt. Vor jeder Anwendung eines Zertifikats sollte deshalb eine Prüfung der Gültigkeit durch Einsichtnahme in die neueste Sperrliste erfolgen.

Eine mögliche Vorgehensweise besteht darin, die jeweils neueste Sperrliste einem Verzeichnisdienst zur Verfügung zu stellen, wobei die Seriennummer zur Identifikation ausreicht. Anwender holen sich dann den neuesten Stand dort ab.

Die Generierung der Signaturschlüssel

Das Trust Center erzeugt zentral oder der Benutzer erzeugt dezentral die geheimen und öffentlichen Schlüssel. Das Schlüsselpaar wird in der SmartCard gespeichert. In Kürze wird man die ersten SmartCards mit der Fähigkeit, Schlüssel zu generieren, kaufen können. Die Schlüsselgenerierung in der SmartCard beim Benutzer hätte weitere Vorteile. Der Benutzer kann sich dann darauf verlassen, daß außer ihm niemand den geheimen Schlüssel kennen kann, weil niemand sonst an der Generierung beteiligt war. Wenn das Schlüsselpaar in einem Trust Center generiert wurde, besteht rein theoretisch die Gefahr von Mitwissern. Auf die besonderen Gefahren bei der Schlüsselerzeugung wurde bereits eingegangen. Wenn mit dem Schlüsselpaar auch verschlüsselt werden soll und ein Schlüsselbackup besteht, muß aus den oben angeführten Gründen mit zwei Schlüsselpaaren gearbeitet werden. Das erste zum Verschlüsseln wird in der CA gespeichert; im Verlustfall kann man auf die Schlüssel zurückgreifen. Das zweite Paar dient der digitalen Signatur; es wird nicht in der CA gespeichert.

Die folgende Abbildung erläutert das Prinzip der Generierung von RSA-Schlüsselpaaren.

RSA

- Schlüsselgenerierung:
  - Suche zwei große Primzahlen p und q
  - Berechne $n = p*q$
  - Suche eine Zahl e, die zu $(p-1)*(q-1)$ relativ prim ist
  - Berechne eine Zahl d, so daß $e*d = 1 \bmod (p-1)*(q-1)$
  - (e,n), (d,n) = Schlüsselpaar, einer kann öffentlich gemacht werden
- Verschlüsseln:
  - $C = M^e \bmod n$
- Entschlüsseln:
  - $M = C^d \bmod n$

Abbildung 2.23: Generierung eines RSA-Schlüsselpaars

Cross-Zertifizierung

Im Geschäftsverkehr kann es vorkommen, daß zwei Geschäftspartner, die jeweils eigene PKIs unterhalten, die Zertifikate des anderen anerkennen wollen. Man kann sich auch vorstellen, daß in einer großen Unternehmensgruppe einzelne Unternehmensteile über eigene PKIs verfügen. Auch in diesem Fall ist eine gegenseitige Zertifizierung sinnvoll.

Cross-Zertifizierung besteht aus zwei Aktionen. Die erste ist der Aufbau einer Vertrauensbeziehung zwischen den beiden CAs. Sie wird in unregelmäßigen Zeitabständen durchgeführt. Beide CAs tauschen ihre Verifikationsschlüssel auf sichere Weise aus; damit wird die gegenseitige Prüfung von Zertifikaten möglich gemacht. Beide CAs erstellen ein Cross-Zertifikat, in dem der Verifikationsschlüssel der anderen CA mit dem eigenen geheimen Schlüssel signiert wird. Cross-Zertifikate können genauso wie normale Zertifikate gesperrt werden.

Die zweite Aktion erfolgt durch Software auf der Clientseite regelmäßig. Sie prüft die Teilnehmerzertifikate, die von einer cross-zertifizierten CA signiert sind.

2.7.6 Pretty Good Privacy (PGP)

Ist PGP sicher?

PGP ist ein weitverbreitetes Programm zum Verschlüsseln und Signieren von Electronic Mails; es benutzt sowohl RSA als auch IDEA. Der Vorteil von PGP ist seine weite Verbreitung. Es gibt aber substantielle Nachteile, die man unbedingt kennen sollte:

1. Das Schlüsselpaar wird nicht auf einer sicheren SmartCard, sondern auf der Festplatte, zentral in einem LAN oder auf Diskette gespeichert. Der Pfad zum Speicher ist definiert und liegt im Klartext vor; kein Hindernis für Hacker.
2. Der Zugang zu den Schlüsseln ist durch ein Paßwort geschützt. Da es aber keinerlei Paßwortregeln gibt, kann jedes Paßwort verwendet werden. Es ist deshalb leicht auszuspionieren.
3. Der Systemverwalter stellt in der Regel die Schlüssel aus. Er kann eine Sicherungskopie aller geheimen Schlüssel anfertigen, die mit dem Erstpaßwort der Benutzer gesichert sind. Da er auch dieses Erstpaßworte kennt, hat er Zugang zu allen geheimen Schlüsseln, was nicht zu akzeptieren ist.
4. Da es keine Zertifizierungsinstanz (CA) gibt, existieren auch keine beglaubigten Zertifikate. In geschlossenen Benutzergruppen könnte man auf eine Beglaubigung der Zertifikate verzichten, vorausgesetzt, jeder Teilnehmer vertraut jedem anderen. Auch die inzwischen etablierten PGP Key-Server sind nur Ersatz-Trustcenter.
5. Wegen der bestehenden US-Exportrestriktionen für starke Verschlüsselung wurde PGP in Europa auf der Basis der Programmquelle neu programmiert. Updates müssen in Europa jedesmal nachvollzogen und neu kompiliert werden.

PGP chiffriert Electronic Mails mit dem IDEA-Algorithmus, wobei der zufällig erzeugte IDEA-Schlüssel mit dem öffentlichen Schlüssel des Empfängers chiffriert mitgeschickt wird. Digitale Signaturen werden, wie an anderer Stelle beschrieben, vollzogen.

2.8 Verfahren, die den Zahlungsverkehr schützen

Im Zahlungsverkehr werden andere Verfahren angewandt. Die deutschen Banken und Sparkassen haben sich auf den HBCI-Standard (*Homebanking Computer Interface*) geeinigt. In der nächsten Zeit werden sie vom BTX-Verfahren mit TANs auf das wesentlich sicherere HBCI umstellen. Zur Zeit liegen nur geringe Praxiserfahrungen vor. Zum Schutz von Kreditkartenzahlungen im Internet haben VISA und Mastercard das Verfahren *Secure Electronic Transactions* (SET) zusammen mit IBM entwickelt. SET wird jetzt auch von Microsoft, HP und anderen unterstützt.

Homebanking Computer Interface (HBCI)

Die HBCI-Schnittstelle ist mehr als eine Datensatzbeschreibung. Sie ist erweiterbar, transportdienst- und endgeräteunabhängig, multibankfähig und sicher. Im Gegensatz zum heutigen BTX-Verfahren werden in HBCI auch interaktive bankmäßige Geschäftsabläufe definiert und nicht nur eine Nettodatenschnittstelle beschrieben. HBCI kann auch für Verfahren außerhalb der Bankenwelt, zum Beispiel auch für Zahlungen im Electronic Commerce, eingesetzt werden. Optimisten rechnen damit, daß im Jahre 2002 um die 250 Mio. HBCI-Transaktionen zu erwarten sind.

Secure Electronic Transactions (SET)

Alle aus den USA importierten Sicherheitsprodukte haben den Nachteil, daß sie entweder wegen zu geringer Schlüssellänge unzureichend sicher sind, oder wegen Anwendung des für den Export erforderlichen Key Recovery-Verfahrens den US-Geheimdienst als Mitwisser haben. Sie sind deshalb für viele Unternehmen inakzeptabel. Davon ausgenommen ist SET, weil nur Kreditkarteninformationen übertragen werden können. IBM erhielt für SET 1.0 bereits eine Exportfreigabe. SET 1.0 wird in einem Pilotprojekt der Commerzbank eingesetzt, wie die Computerwoche im April 1998 berichtete.

Schutz von Kreditkarten-informationen

Der Kunde muß seine Kreditkarte für die Anwendung im Internet registrieren lassen. Die Bestätigung entspricht dem elektronischen Äquivalent der Plastikkarte. Außerdem benötigt der Kunde eine elektronische Geldbörse (Wallet) für seinen Webbrowser. Im Zuge der Transaktion werden lediglich die Kreditkartennummer, die Gültigkeitsdauer und der Geldbetrag verschlüsselt übertragen. Die Verschlüsselung erfolgt nach dem DES-Verfahren mit dem originalen 56 Bit langen Sitzungsschlüssel. Dieser wird mit dem 1024 Bit langen öffentlichen RSA-Schlüssel des Empfängers chiffriert mitgesandt.

2.9 World-Wide-Web-Sicherheit

Basic Authentication, Secure Hypertext Transfer Protocol (S-HTTP) und *Secure Socket Layer* (SSL) sind die heute üblichen Verfahren im World-Wide-Web.

Basic Authentication

Basic Authentication ist kein kryptografisches Verfahren. Es prüft bei geschützten Dokumenten, ob der Zugriff erlaubt ist, und wendet dabei traditionelle Logon-Verfahren mit Benutzerkennung und Paßwort an. Die Sicherheit ist nicht hoch, weil die Benutzerdaten praktisch im Klartext im Header des HTTP-Requests übertragen werden. Die Benutzerinformationen werden zwar durch Base64-Codierung verschleiert, diese kann aber leicht rückgängig gemacht werden.

Secure Hypertext Transfer Protocol (S-HTTP)

S-HTTP ist ein sicheres HTTP. Die Requests und Responses werden verschlüsselt oder signiert oder verschlüsselt und signiert. Die kryptografischen Verfahren sind auf der Anwendungsebene realisiert. Man kann auch Hashfunktionen ausführen und damit die Integrität von Nachrichten prüfen. Das Protokoll unterstützt verschiedene symmetrische und asymmetrische Algorithmen für das initiale Handshake, die Verschlüsselung und die Signatur, sowie verschiedene Hashfunktionen. Die jeweils angewandten Verfahren handeln Client und Server miteinander aus. Ein Vorteil von S-HTTP ist, daß die Sicherheitsfunktionen auf der Anwendungsebene und damit dem Benutzer zur Verfügung stehen.

Secure Socket Layer (SSL)

Der SSL ist eine zusätzliche Schicht über der Socketebene, die beliebige TCP/IP-basierte höhere Protokolle benutzen kann. SSL ist das bekannteste kryptografische Verfahren im WWW. Es wurde von Netscape entwickelt; Netscape bietet die dazugehörigen Clients und Server an. Das Protokoll ist offengelegt und kann somit von jedem nachgebildet werden. In letzter Zeit ist die Sicherheit von SSL immer wieder in Zweifel gezogen worden, was Netscape zu Nachbesserungen veranlaßt hat.

SSL bietet dem Client immer eine Authentisierung des Servers an, die ohne Beteiligung der Anwendung in der SSL-Ebene abläuft. Die Authentisierung des Clients ist optional. Nach Aufbau einer SSL-Verbindung werden die Daten verschlüsselt. Auch eine Integritätsprüfung ist möglich.

Der Verbindungsaufbau läuft wie folgt ab:

1. Der Client baut eine Verbindung zum Server auf und teilt ihm mit, welche Verschlüsselungsalgorithmen er anbietet. Der Server wählt daraufhin das Public-Key- und Hashverfahren aus und informiert den Client.
2. Der Server sendet dem Client sein Zertifikat mit seinem öffentlichen Schlüssel. Der Client überprüft das Zertifikat.
3. Der Client erzeugt per Zufallsgenerator (random) einen Sitzungsschlüssel, verschlüsselt ihn mit dem öffentlichen Schlüssel des Servers und schickt ihn an den Server. Der Server dechiffriert den Sitzungsschlüssel mit seinem geheimen Schlüssel und erhält den echten Schlüssel für die folgende Kommunikation.

4. Der Client authentisiert den Server, in dem er ihm einen zufällig erzeugten Wert schickt, den er zuvor mit dem Sitzungsschlüssel verschlüsselt hat. Nur der passende Server kann diesen Wert korrekt mit dem Sitzungsschlüssel entschlüsseln und zurückgeben. Eine Authentisierung des Clients durch den Server kann in umgekehrter Folge stattfinden, wenn der Client über ein vertrauenswürdiges Zertifikat verfügt.
5. Von nun an können Client und Server verschlüsselt kommunizieren, wobei der Verschlüsselungs-algorithmus RC4 angewandt wird.

Der Netscape Browser Navigator enthält bereits die SSL-Funktionen. Der natürliche Partner des Navigators ist der Netscape Secure Server. Allerdings ist die außerhalb der USA vertriebene Version wegen der Exportrestriktionen (40 Bit-Schlüssellänge) nicht sehr sicher.

2.10 Firewall-Systeme

Elektronische Brandschutzmauern

Firewalls sind »elektronische Brandschutzmauern«, die den Übergang von einem unsicheren öffentlichen Netz zu einem geschützten internen Netzwerk sichern sollen. Firewalls sollen die beiden Netze gegeneinander abschotten und als Zugangsschutzsystem zum internen Netzwerk dienen. Der gesamte Datenverkehr zwischen dem internen und dem externen Netz und umgekehrt läuft über die Firewalls. Ohne geeignetes Sicherheitskonzept bringen Investitionen in Firewalls nicht den gewünschten Erfolg; die Ziele der Sicherheitspolitik müssen festgelegt werden.

Firewalls sind immer dem internen Netz vorgeschaltet. Sie übernehmen für alle dahinterliegenden Rechnersysteme einheitlich und zentral die Sicherheitsfunktionen, wie zum Beispiel die Authentisierung der von außen zugreifenden Benutzer und Verschlüsselungsdienste. Das hat nicht nur Kostenvorteile, sondern vereinfacht auch die Implementierung von Sicherheit, speziell in heterogenen Datenverarbeitungs-Landschaften.

Was sind die Funktionen eines Firewall-Systems?

Zugangskontrolle

Die Zugangskontrolle kann auf Netzwerksebene überprüfen, welche Rechnersysteme über die Firewalls miteinander kommunizieren dürfen. Außerdem kann über eine starke Authentisierung der Benutzer eine Zugangskontrolle auf Benutzerebene realisiert werden.

Rechteverwaltung

Die Rechteverwaltung legt fest, mit welchen Protokollen und Diensten und zu welchen Zeiten eine Kommunikation stattfinden darf. Es wird geprüft, ob Befehle benutzt werden, die nicht zur definierten Aufgabenstellung passen. Dasselbe gilt auch für Daten, die übertragen werden sollen. Damit können zum Beispiel im WWW Zugriffe auf unerwünschte Server unterbunden werden.

Beweissicherung Verbindungsdaten und sicherheitsrelevante Ereignisse werden protokolliert. Sie dienen der Beweissicherung von Aktionen der Benutzer und der Erkennung von Sicherheitsverletzungen.

Alarmierung Sicherheitsrelevante Ereignisse können dem Sicherheitsbeauftragten elektronisch gemeldet werden, damit dieser sofort reagieren kann, um Eindringlinge zu identifizieren oder davon abzuhalten, Schaden anzurichten.

Vertraulichkeit Eine Firewall kann Verschlüsselungsdienste anbieten, die kombiniert mit dem Authentisierungsdienst oder unabhängig davon angewandt werden können.

Ist eine Firewall notwendig?

Die Firewall ist unverzichtbar, wenn das interne Netz mit dem Internet oder anderen öffentlichen Netzen kommunizieren soll. Die Funktionen der Firewalls können, wie Beispiele in Teil II zeigen, teilweise von anderen Sicherheitssystemen übernommen werden.

Zugriff auf das Internet beschränken Die Kontrolle des Datenverkehrs von außen nach innen kann mit Mechanismen durchgeführt werden, die jedes gute Kommunikationssicherheitssystem bietet. Die Firewall bietet aber neben den Funktionen Authentisierung und Verschlüsselung eine weitere an, die manchmal Teil der Sicherheitspolitik eines Unternehmens ist. Zugriffe aus dem internen Netz auf das Internet werden ebenfalls geregelt. So kann auch Mißbrauch (z.B. Nutzung pornographischer Seiten) eingeschränkt werden.

Abbildung 2.24: Firewall-System

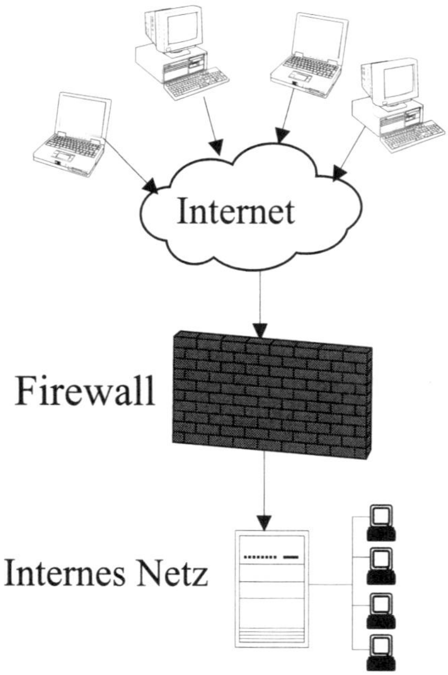

2.11 SmartCards

SmartCards sind Prozessor-Chipkarten in der genormten Größe der Standard-EC-Karte (86 x 54 x 0,076 mm). Sie verfügen in der Regel über keinen Magnetstreifen, sondern über einen eingebauten Chip. Der Chip enthält neben einem Speicher (RAM und ROM) auch einen unabhängigen Prozessor (CPU) und ein eigenes Betriebssystem (OS). SmartCards, die in Sicherheitslösungen eingesetzt werden, verfügen darüber hinaus über einen Kryptoprozessor.

Wozu eignen sich SmartCards?

SmartCards sind unabhängige kleine Computer, die in einer Plastikkarte integriert sind. Sie sind sehr vielseitig einsetzbar. Immer, wenn eine Anwendung die Speicherung (und teilweise auch Verarbeitung) von persönlichen, vertraulichen Informationen fordert, ist die SmartCard als Medium geeignet. SmartCards eignen sich hervorragend als Schlüsselspeicher in Authentisierungs-, Krypto- und Signatursystemen. Sie können auch als Multi-Anwendungskarten für verschiedene Aufgaben herangezogen werden. Sie öffnen verschlossene Türen (elektronischer Schlüssel), dienen als digitale Geldbörse oder digitaler Ausweis und gewähren Zugang zu Computern oder Kommunikationssystemen.

Europa ist führend

Im Gegensatz zu vielen anderen technischen Entwicklungen hat die SmartCard ihren Siegeszug von Europa aus angetreten. 1997 sind fünfmal mehr Chipkarten ausgeliefert worden als PCs. Der Umsatz in diesem Marktsegment wird sich bis zum Jahr 2002 verachtfachen, sagen die Marktforscher voraus. Der Bereich Zahlungsverkehr wird mit 29% Anteil der größte Teilmarkt werden. Der größte Zuwachs wird allerdings im Segment »sicherer Zugang« zu verzeichnen sein.[2]

Zugriff auf den Speicher

Der Zugriff auf den Speicher der SmartCard läßt sich zuverlässig durch das Betriebssystem schützen. Die SmartCard-Funktionalitäten sind in der ISO 7816-Norm niedergelegt. Der Speicherbereich der SmartCard besteht derzeit aus RAM (normaler Lese-Schreib-Speicher), einem ROM (Read-Only-Memory) mit dem Betriebssystem der SmartCard und EEPROM (wiederbeschreibbarer Speicher) mit Daten und Teilen des Betriebssystems. Davor befindet sich die CPU und die I/O-Steuerung. Der Speicher hat eine Struktur mit einer Rootdatei, einem Verzeichnis und den Datendateien. Die Befehle (Commands) erlauben die Zugriffe auf den Inhalt der Karte. Es handelt sich u.a. um Read Record, Select File, Authenticate oder Verify.

Personalisierung

SmartCards werden personalisiert, d.h. auf eine Person bezogen. Nur diese Person kann den Zugriff zum Speicher ermöglichen. Der Benutzer gibt seine PIN (*Personal Identification Number*) in die Tastatur des Computers ein, an den der SmartCard-Leser angeschlossen ist. In der SmartCard wird die Eingabe mit der gespeicherten PIN verglichen. Bei Übereinstimmung wird der Zugriff freigegeben. Die PIN ist nicht auslesbar. Die PIN muß keine 4-stellige Nummer sein, so wie sie zur Zeit bei den EC-Karten verwendet wird. Sie ist statt dessen oft 8-stellig und alphanumerisch (Paßwort).

---

2 Quelle: Handelsblatt vom 15.7.1998

Abbildung 2.25: Aufbau einer SmartCard

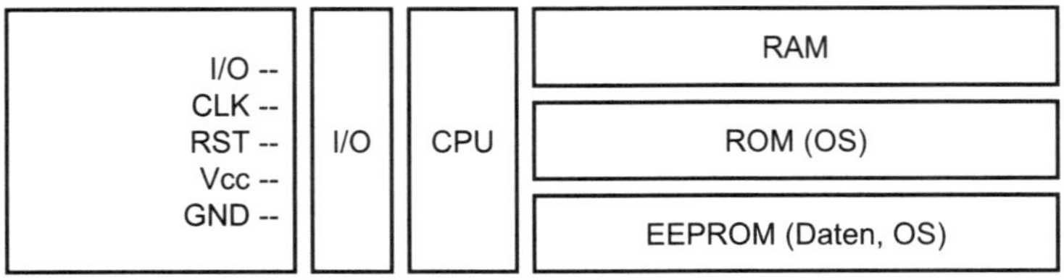

Die PIN (Paßwort) ist das einzige Sicherheitsrisiko bei der SmartCard, weil es so sicher ist, wie sein Besitzer es handhabt. Deshalb werden in Zukunft biometrische Verfahren die PIN ersetzen. Es sieht so aus, als ob bald zuverlässige Fingerabdruck-Leser zu einem vernünftigen Preis zu haben sein werden.

Siemens SmartCard

In einigen Praxisbeispielen wurden die Siemens-SmartCards SLE44CR80S mit folgenden technischen Merkmalen verwendet:

- 8 Kb EEPROM (wiederbeschreibbarer Speicher)
- ROM mit Betriebssystem (Taktfrequenz 3,5 bis 5 MHz)
- RSA Algorithmus (es können 1.024 Bit lange RSA-Schlüssel verwendet werden)
- DES Algorithmus
- Kommunikationsrate 9600 Baud

2.11.1 SmartCards müssen personalisiert werden

SmartCards werden in mehreren Phasen personalisiert. Der Kartenhersteller setzt den Chip in die Plastikkarte ein und druckt ein Logo auf die Karte, falls gewünscht. In der Vor-Personalisierungsphase, die der Kartenherausgeber vornimmt, werden Datenmodell und Herausgeber-PIN (Issuer-PIN) in den Chip geschrieben. Die vorpersonalisierte Karte enthält noch keine persönlichen Daten eines Benutzers. Erst beim anwendenden Unternehmen wird die Karte für einen Benutzer personalisiert. Man muß sich entscheiden, ob die SmartCard beschriftet wird oder nicht. Die Karte kann gleichzeitig als Ausweis mit aufgedruckter Identität (Benutzername o. ä.), Foto und / oder Unterschrift dienen. Der Aufdruck wäre dann die erste Phase der Personalisierung. In der folgenden Phase werden die Erst-PIN des Benutzers sowie sein Schlüsselpaar und Zertifikat in einem oder mehreren Durchgängen in den Chip der SmartCard eingetragen. Die PIN-Codes sichern in den einzelnen Phasen den Zugriff auf die SmartCard Speicher. Was sind die Anforderungen an sichere PIN-Codes?

PIN-Codes

PIN-Codes haben eine definierte Mindest- und Maximallänge. Außerdem ist festgelegt, wieviel Fehlversuche eines Benutzers akzeptiert werden, bevor die Karte blockiert wird. Der PIN sollte 6-8 Stellen lang sein. Ein Benutzer sollte maximal 3-5 Versuche haben.

Issuer-PIN

Die Herausgeber-PIN (Issuer-PIN) hat in der PIN-Hierarchie den höchsten Stellenwert. Sie ist aus Sicherheitsgründen immer in einem verschlossenen Safe aufzubewahren. Während der Vor-Personalisierungsphase erstellt ein Sicherheitsbeauftragter die Herausgeber-PIN der SmartCard durch Einwegverschlüsselung. Diese PIN darf nur von einer Person ausgegeben werden.

Die Herausgeber-PIN erlaubt einen limitierten Zugriff auf die Speicher der SmartCard, wie z.B. das Überschreiben der Masterdatei und der Dateistruktur sowie des Datenmodells. In dieser Phase enthält die Karte aber noch keine persönlichen Daten und Schlüssel. Deshalb ist ein unerlaubter Zugriff auf die Karte noch kein ernstes Problem.

Entsperr-PIN

Die Entsperr-PIN dient der Entsperrung einer SmartCard, falls diese durch zu häufige falsche Anmeldeversuche gesperrt wurde (siehe weiter unten im Text).

Benutzer-PIN

In der Personalisierungsphase wird die Erst-PIN des Benutzers erzeugt. Der Benutzer kann die PIN ändern.

2.11.2 SmartCard-Management und -Wartung

SmartCards müssen gesperrt werden, wenn sie verlorengegangen sind, beschädigt wurden oder ihre Sicherheit kompromittiert wurde. Wenn Benutzer ihre SmartCard vergessen haben, muß man temporäre Karten ausstellen können.

Sperren von SmartCards und Zertifikaten

Der Sperrprozeß erfolgt über eine Sperrliste für das Zertifikat (*Certificate Revocation List*, CRL) und für die SmartCards (*SmartCard Revocation List*, SRL). Die Liste wird jeweils von der Zertifizierungsstelle signiert und kann vom jedem Benutzer überprüft werden. Die beiden Listen können frei und ohne jeden Schutz verteilt werden. Sie dienen der Information der Teilnehmer des Systems über Sicherheitsprobleme.

Sperre einer Karte aufheben

SmartCards werden automatisch gesperrt, wenn die Anzahl der erlaubten PIN-Eingabeversuche überschritten wurde; die Karte kann dann nicht mehr benutzt werden. Der Benutzer muß sie seinem Sicherheitsbeauftragten übergeben, der sie entsperrt. Dieser verfügt über eine Entsperr-PIN, die in einem Safe aufbewahrt wird. Mit dieser PIN kann er auf die Karte zugreifen und die Sperre aufheben. Die Karte muß dann neu ausgestellt werden, d.h., es werden neue Schlüssel generiert und ein neues Zertifikat ausgestellt. Man muß beachten, daß es ein Sicherheitsrisiko gibt: Der Inhaber eines gestohlenen Entsperr-PINs kann alle denkbaren PINs ausprobieren und sich im Erfolgsfall Zugriff auf die Karte verschaffen.

Da die Sperrung der alten Zertifikate und die Neuausgabe von Schlüsseln und Zertifikaten einen hohen Verwaltungsaufwand nach sich ziehen, könnte man sich auf die Entsperrung der Karte beschränken. Man muß nur sicher sein, daß derjenige der die Karte entsperren läßt, der berechtigter Besitzer ist.

Neuausgabe Wenn Mitarbeiter als Aushilfen nur vorübergehend beschäftigt werden und am Anwendungssystem teilnehmen müssen, muß man neue Karten ausstellen können. Die Gültigkeitsdauer regelt die Benutzungsperiode der Karte und des Zertifikats. Wenn eine Karte angefordert wird, wird die Anforderung zunächst geprüft. Im Zustimmungsfall werden Karte und Zertifikat mit einer limitierten Gültigkeitsdauer ausgestellt. Nach Beendigung der Beschäftigung wird die Karte eingezogen und komplett gelöscht. Sie kann dann wieder benutzt werden.

Verloren, gestohlen Wenn nach einem Diebstahl oder Verlust eine Karte wieder auftauchen sollte, wird sie gelöscht. Gestohlene und verlorene Karten müssen dem Sicherheitsbeauftragten unverzüglich gemeldet werden. Er prüft den Bericht auf seine Richtigkeit, um zu verhindern, daß Hacker oder ausgeschiedene Mitarbeiter sich über diesen Weg in den Besitz einer Ersatzkarte bringen. Um einen Mißbrauch zu vermeiden, müssen die Mitarbeiter darüber aufgeklärt werden, welche große Bedeutung die SmartCard für die Sicherheit hat, und daß ein Verlust schwerwiegende Folgen nach sich ziehen könnte. Mitarbeiter müssen einsehen, daß sie den Verlust umgehend melden müssen. Wenn sich der Sicherheitsbeauftragte von der Richtigkeit der Verlustmeldung überzeugt hat, werden Karte und Zertifikat gesperrt und in die beiden Listen SRL und CRL eingetragen. Dann wird eine neue Karte mit neuen Schlüsseln und neuem Zertifikat ausgegeben.

Temporäre Karten Wenn ein Benutzer seine Karte verlegt oder zu Hause vergessen hat, meldet er dem Sicherheitsbeauftragten sein Problem und bittet um eine Ersatzkarte. Der Sicherheitsbeauftragte prüft den Bericht auf seine Richtigkeit. Wenn z.B. die Karte bereits als gestohlen gemeldet wurde, könnte es sein, daß der Dieb nun versucht, auf diese Weise an eine Ersatzkarte zu kommen. Der Sicherheitsbeauftragte trägt Karte und Zertifikat in die SRL und CRL ein. Dann stellt er eine Ersatzkarte für eine limitierte Gültigkeitsdauer (meistens 24 Stunden) aus. Die Karte wird danach ungültig und der Benutzer muß sie zurückgeben. Die vergessene Originalkarte muß neu ausgestellt werden, d.h. es werden neue Schlüssel generiert. Die beiden Listen SRL und CRL werden entsprechend berichtigt.

Beschädigte Karten Beschädigte Karten sind unter Umständen nicht mehr benutzbar. Der Besitzer der Karte meldet die Beschädigung unmittelbar dem Sicherheitsbeauftragten. Der wiederum prüft den Bericht auf seine Richtigkeit. Wenn die Beschädigung nur oberflächlich ist, wird er versuchen, die Seriennummer der Karte und die maximale Anzahl der Wiederholversuche (PIN-Eingabe) zu lesen. Mit diesen Angaben kann er die Richtigkeit des Berichts überprüfen. Die Seriennummer identifiziert die Person und falls die Anzahl der Wiederholversuche Null ist, weiß er, daß die Karte blockiert ist. Wenn die Beschädigung so schwer ist, daß die Karte nicht mehr gelesen werden kann, müssen andere Maßnahmen ergriffen werden, die eine Überprüfung der Meldung erlauben. Wenn alles in Ordnung ist, wird die beschädigte Karte zerstört und eine neue Karte ausgestellt. Es reicht nicht aus, die Karte zu zerschneiden, wenn der Chip nicht auch zerstört wird.

Die Eintragung in der CRL muß solange bestehen, bis die Gültigkeit der Karte erloschen ist. Wenn die Seriennummer nicht gelesen werden konnte, bleibt die Karte in der CRL. Wenn durch beschädigte Karten die CRL zu umfangreich werden sollte, muß die Zertifizierungsinstanz alte erledigte Eintragungen aus der SRL entfernen.

Wiederbenutzung

SmartCards sind wie auch SmartCard-Leser im Laufe der letzten Jahre sehr viel preiswerter geworden, was eine breite Nutzung erlaubt. Dennoch macht es Sinn, technisch einwandfreie Karten wieder zu benutzen. SmartCards können technisch leicht neu ausgestellt und neu personalisiert werden.

Ein Hinderungsgrund wären aber auf der Karte angebrachte persönliche Merkmale wie Name, Foto und Unterschrift. Diese nicht elektronische Personalisierung macht die SmartCard noch sicherer, denn der berechtigte Besitzer ist einfacher zu identifizieren als bei einer unbedruckten Karte. Aber eine Wiederverwendung stößt an Grenzen.

Man könnte auch zwei Arten von Karten benutzen:

- Für festangestellte Mitarbeiter äußerlich personalisierte Karten.
- Für alle übrigen wie zeitweise Beschäftigte, Vertragspartner, Wartungstechniker u.a., die ebenfalls Zugriff auf das Anwendungssystem haben müssen, stehen blanko Karten zur Verfügung.

Wenn man sich für unbedruckte Karten entscheidet, sollte man zumindest eine eindeutige Nummer auf die Karte drucken lassen, um eine Zuordnung von Karte und Person zu ermöglichen.

2.11.3 SmartCard-Leser

SmartCard-Leser sind unabhängige kleine Geräte, die über die serielle Schnittstelle an den Computer angeschlossen werden, und die keine zusätzliche und teure Stromversorgung mehr benötigen. Es gibt bereits in die PC-Tastatur integrierte SmartCard-Leser, sowie auf PC-Card (früher PCMCIA) -Technologie basierende Leser für Notebooks. Der Anwender steckt seine SmartCard zum Lesen in den Schlitz. In manchen Einsatzgebieten, wie z.B. beim Kassenterminal (Point of Sale), ist es angebracht, den SmartCard-Leser mit einer Tastatur auszustatten, in die dann die numerische PIN eingetastet wird. Der Vorteil ist, daß die PIN auf dem Weg von der Tastatur in den Chip nur eine ganz kurze Strecke zurücklegen muß und nicht so leicht abgehört werden kann.

Microsoft hat für die Betriebssysteme Windows 95/98 und NT 4.0 einen Standard für SmartCards und SmartCard-Leser geschaffen: PC/SC. PC/SC erleichtert die Einbindung der SmartCard-Technologie in die Microsoft Betriebssysteme über einen sogenannten IFD (*Interface Device Driver*). Die CardMan-Leser von Utimaco waren die ersten, die von Microsoft zertifiziert wurden.

Teil II Praxisbeispiele

Aus der Praxis zu lernen ist anschaulicher als graue Theorie. Die folgenden Anwendungsbeispiele sollen aufzeigen, wie man Lösungskonzepte erarbeiten kann. In den Beispielen wird kurz auf das jeweilige Sicherheitsproblem eingegangen, Schwachstellen und Lösungsmöglichkeiten werden beschrieben.

Speziell im für die Zukunft so wichtigen Bereich der Kommunikationssicherheit gibt es noch nicht sehr viele Installationen. Es war deshalb nicht ganz leicht, den Anspruch, aus der Praxis zu berichten, zu erfüllen.

Electronic Commerce wird boomen

Electronic Commerce wird zu einem boomenden Geschäft für alle, die dabei sind. Es gibt zwar widersprüchliche Voraussagen über die Entwicklung des Electronic Commerce in den nächsten Jahren, aber in einem Punkt sind sich alle einig: Electronic Commerce wird boomen. Die Zahl der Internetnutzer ist auf 100 Millionen angestiegen. Electronic Commerce einschließlich Electronic Banking wird eine zunehmend große Rolle spielen, sobald die Technik mit der unbedingt erforderlichen Sicherheit verfügbar ist. Im Frühjahr 1998 hat KPMG 78 Unternehmen aller Branchen gefragt, was sie davon abhält, Electronic Commerce einzuführen oder auszuweiten. 43% nannten die Einführungskosten als Hindernis, gefolgt von 34%, die die fehlende Sicherheit bemängelten. 12% meinten, daß die Sicherheitsproblematik auch in drei Jahren noch ein Hinderungsgrund sein könnte[1].

1 Zeitschrift Geldinstitute Nr. 7-8,1998.

100 Millionen WWW- Nutzer

Gemäß einer Mitteilung von International Data Corporation IDC vom Juli 1998 surfen fast die Hälfte der 100 Millionen Benutzer im World Wide Web. 40,7% der Benutzer loggen sich am Arbeitsplatz, 28,8% in der Schule und der Rest zu Hause ein. 59% surfen häufiger als einmal pro Woche. Die Deutschen sind die drittfleißigsten Nutzer. Vor ihnen rangieren nur noch die Schweden und die Norweger. Dänen und Franzosen nutzen das Netz am seltensten. Zur Zeit ist Electronic Commerce wegen der ungelösten Sicherheitsprobleme kein Thema, denn nur 12,1% der europäischen Nutzer schoppen online. Auch hier sind die Deutschen klar in Führung mit 18,1% der Nutzer. Die Dänen bilden das Schlußlicht mit nur 4,7%.

Die digitale Signatur wird in vielen zukünftigen Electronic Commerce-Projekten von großer Bedeutung sein. In Deutschland wurde sie bereits 1997 gesetzlich geregelt. Damit sind die Voraussetzungen für einen umfassenden Einsatz gegeben. Zur Zeit fehlen aber noch die Infrastrukturen und fertige Anwendungsprodukte. Die Sicherheitsfunktionen sind heute schon in Form von Toolkits und APIs für Anwendungsentwickler und Systemintegratoren verfügbar.

In den folgenden Beispielen wird das anwendende Unternehmen oder die Behörde genannt, wenn es/sie damit einverstanden war. Man muß allerdings respektieren, daß Anwender wegen eines besonderen Sicherheitsbedürfnisses die Nennung des Namens nicht erlauben.

Einführung in die nachfolgenden Beispiele

Das erste Beispiel beschreibt die *Maschine-zu-Maschine-Authentisierung* in einem heterogenen Netzwerk einer Bank. Die Mechanismen sind *GSS-API, RSA-Public-Key-Verfahren, SmartCards* und die eigens für dieses Projekt entwickelte *Authentibox*.

Im zweiten Fall wird ein sicherer *Remote Access* auf das Netzwerk der Zentrale einer Bank via Notebooks und Internet dargestellt. Die Mechanismen sind wiederum *GSS-API, RSA-Public-Key-Verfahren* und *IDEA*, sowie *SmartCards*. Die SmartCard-Leser sind PC-Cards, die für Notebooks besonders geeignet sind.

Wiederum *Remote Access* über *ISDN-Wählleitungen* als Ersatz für teuere Standleitungen schildert das dritte Beispiel. Die Bundeswehr sichert ihr verteiltes Personalverwaltungsnetz mit *DES-Verschlüsselung* und dem *SKIP Schlüsselmanagement*.

Das vierte Beispiel beschreibt die Sicherung des Zahlungsverkehrs mit dem Schwerpunkt Verschlüsselung bei der Schweizer Post. Es wird das Kommunikationssicherheitsprodukt *SafeGuard VPN* in Verbindung mit einer *Public-Key-Infrastructure* (PKI) eingesetzt.

Die Anwendung der *Firewall KryptoWall* im Informationsverbund Bonn-Berlin ist Gegenstand des fünften Beispiels.

Im sechsten Beispiel werden *Electronic Mails* digital unterschrieben. Es wird mit einer verteilten *Public-Key-Infrastructure* (PKI) und *SmartCard-Management* gearbeitet.

Das siebte Beispiel beschreibt das *Electronic Banking* in Belgien. Das Multibank-Projekt ISABEL sichert elektronische Banktransaktionen durch digitale Signaturen auf der Basis von RSA und SmartCards. Es werden *X.509-Zertifikate* verwendet.

Die Zugangssicherung von Personal-Computern und Notebooks mit *SafeGuard Easy für NT* bei der Dresdner Bank ist das Thema des zehnten Kapitels.

Eine starke Authentisierung mit der Möglichkeit eines schnellen Benutzerwechsels sowie Bootschutz für alle Windows-NT-Clients in den lokalen Netzen einer großen Bank mittels *SmartCards* und *Challenge-Response-Verfahren* und eine verteilte *PKI-Struktur* sind die wichtigsten Besonderheiten des neunten Beispiels.

3 Sicherheit für das globale Netzwerk einer Bank

Eine Schweizer Großbank hat mit einem externen Partner eine Sicherheitslösung entwickelt. Sie ermöglicht sicherheitskritischen Anwendungen, eine Maschine-zu-Maschine-Authentisierung und stellt Verschlüsselungs- bzw. Signaturdienste bereit, um die Vertraulichkeit und Integrität von Informationen zu gewährleisten.

Was ist das Besondere an diesem Beispiel?

Bei der Bank wird Datenkommunikation gesichert. Es kam zunächst darauf an, die beiden miteinander kommunizierenden Server vor Aufnahme des Datenaustauschs gegenseitig zu authentisieren. Da die Bank ein gewachsenes Netzwerk mit unterschiedlicher Hardware und miteinander nicht kompatiblen Betriebssystemen betreibt, mußte eine universelle Lösung gefunden werden. Man entschied sich für die Standard-Sicherheitsschnittstelle GSS-API, den Einsatz von SmartCards sowie einer speziell für diesen Zweck entwickelten Authentibox.

3.1 Die Anwendung

Das Bankgeheimnis hat Vorrang

In der Schweiz ist das Bankgeheimnis eine gesetzliche Verpflichtung. Die uneingeschränkte Sicherung der Vertraulichkeit, Integrität und Verfügbarkeit von Daten ist deshalb keine Frage wirtschaftlicher Abwägung, sondern ein unbedingtes Muß. Die Bank beschäftigt über 27.000 Mitarbeiter, davon 8.500 außerhalb der Schweiz. Die Datenverarbeitungs-Landschaft ist heterogen. Es stehen mehr als 27.000 PCs in 800 lokalen Netzen, 400 UNIX Server, 100 VMS Server und 12 Großrechner von UNISYS und IBM zur Verfügung.

Sicherung des gesamten Datenverkehrs

Es geht in diesem Beispiel um die Sicherung des gesamten Datenverkehrs im weltweiten Netzwerk der Bank. Globale Netzwerke sind für international tätige Unternehmen extrem wichtige Lebensadern, über die ein großer Teil der internen Informationen laufen. Viele dieser Netze sind in den vergangenen Jahren Zug um Zug und nicht immer homogen gewachsen. Host-Computer, Server und Terminals werden unter unterschiedlichen Betriebssystemen betrieben. Computer- und Netzhardware sowie Betriebssystemsoftware sind heterogen. Die Netze bestehen aus gemieteten Standleitungen, aus öffentlichen Wählleitungen und internen LANs.

3.2 Sicherheitskonzept

Öffentliche Netze sind unsicher

In der Presse wird immer noch sehr oft von spektakulären Hackereinbrüchen berichtet. In ungesicherten Netzwerken ist es relativ leicht, sich als berechtigter Dritter zu maskieren und dessen Identität vorzutäuschen. Hacker probieren schwache Paßworte aus oder spähen diese bei unachtsamen Anwendern aus. Eine gegenseitige starke Authentisierung von Kommunikationspartnern ist deshalb eine erste Voraussetzung für den Austausch von Informationen. Jeder muß wissen, mit wem er es zu tun hat. Vor allem in öffentlichen Netzen ist die Authentisierung der Kommunikationspartner unumgänglich. Diese muß durch stark anerkannte Mittel erfolgen, um eine Umgehung zu verhindern. Das Paßwort gehört nicht (mehr) zu den starken Mechanismen für eine Authentisierung und scheidet deshalb aus.

Anforderungen an die Lösung

Die Vertraulichkeit der Daten soll uneingeschränkt sichergestellt werden, wobei das Zugriffsrecht der Datenbesitzer nicht eingeschränkt werden darf. Es sollen alle Maßnahmen getroffen werden, um eine Umgehung der Sicherheitsmechanismen zu vermeiden. Neben der schon erwähnten starken Authentisierung sollen die Zugriffskontrolle durch Verschlüsselung sowie das »Change-Management« verbessert und die Anwendung von Software, die zur Datenveränderung geeignet ist, eingeschränkt werden.

Probleme

Im Netzwerk der Bank sind IBM MVS-Großrechner, UNISYS 2200, IBM AS/400, SUN-Solaris, HP-UNIX, IBM AIX, Open VMS und PCs miteinander verbunden. Das Problem liegt in der Offenheit des Netzwerks, der Offenheit der Workstations unter DOS, Windows und UNIX, der bekannten Unsicherheit von Paßworten und den allgemein verfügbaren Hackertools zum Umgehen der in Betriebssystemen implementierten Sicherheit. Die Lösung muß diese heterogene Welt sichern. Bei der Authentisierung sollen auch die Schlüssel für die chiffrierte Kommunikation erzeugt werden.

Sicherheitsklassen

Die Bank hat als Ergebnis von Risikoanalysen fünf Sicherheitsklassen für Daten geschaffen, die unterschiedliche Sicherheitsmaßnahmen erfordern.

Tabelle 3.1: Sicherheitsklassen für Daten

Klasse	Bedeutung	Maßnahmen	Datenart
0	Allg. verfügbar	Minimale Sicherheit, eingeschränkte Schreibrechte	Presseartikel, öffentliche Statistiken, allg. verfügbare Software
1	Zur internen Verwendung	Normale Sicherheit, Mitarbeiter haben Zugriff	Einfache Transaktionen, Pläne, Verfahren
2	Vertraulich	Erhöhte Sicherheit, eingeschränkter Personenkreis hat Zugriff, Daten sind auf lokalen Datenträgern verschlüsselt	Konto- und Depotinformationen, Kreditlisten, Personendaten, Ziele, Budgets

Klasse	Bedeutung	Maßnahmen	Datenart
3	Streng vertraulich	Qualifizierte Sicherheit, stark eingeschränkte Zahl von Personen hat Zugriff, Daten sind verschlüsselt	Mitarbeiterbeurteilungen, Pläne, Berichte und Kundendaten von strategischer Bedeutung
4	Geheim	Höchste Sicherheit, nur wenige Personen haben Zugriff, Daten sind immer verschlüsselt	Informationen über große Transaktionen, strategische Informationen, zentrale Chiffrierschlüssel

Wo ist Verschlüsselung nötig?

Verschlüsselung ist eine starke Sicherheitsmaßnahme, die aber nur dort erforderlich ist, wo das bereits im System implementierte Sicherheitsniveau nicht ausreichend hoch ist. Wenn man die vorhandenen Schutzmechanismen von Laptop-Computern mit denen der Großrechner vergleicht, wird das offensichtlich. Die Bank hat folgende Reihenfolge für die Notwendigkeit von Verschlüsselung festgelegt:

1. höchste Verschlüsselungsnotwendigkeit: Notebook-PC
2. hohe Verschlüsselungsnotwendigkeit: Desktop-PC
3. geringere Verschlüsselungsnotwendigkeit: Server, Großrechner

Informationen könnten von unberechtigten Dritten eingesehen (Verlust der Vertraulichkeit) oder manipuliert werden (Verlust der Integrität). Beide Risiken sind vor allem in öffentlichen Netzen groß. Neben einer zuverlässigen Authentisierung von Kommunikationspartnern sind sichere Mechanismen zum Schutz der Vertraulichkeit und Integrität übermittelter Informationen erforderlich. Diese Mechanismen sollten anwendungs- und plattformunabhängig sein, um von allen beteiligten Partnern durchgängig genutzt werden zu können. Für die geforderte starke Maschine-zu-Maschine-Authentisierung gab es im Markt leider keine verfügbaren Produkte oder Mechanismen, so daß eine neue Lösung entwickelt werden mußte. Die Authentisierung sollte nach dem GSS-Verfahren in Verbindung mit SmartCards und dem sicheren RSA-Algorithmus erfolgen.

3.3 Die Sicherheitslösung

Organisatorische Maßnahmen

Eine Sicherheitslösung besteht immer aus organisatorischen und technischen Maßnahmen. Die organisatorischen Maßnahmen sind Voraussetzung für eine wirkungsvolle Lösung. Die Definition der Sicherheitspolitik als Leitlinie für alle weiteren Maßnahmen steht am Anfang. Die Motivation der Mitarbeiter, die Sicherheit von Informationen ernstzunehmen, ist ebenfalls sehr wichtig. In Banken gehört das Sicherheitsbewußtsein der Mitarbeiter seit eh und je zum Geschäft. Dieses Bewußtsein muß erhalten werden. Zu den organisatorischen Maßnahmen zählt die Stellung des für die Informationssicherheit verantwortlichen Managers im Unternehmen. Er sollte wegen der zunehmenden Bedeutung der Informationssicherheit für das Unternehmen nicht an den DV-Leiter, sondern an die Geschäftsleitung berichten Die Verantwortlichkeit für die jeweiligen Daten und ihre Zuordnung in die Sicherheitsklassen muß genauso geregelt werden, wie deren Administrationsrechte.

Sicherheitsgrundsätze

Die Bank hat zum Beispiel folgende Sicherheitsgrundsätze für ihre Knotenrechner festgelegt:

1. Für jeden Knotenrechner wird ein verantwortlicher Systemmanager ernannt.
2. Die Knotenrechner werden gegen Angriffe durch Aufstellung in gesicherten Räumen physikalisch geschützt.
3. Besonders starke Maßnahmen zur Authentisierung und Autorisierung werden ergriffen.
4. Kontrolliertes »Change-Management«.
5. Keine direkten Manipulationen an Daten werden zugelassen.
6. Kontrollierter Import und Export von Daten zum Schutz gegen unerwünschte Software und Verlust von Daten.
7. Firewall als interner Schutzwall gegenüber dem öffentlichen Netz.

Schutz von gemieteten Leitungen

Die Bank setzt zur Sicherung von gemieteten Leitungen für den schnellen und sicheren Datentransfer Verschlüsselungshardware von Gretag ein. Die Lösung sieht so aus, daß die Verschlüsselungsboxen vor den Modems angeordnet sind und den gesamten Datenstrom chiffrieren. Die Verschlüsselungshardware ist leistungsfähig (> 2 Mbit / s), aber leider nicht preiswert. Es wäre zu aufwendig, sie für die gesamte Datenkommunikation einzusetzen.

Universelles GSS-API

Die hier im Detail beschriebene Lösung für öffentliche Leitungen basiert auf der Implementierung des GSS-APIs auf allen verfügbaren Plattformen und der speziell entwickelten Authentibox. Das GSS-API (*Generic Security Service Application Programming Interface*) ist eine standardisierte Sicherheitsschnittstelle, die Anfang der neunziger Jahre von der *Internet Engineering Task Force* (IETF) ursprünglich zur Sicherung von Internet-Anwendungen definiert wurde. Sie ermöglicht die Verwendung kryptografischer Sicherheitsmechanismen zur Authentisierung von Kommunikationspartnern und zur Absicherung der Kommunikation hinsichtlich Vertraulichkeit und Integrität.

Aufgrund der Unabhängigkeit von Protokollen, Systemplattformen und Anwendungen kann diese Schnittstelle in heterogenen Netzen durchgängig genutzt werden. Das Funktionsprinzip ist simpel: Die eigentlichen Sicherheitsmechanismen werden mit Hilfe der Schnittstelle vor der Anwendung verborgen (Blackbox). Beim Aufruf der Schnittstelle aus einer beliebigen Anwendung wird der gewünschte oder voreingestellte Sicherheitsmechanismus ausgewählt und aufgerufen. Die Ergebnisse (z.B. Authentisierungstoken, verschlüsselte und/oder signierte Nachrichten) werden an die aufrufende Anwendung zurückgegeben und von dort an das Zielsystem übertragen. Im Zielsystem reicht die Anwendung die erhaltenen Daten an das GSS-API weiter und erhält von dort die verifizierten und/oder entschlüsselten Daten zurück. Aufgrund der Unabhängigkeit des GSS-API von speziellen Sicherheitsmechanismen können beliebige kryptografische Algorithmen (z.B. DES, IDEA, RSA) genutzt werden. Weitere Einzelheiten zum GSS-API lesen Sie in Teil I.

Abbildung 3.1 zeigt die Kommunikation der Großrechner, der Abteilungsrechner und der Server, wobei die Authentisierung über die Authentibox (AB) abgewickelt wird.

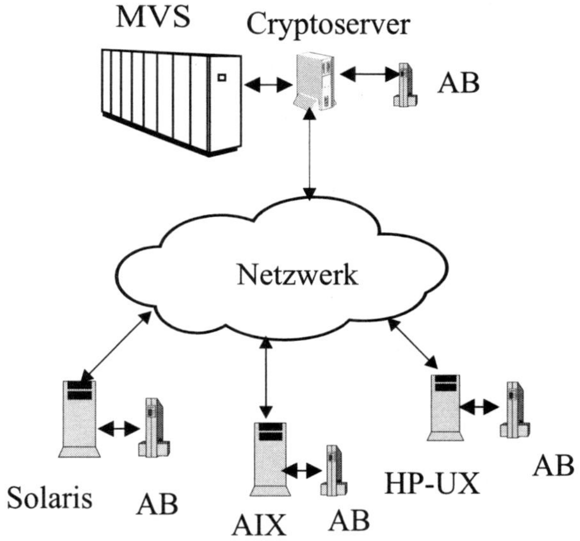

Abbildung 3.1: Das Netzwerk der Bank

Die Authentibox authentisiert Maschinen

GSS mit SmartCards

Die SmartCard ist ein preiswerter Datenträger, der nicht nur hohe Sicherheit der gespeicherten Informationen bietet, sondern auch RSA-Verschlüsselung leistet. Die Bank entschied sich deshalb, auch an den Servern SmartCards zur Authentisierung einzusetzen. Um eine zufriedenstellende Performance zu erreichen, wurde für die Maschine-zu-Maschine-Authentisierung die Authentibox entwickelt, in der 32 SmartCard-Leser mit den entsprechenden identischen SmartCards parallel geschaltet sind. Auch bei hohem Kommunikationsaufkommen sind keine Performanceverluste zu erwarten.

Die Authentibox erfüllt folgende Funktionen:

1. Maschine-zu-Maschine-Authentisierung
2. Schutz vor Wiedereinspielen von Authentisierungsinformationen
3. Generierung von Sitzungsschlüsseln (Session Keys)
4. Verschlüsselung von Massendaten
5. Digitale Signatur

RSA-SmartCards

Mit dem Projekt Authentibox hat die Bank eine GSS-API Implementierung auf der Basis von RSA-SmartCards realisiert. Die Authentibox ermöglicht sicherheitskritischen Anwendungen eine Maschine-zu-Maschine-Authentisierung und stellt Verschlüsselungs- bzw. Signaturdienste bereit. Eine Maschine kann ein beliebiger Rechner (Server oder Client) sein. Beispielsweise könnte eine sicherheitskritsche Anwendung wie ein PC-gestütztes Buchungsverfahren die Authentibox dazu verwenden, den PC vor der Übertragung von Buchungssätzen an einen Zentralrechner zu authentisieren, die Daten zu signieren und/oder zu verschlüsseln. Die Authentibox und die GSS-Lösung wurden von Utimaco entwickelt.

Die Authentisierung erfolgt nach dem RSA-Verfahren. Es wird auch zur Vereinbarung eines Sitzungsschlüssels für die Verschlüsselung bzw. Signatur von Massendaten genutzt. Die Implementierung der Funktionen auf SmartCards mit integriertem RSA-Algorithmus hat den Vorteil, daß kritische Authentisierungsinformationen wie der geheime RSA-Schlüssel sicher gespeichert sind und die Karte niemals verlassen müssen. Außerdem wird kein zentraler Security Server zur Schlüsselverwaltung (wie z.B. bei Kerberos) benötigt, sondern lediglich eine Ausstellstation (Zertifizierungsinstanz) mit einer Master-SmartCard. Hier werden u.a. alle für den Authentisierungsprozeß erforderlichen Informationen in die SmartCards geladen:

1. Geheimer (Secret-Key) und öffentlicher Schlüssel (Public-Key) der Maschine
2. DES-Schlüssel zur Prüfung der Domain-Zugehörigkeit der Maschine
3. Echtheitszertifikat (mit dem geheimen RSA-Schlüssel der Masterkarte signierte Informationen wie Seriennummer der SmartCard, Gültigkeitsdauer, Name der zugehörigen Maschine sowie der öffentliche Schlüssel der Maschine)
4. Öffentlicher Schlüssel der Masterkarte (Zertifizierungsinstanz)

Das Authentisierungsprinzip (vereinfachte Darstellung)

Sichere gegenseitige Authentisierung

Das charakteristische an einem kryptografischen Authentisierungsverfahren ist, daß keine Paßworte übermittelt werden, sondern ein Austausch verschlüsselter Informationen zwischen den Kommunikationspartnern erfolgt.

Maschine A soll mit Maschine B in einem sicheren Kontext kommunizieren. Folgende Schritte sind erforderlich:

1. Maschine A sendet ihr Echtheitszertifikat an Maschine B.
2. Maschine B prüft die Echtheit des Zertifikats mit dem öffentlichen Schlüssel der Masterkarte (Zertifizierungsinstanz).
3. Maschine B generiert einen (zufälligen) Sitzungsschlüssel und chiffriert diesen mit dem öffentlichen Schlüssel der Maschine A.
4. Maschine B sendet den verschlüsselten Sitzungsschlüssel zusammen mit dem eigenen Zertifikat an Maschine A.
5. Maschine A prüft die Echtheit des Zertifikats von B (siehe 2).
6. Maschine A dechiffriert den Sitzungsschlüssel mit ihrem geheime Schlüssel.

Sicheres Verfahren

Zur Erinnerung soll noch einmal darauf hingewiesen werden, daß dieses Verfahren deshalb sicher ist, weil durch das RSA-Verfahren eine starke Authentisierung möglich ist. Das Echtheitszertifikat kann auf seine Echtheit durch Verifizierung der Signatur der Zertifizierungsinstanz geprüft werden. Es enthält die authentische Identifikation seines Inhabers zur Authentisierung. Kein Schlüssel geht offen über die Leitung. Der Sitzungsschlüssel ist ein einmaliger zufällig erzeugter Schlüssel, der in der nächsten Sitzung nicht mehr verwendet wird. Der Sitzungsschlüssel wird mit dem öffentlichen Schlüssel des Empfängers chiffriert übertragen. Nur der Empfänger kann ihn entschlüsseln, weil nur er über den passenden geheimen Schlüssel verfügt.

Um zu verhindern, daß Unberechtigte sich durch Wiedereinspielen abgehörter Authentisierungsinformationen ins System einschleichen, sind bei diesem Prozeß zusätzlich Zufallszahlen (random numbers) involviert.

Prinzipiell ist auch eine Authentisierung zwischen Maschinen möglich, die SmartCards besitzen, die von unterschiedlichen Ausstellstationen mit jeweils eigener Masterkarte zertifiziert wurden (Cross-Zertifikate). Die Server benötigen dazu lediglich eine vom eigenen Master signierte Kopie des Master-Zertifikats der jeweiligen Ausstellstation, wobei der einmalige Transfer dieses Master-Zertifikats vertrauenswürdig erfolgen muß (z.B. über einen Kurier).

Sicherheitskontext

Vertrauenswürdige Kommunikation

Für die nachfolgende Kommunikation ist nun ein Sicherheitskontext hergestellt, der die Authentizität der Kommunikationspartner gewährleistet. Mit dem vereinbarten Sitzungsschlüssel (*Session Key*) ist darüber hinaus eine vertrauenswürdige Kommunikation möglich. Je nach Sicherheitsanforderung kann der Sitzungsschlüssel zur kompletten Verschlüsselung des Dateitransfers und / oder zur Signatur von Massendaten verwendet werden. Bei der Signaturfunktion (*Digitale Signatur*) wird eine mit dem Sitzungsschlüssel verschlüsselte Prüfsumme (*Hash*) an die betreffende Datei angehängt. Mit der Kombination beider Verfahren (Verschlüsselung und Signatur) läßt sich sowohl die Vertraulichkeit als auch die Integrität der übertragenen Daten gewährleisten.

3.4 Administration der SmartCards

Hierarchische Paßwortpräsentation

Die sogenannte »hierarchische Paßwortpräsentation« erlaubt eine komfortable Administration der eingesetzten SmartCards. Der Zugriff des Servers auf die SmartCard erfolgt über ein Lesegerät (*CardMan*), das an die serielle Schnittstelle angeschlossen ist. Beim Start des Servers wird das Paßwort der Karte (PIN der ersten Hierarchiestufe) automatisch aus einem geschützten Datenbereich geladen und der Karte präsentiert. Auf diese Weise wird die Karte freigeschaltet, so daß für die nachfolgende Kommunikation alle Sicherheitsmechanismen zur Verfügung stehen. Für den Benutzer verhält sich dieser Prozeß sowie alle nun verfügbaren Sicherheitsmechanismen völlig transparent. Eine zweite PIN erlaubt einem Administrator, die erste PIN zurückzusetzen, um beispielsweise Karten zu entsperren. Mit einer dritten PIN ist es möglich, die erste und zweite PIN zurückzusetzen, die Karte zu löschen und neue Schlüssel aufzubringen. Aber auch mit dieser dritten PIN ist der geheime Schlüssel der Karte nicht auslesbar.

3.5 Praxis der sicheren Anwendung

Großrechner, UNIX, PC in einem Netzwerk

Heute sind im Netzwerk der Bank ca. 250 »Nodes« (Solaris, HP-Unix, AIX, Open VMS, Windows 3.1, AS/400, MVS und UNISYS 2200) mit diesem Sicherheitsmechanismus (Authentibox) ausgerüstet. Mainframes, die eine hohe Performance bereitstellen müssen, nutzen einen sogenannten Crypto-Server, in dem bis zu 32 identische SmartCards parallel geschaltet sind.

Erstmalig wird mit der Authentibox ein SmartCard basiertes RSA-Verfahren bei der Implementierung des GSS-API genutzt. Dies erlaubt eine sichere Speicherung von Authentisierungsinformationen und erfordert keine zusätzliche Schlüsselzentrale. Auf der SmartCard können weitere Funktionen (z.B. Zugangsschutz, Zeiterfassung, Abrechnung etc.) implementiert werden. Die Authentibox ist somit eine sehr sichere, vielseitige und leicht wartbare Implementierung des GSS-API, die bereits für viele verschiedene Systeme verfügbar ist.

4 Remote Access auf zentrale Daten via Internet

Dieses Beispiel ergänzt die in Beispiel 1 beschriebenen Sicherheitsmaßnahmen für Server um den Schutz von Zugriffen auf das interne Netzwerk von außen.

Notebooks sind immer beliebter geworden. Wer geschäftlich unterwegs ist, möchte den Kontakt mit seinem Büro aufrechterhalten, seine Electronic Mails lesen und beantworten, Aufträge oder Berichte an die Zentrale senden, Produkt- oder Preisinformationen abrufen können usw. Kommunikation über das Internet ist heute von fast allen Orten auf dieser Erde möglich. Ohne zusätzliche Sicherheit sollte die Kommunikation via Notebook jedoch nicht realisiert werden. Das Beispiel beschreibt einen sicheren Remote Access via Notebook und via unsichere öffentliche Netze.

4.1 Die Anwendung

Notebooks im Netz

Die Bank hat Außendienstmitarbeiter und Führungskräfte mit Notebooks ausgestattet, die über Modems und Dial-in-Verbindungen mit dem Open-LAN der Zentrale verbunden werden können. Als Betriebssystemplattform ist Windows NT im Einsatz, das für diese Verbindungen den Standardmechanismus RAS (Remote Access Service) zur Verfügung stellt. Wie im Open-LAN kommt auch über RAS das Protokoll TCP/IP zum Einsatz.

In einem vorhergehenden Projekt wurden für den LAN-Bereich des Unternehmens bereits Sicherheitssysteme entwickelt, die auf der Basis von GSS-API starke Authentisierungs- und Verschlüsselungsmechanismen für Benutzer/Maschinen zur Verfügung stellen (siehe Kapitel 5 in diesem Teil).

Im achten Praxisbeispiel wird Informationssicherheit für ein reines Notebook-Projekt beschrieben, so daß wir uns hier auf die Sicherheit des Remote Access konzentrieren.

Die nachfolgende Abbildung 4.1 veranschaulicht die Aufgabenstellung. Notebooks (gilt genauso für externe Desktop-PC) sollen über das Internet mit der Zentrale auf sichere Weise kommunizieren. Teilnehmer, die sich zwar einwählen, aber nicht authentisieren können, sollen zurückgewiesen werden. Die Kommunikation soll auf vertrauenswürdige Weise stattfinden.

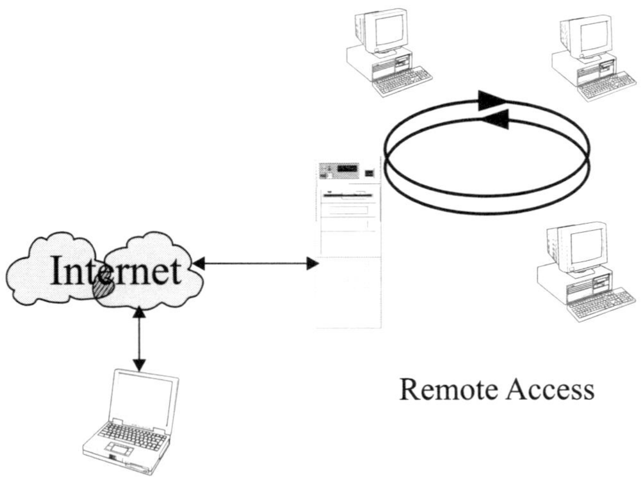

Abbildung 4.1: Remote Access auf zentrale Daten über das Internet

Was ist das Besondere an diesem Beispiel?

Sichere Notebooks – Zentrale Kommunikation

Die Daten- und Mailkommunikation soll über ein unsicheres Netz, öffentliche Wählleitungen oder Internet, gesichert werden. Es geht darum, jeden sich von außen einwählenden Teilnehmer zu authentisieren. Schon zu Beginn jeder Kommunikation soll die »Spreu vom Weizen« getrennt werden. Wer sich nicht authentisieren kann, wird keine Kommunikation mit der Zentrale aufbauen können. Insofern enthält die Lösung Funktionen einer Firewall. Die dann folgende Kommunikation soll verschlüsselt ablaufen.

4.2 Das Sicherheitskonzept

Es ist bekannt, daß öffentliche Netze keine Sicherheit bieten. In der vorliegenden Anwendung wurden zwei Sicherheitsmängel erkannt.

Unsicheres Internet

1. Wenn man einen Zugang zum internen Netzwerk über eine Wählverbindung wie z.B. das Internet zuläßt, um berechtigten Mitarbeitern Zugriff zu internen Daten zu gewähren oder Daten bzw. Mails zu übertragen, öffnet man ein weites Tor. Durch dieses könnten sich auch Unberechtigte, die über ausreichende Kenntnisse verfügen, Zugang verschaffen. Zugriffsschutz ist eine Sicherheitsfunktion, die man mit dem Begriff *Identifikation und Authentisierung* belegt hat. In Authentisierungsverfahren hat das Paßwort zur Authentisierung des Benutzers nicht mehr denselben Stellenwert wie noch vor Jahren, weil seine Sicherheit sehr vom Benutzer bzw. der Art und Weise, wie er mit dem Paßwort umgeht, abhängt. Auf keinen Fall darf man Paßworte im Klartext über eine öffentliche Leitung schicken. Starke Authentisierungsverfahren basieren auf Verschlüsselungsmechanismen und sind sicher.

2. Informationen sind auf öffentlichen Leitungswegen ungeschützt. Um die Vertraulichkeit von Informationen zu erhalten, ist Verschlüsselung die einzige praktikable Lösung. Verschlüsselung besteht immer aus einem Algorithmus, der die Daten mutiert und einem Schlüssel, der den Algorithmus individuell modifiziert. Die heute üblichen Algorithmen wie RSA, DES und IDEA sind publiziert, d.h., das mathematische Modell ist allgemein bekannt. Wenn schon der Algorithmus bekannt ist, übernimmt der Schlüssel die alleinige Funktion des Geheimnisses. Er muß deshalb sehr sicher gehandhabt werden.

Verschlüsselung schafft Vertraulichkeit

Um den auf der Basis von GSS-API bereits erzielten hohen Sicherheitsstandard des OpenLAN nicht zu gefährden, wurde ein System gefordert, das die darin enthaltenen Mechanismen auch auf die Dial-in-Verbindungen erweitert. RAS selbst unterstützt nur schwache Authentisierungs- und Verschlüsselungsmethoden. Die im Rahmen des Projekts behandelten Anforderungen waren daher:

1. Starke Benutzerauthentisierung zwischen Notebook und Cryptogateway
2. Datenverschlüsselung zwischen Notebook und Cryptogateway und umgekehrt.

4.3 Die Sicherheitslösung

Die Lösung besteht aus einer starken Benutzerauthentisierung und der Anwendung starker Verschlüsselungsmechanismen, die nachfolgend beschrieben werden.

Die Benutzerauthentisierung nach dem GSS-Verfahren

GSS als zentraler Mechanismus

Zur Authentisierung der Benutzer werden die GSS-Mechanismen verwendet, welche im RFC-1509 beschrieben sind und in der Bank bereits mittels RSA-SmartCards implementiert wurden. Der Benutzer eines Notebooks verwendet einen auf PC-Card-Technologie basierenden SmartCard-Leser, der einen PC-Card-Schacht belegt. Vor Beginn einer Sitzung führt er seine SmartCard in den SmartCard-Leser ein. Der weitere Ablauf der Authentisierung ist weiter unten beschrieben. Die Authentisierung erfolgt nach dem Public-Key-Verfahren RSA.

Am Ende eines Authentisierungsprozesses nach GSS haben sich beide Kommunikationspartner ihre Identität bewiesen und sind im Besitz eines Sitzungsschlüssels (Session Key), der für nachfolgende Verschlüsselungsoperationen verwendet wird. Sicherheitsrelevante Daten (insbesondere der Session Key) werden während des Authentisierungsprozesses nie im Klartext versandt. Die Verwendung von Zufallszahlen auf beiden Seiten stellt sicher, daß eine abgehörte Authentisierung nicht durch späteres Wiedereinspielen (Replay Attack) zu einer erfolgreichen Authentisierung führen kann.

SmartCards als sichere Tokens

Die GSS-Mechanismen werden durch den Einsatz von RSA-SmartCards unterstützt. Sie sind in der Lage, innerhalb der SmartCard-RSA-Operationen durchzuführen und die kritischen Authentisierungsinformationen (Benutzerkennung, Zertifikate) zu speichern. Solange sich die SmartCard des Benutzers im Kartenleser im Notebook befindet, kann eine gesicherte Transaktion zum Authentisierungsserver (Cryptogateway) aufgebaut werden.

CardMan S

Da das Cryptogateway eine hohe Anzahl von Authentisierungen in kurzer Zeit durchführen muß, wird dafür der CardMan S von Utimaco eingesetzt. Dieses Gerät wird als SCSI-Device am SCSI-Bus des Cryptogateways angeschlossen und ist in der Lage, mittels eines Signalprozessors die RSA-Berechnungen für mehr als 800 Authentisierungen pro Minute durchzuführen.

Die Datenverschlüsselung

Implementierung als NDIS-Filter

Windows NT bietet eine einheitliche, von der Hardware unabhängige Schnittstelle unter den Protokoll-Stacks an. Diese Schnittstelle wird als NDIS bezeichnet und deckt sowohl die Kommunikation über Netzwerkkarten als auch über Modem ab. Die Implementierung eines NDIS-Filter gewährleistet, daß kein Netzwerktreiber verändert werden muß, da sich ein NDIS-Filter-Treiber gegenüber den Protokolltreibern (TCP/IP) wie ein NDIS-Treiber, aber gegenüber dem original NDIS-Treiber wie ein Protokolltreiber verhält. Der NDIS-Filter-Treiber ist in der Lage, IP-Pakete zu analysieren. Diese Analysefähigkeit stellt sicher, daß nur UDP- und TCP-Pakete verschlüsselt werden. Andere Pakete, z.B. ICMP- oder Broadcast-Messages, werden von der Verschlüsselung sinnvollerweise ausgenommen.

Grundsätzlich wird auf den Clients und den Communication Servern derselbe Mechanismus des NDIS-Filters angewendet.

Cryptogateway chiffriert

Das Cryptogateway ist ein Windows NT-Rechner mit Screening-Funktionalität. Jedes vom Communication Server kommende IP-Paket wird gegebenenfalls ent- bzw. verschlüsselt und über die zweite Netzwerkkarte an die dahinterliegenden Komponenten (Firewall) weitergegeben. Ein wesentlicher Vorteil der Verschlüsselung auf IP-Ebene ist, daß der Cryptogateway völlig unabhängig von anderen Komponenten als Black Box eingesetzt werden kann.

Verschlüsselung auf IP-Ebene bietet die Möglichkeit, den gesamten Datenverkehr auf IP-Ebene zu kontrollieren. Durch dieses Verfahren kann der SKIP-ETH-Standard im ESP-Mode unterstützt werden.

Ablauf der sicheren Kommunikation

Authentisierung mit SmartCard

Nach dem Einschalten des PCs führt der Benutzer seine SmartCard in den SmartCard-Leser im PC-Card-Schacht ein und meldet sich bei Windows NT durch seine Benutzerkennung und Paßwort an. Danach ist er in der Lage, seinen PC wie gewohnt zu bedienen. Nimmt er jetzt Kontakt zu einem der Communication-Server auf, wird die Kommunikation für ihn völlig transparent vom NDIS-Filter-Treiber überwacht und verschlüsselt. Das Schlüsselmanagement löst einen Authentisierungsprozeß aus, dessen Ergebnis ein Sitzungsschlüssel ist, der in die Schlüsseltabelle eingetragen wird. Das Schlüsselmanagement überwacht die Gültigkeit der einzelnen Sitzungsschlüssel. Stellt es fest, daß der Gültigkeitszeitraum für einen Sitzungsschlüssel überschritten wurde, wird erneut ein Authentisierungsprozeß zur Generierung eines neuen, gültigen Schlüssels gestartet.

IDEA-Algorithmus

Die übermittelten Daten werden zuvor mittels Sitzungsschlüssel mit dem starken Verschlüsselungsalgorithmus IDEA verschlüsselt. IDEA verwendet einen 128 Bit langen Schlüssel und gilt als besonders sicher und schnell.

Kein Authentisierungsserver nötig

Alle dafür notwendigen Informationen sind auf den SmartCards gespeichert, so daß keine zusätzliche Schlüsselzentrale (Authentisierungsserver) installiert werden muß. Durch dieses Authentisierungsverfahren werden nie Paßwörter übermittelt, die in öffentlichen Netzen abgefangen werden könnten. Es erfolgt nur ein Austausch verschlüsselter Informationen. Aus diesen Informationen kann ein Dritter keine Rückschlüsse auf die Identitäten der Teilnehmer ziehen.

Cryptogateway

Die Authentisierungs- und Verschlüsselungsinstanz (Cryptogateway) erfordert keinerlei Zugriffskontrollmechanismen und Datenbanksynchronisation mit der Firewall. Da sie sowohl für die Clients als auch für die dahinterliegenden Komponenten völlig transparent arbeitet, können andere Komponenten des Netzes jederzeit verändert oder ausgetauscht werden.

Durch die an den Cryptogateway angeschlossene RSA-Chiffrierbox CardMan S entsteht auch bei starkem Kommunikationsaufkommen keine Wartezeit. CardMan S kann 800 Authentisierungen je Minute vornehmen.

Abbildung 4.2 zeigt die Systemarchitektur. Entfernte Zugriffe über das Internet landen zunächst bei einem Communicationserver, der sie an das Cryptogateway weiterreicht. Das Cryptogateway authentisiert den Kommunikationspartner, wobei der schnelle CardMan S die RSA-Chiffrierungen übernimmt. Außerdem entschlüsselt er die eingehenden Informationen. Nur Benutzer, die einwandfrei authentisiert wurden, werden an die nachfolgende Firewall weitergeleitet. Die Zugangskontrolle zum internen Netz übernimmt das Cryptogateway und nicht die Firewall. Die Firewall wird in diesem Beispiel nur dazu benutzt, den Zugriff der internen Benutzer auf das Internet zu regeln. Innerhalb des internen Netzes sind alle Daten unverschlüsselt, das heißt, die Daten sind nur auf dem Weg zwischen Notebook und Cryptogateway verschlüsselt.

Abbildung 4.2: Sicherer Remote Access auf das interne Netzwerk

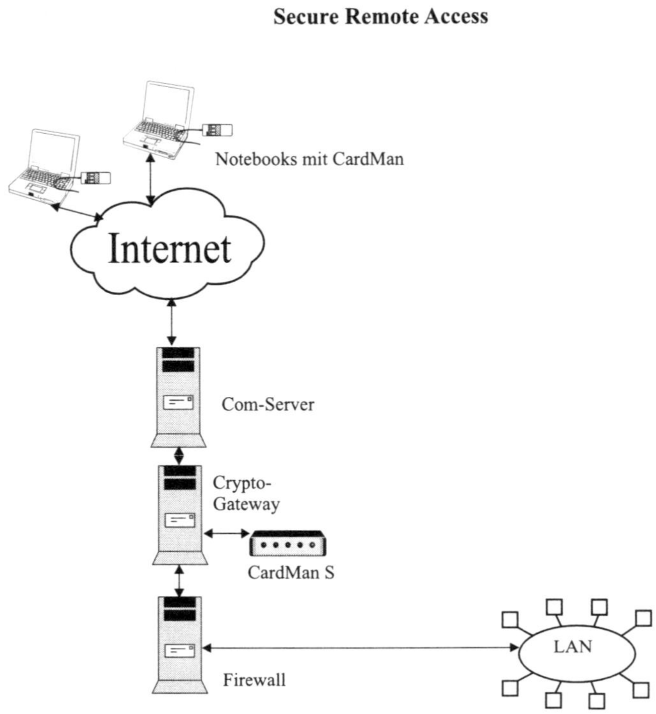

4.4 Praxis der sicheren Anwendung

Offen für weitere Anwendungen

Das realisierte Sicherheitsprojekt erfüllt nicht nur die Anforderungen des Unternehmens hinsichtlich der Benutzerauthentisierung und der Datenverschlüsselung, sondern hat auch den Vorteil, daß das standardisierte GSS-Verfahren und der NDIS-Filter transparent und offen für weitere (Anwendungs-) Entwicklungen und Erweiterungen sind. Zum Beispiel können durch dieses Konzept zu jedem Zeitpunkt die dahinterliegenden Firewalls ausgetauscht oder ein Versionswechsel der Firewall-Software durchgeführt werden. Auch eine spätere Optimierung der Firewall-Sicherheitsstrategie erfordert keinerlei Anpassungsaufwand für den Cryptogateway. Andererseits müssen kein Netzwerktreiber und keine Applikation für den NDIS-Filter angepaßt werden.

Durch die völlig transparente automatische Verschlüsselung auf Paketebene sind keinerlei zusätzliche Benutzerinteraktionen erforderlich. Die bewährte SmartCard-Lösung bietet höchste Sicherheit.

Die NDIS-Schnittstelle bietet den geeigneten Weg, IP-Verschlüsselung einzubauen. Sie wird derzeit in den Betriebssystemen Windows 95, Windows NT und OS/2 sowie von manchen Herstellern auch in Windows 3.1 verwendet. Da IP-Pakete verschlüsselt werden, ist in einer späteren Phase auch eine gesicherte Kommunikation mit UNIX-Systemen möglich.

Das Konzept ist nicht eingeschränkt auf den Remote-Zugang zum Firmennetz (End-To-Site-Verbindung). Mit denselben Mechanismen kann auch der Datenverkehr in einem LAN (End-To-End) oder zwischen mehreren Unternehmensstandorten (Site-To-Site) gesichert werden.

Die softwarebasierende Verschlüsselung erfolgt mit dem starken IDEA-Algorithmus bei einer Schlüssellänge von 128 Bits, ohne zu spürbaren Performanceeinbußen zu führen. Der Einsatz von SmartCards zur Authentisierung mittels GSS-API ermöglicht ein sehr sicheres Schlüsselmanagement und ist in Verbindung mit dem SmartCard-Leser *CardMan Mobile* auch auf Notebooks mühelos zu realisieren.

5 Remote Access auf zentrale Daten via ISDN

Remote Access auf zentral geführte Datenbestände ist in vielen dezentralisierten Organisationen üblich. Sicherheit plus Kosten sparen war die Devise in dem folgenden Praxisbeispiel der Deutschen Bundeswehr. Eine bestehende Anwendung, in der bisher über teure Standleitungen auf Datenbestände der Zentrale zugegriffen wurde, sollte modernisiert werden. Dabei sollten Kommunikationskosten eingespart werden, ohne ein Sicherheitsrisiko einzugehen.

Was ist das Besondere an diesem Beispiel?

Es wurde ein hohes Sicherheitsniveau durch Einsatz des Standardprodukts *SafeGuard VPN* erzielt. Das Schlüsselmanagement erfolgt durch das von SUN propagierte *SKIP* (Simple Key Management for Internet Protocols), das auf dem Public-Key-Verfahren nach *Diffie-Hellman* basiert. Die Installation des Sicherheitssystems war einfach. Die Lösung ist schnell und für den Benutzer transparent.

5.1 Die Anwendung

Sichere Kommunikation personenbezogener Daten

Die Anwendung PERFIS (*Personalführungs- und Informationssystem der Bundeswehr*) existiert seit Jahren. Da mit der Anwendung vertrauliche und durch das Bundesdatenschutzgesetz (BDSG) zu schützende Daten verwaltet werden, sind angemessene Sicherheitsmaßnahmen unerläßlich.

ISDN ersetzt HfD

Bisher wurde der Remote-Access über fest geschaltete Standleitungen (HfD) realisiert. Standleitungen der Deutschen Telekom sind gemietete Telefonverbindungen zwischen zwei Standorten. Sie sind qualitativ gut, sicher, aber sehr teuer, weil sie nur dem Mieter zur Verfügung stehen. Öffentliche Wählleitungen (z.B. ISDN) hingegen sind heute qualitativ gut und schnell. Die Verbindungen sind relativ preiswert. ISDN ermöglicht Kostenersparnisse in vielen Remote-Access-Anwendungen, ohne den Arbeitsablauf zeitlich negativ zu beeinflussen.

Öffentliche Wählleitungen sind unsicher. Bei öffentlichen Wählleitungen, zu denen im Prinzip jeder Zugang hat, ist Hacken sehr viel einfacher, wie die vielen erfolgreichen Hackversuche in der Vergangenheit gezeigt haben.

In der PERFIS-Anwendung sollen sich viele kleinere Standorte mit jeweils einem PERFIS-Client unter Windows NT per Modem in den NT-Server der jeweils nächstgelegenen größeren Liegenschaft einwählen, um von dort über eine Standleitung die hostbasierte PERFIS-Anwendung zu nutzen. Für die Client-Server-Anbindung wird der Standardmechanismus RAS (Remote Access Service) mit dem Protokoll TCP/IP genutzt.

In Wirtschaft und Verwaltung gibt es Tausende ähnlicher Anwendungen mit mehr oder weniger hohen Sicherheitsansprüchen. Durch den Wechsel von teuren Standleitungen zu preiswerten ISDN-Wählverbindungen können in vielen Fällen Kosten gespart werden.

Abbildung 5.1 zeigt die Kommunikation basierend auf Standleitungen. Die LAN-Server in den Liegenschaften B, C und D sind mit dem Datenbank-Server der Liegenschaft A per Standleitung verbunden. Der Datenbank-Server seinerseits ist über einen SNA/SDLC-Link mit dem Rechenzentrum über eine Standleitung verbunden.

Abbildung 5.1: PERFIS-Migration (vorher)

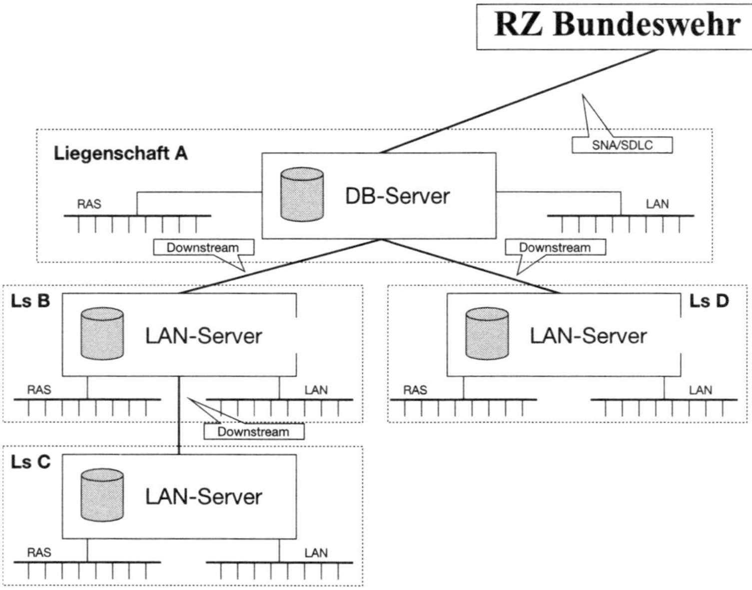

5.2 Das Sicherheitskonzept

Bisher hoher Sicherheitsstandard unter DOS

Die bestehende Anwendung benutzte durch SafeGuard Professional für Windows geschützte Personal Computer und gemietete Leitungen der Deutschen Telekom. Die Sicherheit war relativ hoch und der Anwendung angemessen (das PC-Sicherheitsprodukt ist nach ITSEC F2/E2 evaluiert) und Standleitungen gelten als sicher.

Beim Übergang auf öffentliche Wählleitungen tauscht man ein sicheres Medium gegen ein unsicheres, so daß zusätzliche Sicherheitsmaßnahmen unumgänglich sind.

Die Anforderungen des Anwenders waren in einem Satz zusammenzufassen: Austausch der Verbindungswege bei Beibehaltung der Sicherheit.

Das Konzept der Bundeswehr

ISDN-Wählverbindungen nur mit zusätzlicher Sicherheit

Die Realisierung einer kostengünstigen Anbindung der Standorte über öffentliche Leitungen und RAS-Wählverbindungen wurde dem Generalunternehmer des Beschaffungsamtes der Bundeswehr, Siemens-Nixdorf, übertragen. Da aus Sicherheitsgründen bis dato seitens des Rechenzentrums keine Genehmigung für Wählleitungen bestand, mußte im Rahmen dieses Siemens-Nixdorf-Projektes u.a. eine überzeugende Sicherheitslösung präsentiert werden. Diese Lösung sollte zwei Anforderungen erfüllen:

1. Verschlüsselte Datenübertragung zwischen den entfernten Clients und den Servern
2. Schutz des NT-Servers vor unberechtigtem Zugriff über Wählleitungen (Firewall)

40 Bit-Schlüssellänge nicht akzeptabel

Als nicht akzeptabel wurde die von Microsoft gebotene Verschlüsselung betrachtet, die aufgrund der amerikanischen Exportbestimmungen nur mit einer Schlüssellänge von 40 Bit arbeitet. Viele in der Öffentlichkeit bekanntgewordenen Hackversuche haben ergeben, daß eine Verschlüsselung mit einem 40 Bit langen Schlüssel unsicher ist. Auch der Einsatz von teurer Verschlüsselungs-Hardware schied aus Kostengründen aus. Die Installation einer Firewall auf jedem der NT-Server erschien unter Administrationsaspekten als zu aufwendig und fehleranfällig.

Als Schlüsselmanagement einigte man sich auf das von SUN propagierte SKIP-Verfahren.

5.3 Die Sicherheitslösung

SafeGuard VPN

Nach eingehender Marktanalyse fiel bei Siemens-Nixdorf die Entscheidung für die softwarebasierte Sicherheitslösung SafeGuard VPN, die nicht nur eine starke Verschlüsselung bietet, sondern auch einfach zu administrierende Firewall-Funktionalität bereitstellt. Das Produkt stellt in öffentlichen Netzen die Sicherheit eines privaten Netzes (VPN = *virtual private network*) zur Verfügung. Es ist u.a. zur Ablösung von privaten Standleitungen geeignet.

SKIP Schlüsselmanagement

SafeGuard VPN Version 1 benutzt SKIP zur Schlüsselvereinbarung und den IDEA-Algorithmus zur Datenverschlüsselung. Das Produkt ist völlig benutzertransparent und anwendungsunabhängig, weil es den gesamten Datenstrom verschlüsselt. Es ermöglicht Verschlüsselung in End-To-End-, End-To-Site- und Site-To-Site-Verbindungen. Im Projekt PERFIS wird es auf Client- und Server-Seite (End-To-Site) installiert und verschlüsselt den gesamten Datentransfer zwischen Client und Server auf TCP/IP-Paketebene.

End-To-Site-Verschlüsselung

End-To-Site bedeutet im PERFIS-Projekt die Verbindung zwischen dem entfernten Terminal (PC unter Windows NT) und dem NT-Server. Die beiden anderen Verbindungsarten End-To-End und Site-To-Site würden Verschlüsselungen zwischen zwei Terminals (PC) bzw. zwischen zwei Servern erlauben.

Implementierung als NDIS-Treiber

Windows NT bietet eine einheitliche hardwareunabhängige Schnittstelle unter den Protokoll-Stacks an. Diese Schnittstelle wird als NDIS bezeichnet und deckt sowohl die Kommunikation über Netzwerkkarten als auch über Modem ab. Die Implementierung eines NDIS-Filter gewährleistet, daß kein Netzwerktreiber verändert werden muß, da sich ein NDIS-Filter-Treiber gegenüber den Protokolltreibern (TCP / IP) wie ein NDIS-Treiber, aber gegenüber dem original NDIS-Treiber wie ein Protokolltreiber verhält. Der NDIS-Filter-Treiber ist in der Lage, IP-Pakete zu analysieren. Die Lösung wird als NDIS-Filter-Treiber installiert und nutzt die standardisierte NDIS-3-Schnittstelle. Sie verhält sich gegenüber den Protokolltreibern der darüberliegenden Schichten des ISO-7-Schichtenmodells wie ein NDIS-Treiber, aber gegenüber dem originalen NDIS-Treiber wie ein Protokolltreiber. Die Verschlüsselung ist daher für alle darüberliegenden Protokolle (TCP, UDP) und Applikationen (FTP, E-Mail etc.) sowie für den Anwender völlig transparent. An den verwendeten Applikationen sind keine Veränderungen erforderlich.

Abbildung 5.2 zeigt die neue Lösung. Der LAN-Server der Liegenschaft B ist über eine logische TCP / IP-Verbindung mit dem DB-Server der Liegenschaft A verbunden. Zwischen dem Rechenzentrum und dem DB-Server besteht wegen des großen Datenvolumens nach wie vor eine Standleitung.

Die TCP/IP-Verschlüsselung

DES mit SKIP-Schlüssel-absprache

Als Algorithmus für Verschlüsselung der IP-Pakete wird IDEA mit einer Schlüssellänge von 128 Bit verwendet. Das Schlüsselmanagement erfolgt mit dem SKIP (*Simple Key Management for Internet Protocol*). SKIP ermöglicht eine sitzungsbezogene Schlüsselabsprache zwischen Kommunikationspartnern nach der Diffie-Hellman-Methode. Beide Kommunikationspartner besitzen einen geheimen Wert und tauschen einen öffentlichen Wert aus. Aus dem eigenen geheimen Wert und dem öffentlichen Wert des Partners kann jeder einzelne ein sogenanntes Shared Secret generieren. Dieses Shared Secret geht als solches niemals über die Leitung, sondern wird zur Ver- und Entschlüsselung von Schlüsseln genutzt. Alle zwischen Client und Server übertragenen IP-Pakete werden automatisch verschlüsselt bzw. entschlüsselt. Die IP-Datenpakete bleiben routbar.

Erzielte Funktionalität

Auf jedem NT-Server ist ein Digiboard mit 8 RAS-Anschlüssen installiert. Unter SafeGuard VPN erfolgen das Einwählen und die anschließende Kommunikation zwischen Server und Client verschlüsselt. Da jedes IP-Paket verschlüsselt ist, werden auch die Kennung und das Paßwort des Benutzers für die Anmeldung an den NT-Server verschlüsselt übertragen. Auf dem Server ist SafeGuard VPN so konfiguriert, daß nur eine verschlüsselte Kommunikation zugelassen ist. Ein unverschlüsselter Zugriff oder ein verschlüsselter Zugriff mit unbekanntem Schlüssel werden abgewiesen. Die Entschlüsselung der Datenpakete erfolgt auf dem Server mit dem jeweiligen Shared Secret von Server und Client. Damit ist ein unberechtigter Zugriff auf den Server nicht möglich (Firewall-Funktionalität).

Abbildung 5.2 zeigt die Lösung: Zwischen dem LAN-Server der Liegenschaft B und dem DB-Server der Liegenschaft A besteht eine logische TCP/IP-Verbindung, die durch SafeGuard VPN gesichert wird. Es wird auf öffentlichen ISDN-Leitungen ein sogenanntes Virtual-Private-Network errichtet.

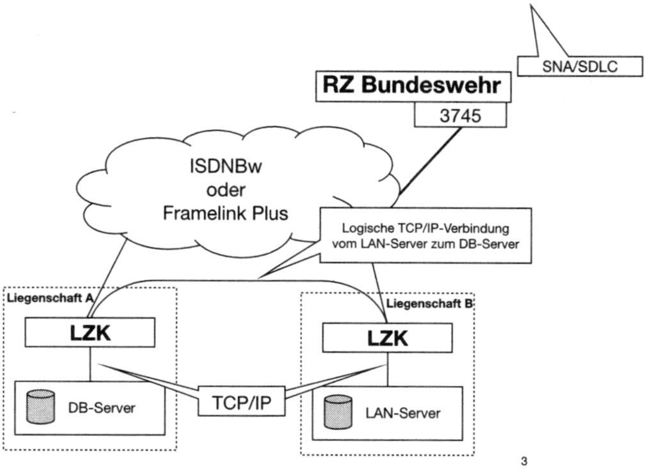

Abbildung 5.2: Neues PERFIS-Konzept, basierend auf ISDN

Installationsaufwand

3–10 Minuten je PC

Bei der Installation von SafeGuard VPN wird für jeden Client und jeden Server ein einmaliges Schlüsselpaar (geheimer Schlüssel und öffentlicher Schlüssel) generiert. Die Speicherung des geheimen Schlüssels erfolgt in der Windows NT Registry, während die öffentlichen Schlüssel zusammen mit der IP-Adresse der jeweiligen Maschine in eine Datenbank auf Diskette exportiert werden. Über eine Importfunktion werden dem Server die betreffenden öffentlichen Schlüssel und IP-Adressen der Clients und den Clients der öffentliche Schlüssel des Servers bekanntgegeben. Die öffentlichen Schlüssel könnten auch über das Netz verteilt werden, was aber ein Risiko wäre, da SafeGuard VPN dann noch nicht aktiv ist und die Übertragung der Schlüssel im Klartext erfolgen würde. Die Installation der Clients vor Ort wird durch Datenbankadministratoren vorgenommen, wobei zur Installation von SafeGuard VPN Konfigurationslisten mit maschinenbezogenen IP-Adressen und automatische Jobs zur Verfügung stehen. Aus Sicherheitsgründen erfolgt die Konfiguration von SafeGuard VPN manuell, wobei ein Aufwand von ca. 3 – 10 Minuten pro Computer zu veranschlagen ist.

5.4 Die Praxis der sicheren Anwendung

Preiswerte und schnelle Lösung

Mit SafeGuard VPN wurde eine flächendeckende, kostengünstige Lösung zur Sicherung des Remote-Zugriffs über öffentliche Leitungen auf der Basis von RAS realisiert. Neben der sicheren DES-Verschlüsselung von sensiblen Daten auf dem Übertragungsweg wird die leicht zu administrierende, aber sehr wirkungsvolle Firewall-Funktionalität zum Schutz vor Eindringlingen in das Netzwerk genutzt. Performance-Einbußen durch die Verschlüsselung sind bei einer Leitungskapazität von 64 Kbit nicht feststellbar.

6 Sicherer Zahlungsverkehr bei der Schweizer Post

Im Auftrag der Schweizerischen Post, POSTFINANCE, wurde eine Lösung zur Sicherung des elektronischen Zahlungsverkehrs entwickelt. In einem ersten Schritt betrifft die Lösung die elektronischen Dienstleistungen »Einzahlungsscheine«, »Belastungsauftragsdienst« sowie »Sammelauftragsdienst«.

Was ist das Besondere an diesem Beispiel?

Die Bankanwendungen der Schweizer Post wurden durch Authentisierung und Verschlüsselung auf der Basis eines Standardprodukts realisiert. Die Verschlüsselung wurde als NDIS-Filter-Treiber implementiert. Sie erfolgt wahlweise Site-To-Site oder End-To-Site. Die Schlüssel werden nach dem GSS-Verfahren vereinbart. Die zentrale Zertifizierungsinstanz arbeitet nach dem X.509v3-Standard. Zertifikate und geheime Schlüssel werden in SmartCards oder Filecards gespeichert.

6.1 Die Anwendung

Die Schweizerische Post bietet ihren Kunden elektronische Dienstleistungen an. Hierzu gehören:

- VESR (Verfahren für Einzahlungsscheine mit Referenznummer, Fakturierung, Inkasso und Debitorenkontrolle),
- BAD (Belastungsauftragsdienst für direkte Belastung der Rechnungsbeträge auf dem Postkonto des Schuldners) sowie
- SAD (Sammelauftragsdienst für belegloses und kostenloses Zahlungsverfahren per Computer oder Datenträger).

6.2 Das Sicherheitskonzept

Ersatz für teure und langsame Lösung

Die Schweizerische Post hatte bereits Erfahrungen mit dem elektronischen Zahlungsverkehr. Die Sicherheitsfunktionen beschränkten sich auf die Authentisierung der Benutzer mittels Tokens und dem Challenge-Response-Verfahren sowie auf Verschlüsselung. Zur Verschlüsselung wurden langsame und teure Blackboxen eingesetzt. Beide Lösungen boten ausreichende Sicherheit an, waren aber nicht mehr zeitgemäß. Die Umstellung des bestehenden Datenträgeraustauschs auf Datenübertragung via öffentlicher Telefonleitungen war ohne zusätzliche Sicherheit nicht akzeptabel.

Kundenmodul als Software

Ziel des Projektes war eine softwarebasierte Lösung für den sicheren Dateitransfer zwischen Kunden und Post, die eine Verschlüsselung sowie eine Node- bzw. Benutzerauthentisierung ermöglicht und um die Funktion der digitalen Signatur erweiterbar ist. Da geplant war, diese Lösung den Geschäftskunden als Sicherheitszusatz für den Umstieg vom Datenträgeraustausch auf Datenfernübertragung (DFÜ) anzubieten, sollte das Kundenmodul »schlüsselfertig«, d.h. leicht zu installieren und preisgünstig sein. Es sollte mittelfristig auf Kundenseite auch solche DFÜ-Sicherheitslösungen ersetzen, die auf SecurID-Karten zur Authentisierung (Tokens mit Challenge-Response-Verfahren) und Blackbox-Chiffriergeräten zur Verschlüsselung beruhen. Diese seit 1992 seitens der Post angebotene Lösung hat sich zwar als sehr sicher erwiesen, wurde aber wegen der hohen Kosten sowie der eingeschränkten Übertragungsleistung als wenig zukunftsweisend angesehen.

Für das Kundenmodul wurden folgende Anforderungen gestellt:

1. Es soll auf allen offenen Systemplattformen lauffähig sein und eine hohe Übermittlungsrate über heterogene private und öffentliche Netze zu den Servern der Post sicherstellen.
2. Die Datenübermittlung sollte per Gatewayrechner zeitgesteuert und automatisiert erfolgen können.
3. Je nach IT-Umgebung sollte sowohl eine
   - Site-To-Site-Authentisierung und Verschlüsselung zwischen dem Gatewayrechner des Kunden und einem Post-Server als auch eine
   - End-To-Site-Lösung für eine Modemverbindung zwischen Kunden-Client und Post-Server möglich sein.

Postmodul für UNIX

Für das Postmodul stellten sich folgende Anforderungen:

1. Es sollte eine analoge, automatisierte Abwicklung des eingehenden Dateitransfers ermöglichen, optimiert für eine Unix-Umgebung.
2. Es solle eine zeitechte Verarbeitung großer Datenmengen garantieren.
3. Es sollte keinen übermäßigen Betreuungs- und Bedienungsaufwand erfordern.
4. Das Schlüsselmanagement sollte auf der Basis von X.509-Zertifikaten realisiert werden.

Die Lösung mußte auch eine Migration auf UN/EDIFACT erlauben und Dienstleistungen für Endkunden wie zum Beispiel das Homebanking einschließen.

Zertifizierungsinstanz

Die Zertifizierungsinstanz sollte die Benutzer des Systems registrieren und verwalten, Schlüssel generieren, SmartCards und Sperrlisten ausgeben.

6.3 Die Sicherheitslösung

SafeGuard VPN, 2.0

Diese Sicherheitsanforderungen wurden durch eine Kombination von Sicherheitsprodukten realisiert, die sowohl den Einsatz einer reinen Softwarelösung als auch von SmartCards erlauben. Zur transparenten Verschlüsselung des gesamten TCP/IP-Datenverkehrs zwischen Kunde und Post wird das Standardprodukt SafeGuard VPN Version 2 genutzt. Es gibt zwei Versionen von SafeGuard VPN: den Agent und das Gateway. Das Paket enthält:

1. *SafeGuard VPN Administrator* zur Konfiguration der lokalen PCs durch den Systemverwalter. Das Programm verwaltet die lokale Sicherheitspolitik und importiert die Datei mit den öffentlichen Schlüsseln. Teil der Sicherheitspolitik ist es, festzulegen, wer mit wem verschlüsselt oder unverschlüsselt kommuniziert. Abbildung 6.1 zeigt einen Ausschnitt aus den Einstellungen.

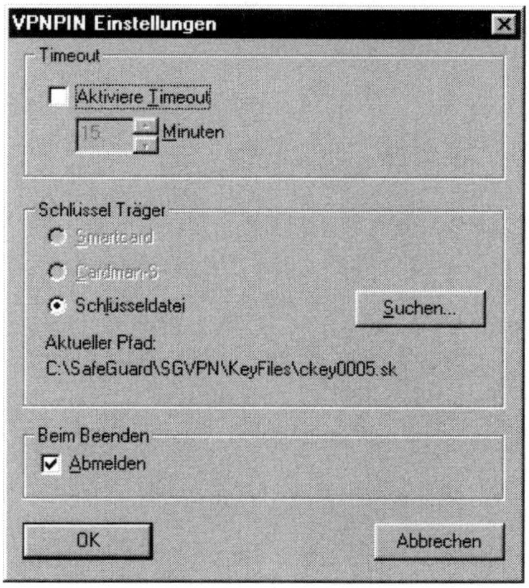

Abbildung 6.1: SafeGuard VPN-Einstellungen, Ausschnitt

2. *SafeGuard Control Application* ist ein Werkzeug, das in der NT 4.0 oder WIN95 Taskbar den Status des IP-Filters anzeigt. Das Icon zeigt, ob die Verschlüsselung ein- oder ausgeschaltet ist. Es erlaubt einem Benutzer, den IP-Filter ein- oder auszuschalten, wenn die Sicherheitspolitik dies erlaubt.
3. *Schlüsselmanagement-Service* ist ein Hintergrund Prozeß, der für die GSS-Authentisierung und die Schlüsselerzeugung zuständig ist. Er kommuniziert mit dem IP-Filter desselben Rechners. Dieser Dienst hat eine Verbindung zu dem Sicherheitspolitikmodul, den Schlüsseln, Zertifikaten usw. Der IP-Filter fordert den Schlüssel bei diesem Dienst an.
4. Der *IP-Filter* ist eine Kernel-Komponente, die gesandte oder empfangene IP-Pakete abfängt und mit dem Schlüssel, den der Schlüsselmanagement-Service liefert, chiffriert.

5. Die *Logon-Komponente* arbeitet mit dem jeweiligen Betriebssystem zusammen und kümmert sich um einheitliche Benutzeranmeldungen beim Betriebssystem und SafeGuard VPN.

Abbildung 6.2 zeigt die Architektur von SafeGuard VPN.

Abbildung 6.2: Die Architektur von SafeGuard VPN

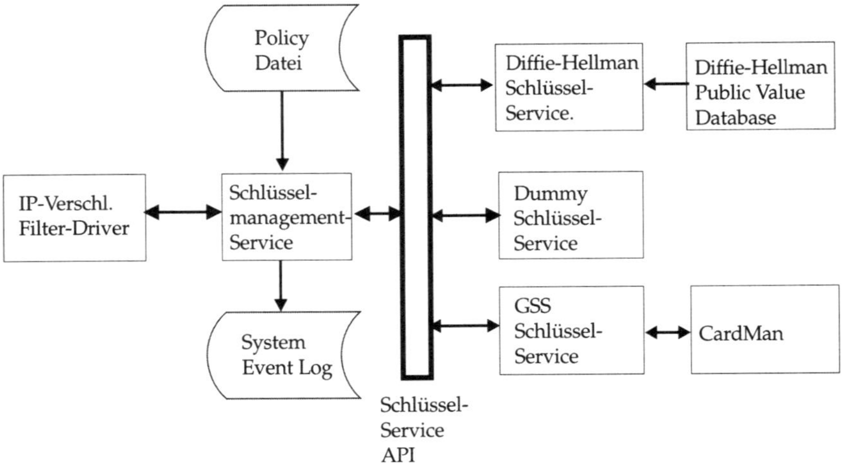

Das Produkt ermöglicht wahlweise eine Site-To-Site-Verschlüsselung zwischen Kundengateway und Postserver (1) oder eine End-To-Site-Verschlüsselung der Verbindung zwischen Kundenclient und Postserver via Modem (2). Das Kundenmodul wird im Fall 1 auf dem Gatewayrechner installiert und ist in der Lage, dort zeitgesteuert und automatisiert einen verschlüsselten Dateitransfer durchzuführen. In jedem Fall wird ein virtuelles privates Netzwerk auf öffentlichen Leitungen geschaffen.

Die TCP/IP-Verschlüsselung

Implementierung als NDIS-Filter-Treiber

SafeGuard VPN wird als NDIS-Filter-Treiber installiert und nutzt die standardisierte NDIS-3-Schnittstelle. Sie verhält sich gegenüber den Protokolltreibern der darüberliegenden Schichten des ISO-7-Schichtenmodells wie ein NDIS-Treiber, aber gegenüber dem originalen NDIS-Treiber wie ein Protokolltreiber. Die Verschlüsselung ist daher für alle darüberliegenden Protokolle (TCP, UDP) und Applikationen (FTP, Telnet etc.) sowie für den Anwender völlig transparent. An den verwendeten Applikationen sind keine Veränderungen erforderlich. Das »Tunneling« der IP-Pakete erfolgt nach IP-SEC (RFC1825-1827) und verwendet die darin beschriebenen Modi ESP (*Encapsulated Security Payload*) und AH (*Authentication Header*). Die IP-Pakete werden mit IDEA mit einer Schlüssellänge von 128 Bit verschlüsselt. Vereinfacht kann man sich diesen Vorgang so vorstellen, daß vor der Übertragung von Daten ein sicherer »Tunnel« zwischen Sender und Empfänger geschaffen wird. Auf diese Weise können private und öffentliche Netze für eine sichere Datenübertragung genutzt werden. Es entseht ein sogenanntes Virtual-Private-Network.

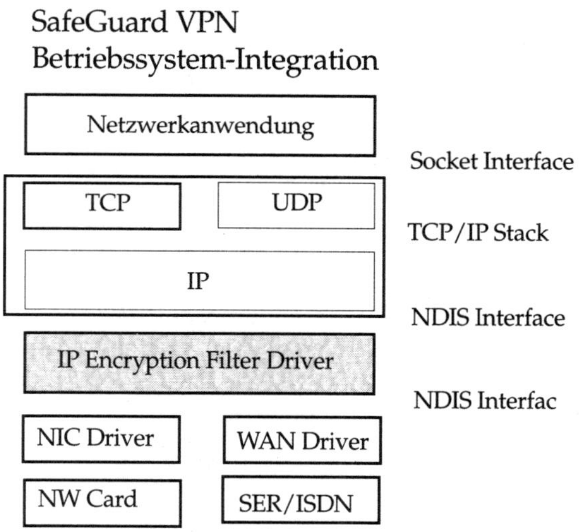

Abbildung 6.3: Integration in das Betriebssystem Windows NT

IPSEC

Internet Protocol Security

IPSEC (*Internet Protocol Security*) ist eine Initiative zur Gewährleistung der Sicherheit aller mittels TCP/IP übertragenen Daten. Diese Initiative wird von IETF getragen und wurde in den RFC1825 bis 1829 festgeschrieben. Es erfolgt eine Authentisierung und/oder Verschlüsselung von Datenpaketen auf der IP-Paket-Ebene, also noch bevor UDP- oder TCP-Pakete in IP-Pakete eingepackt und über die Leitung verschickt werden. Dieser Vorgang ist auf Ebene 3 (Network-Layer) des ISO-7-Schichtmodells angesiedelt. Je nach Zweck wird zu dem IP-Header (der ja die Quell- und die Zieladresse des Datenpaketes trägt) ein Authentication Header (kurz AH) eingefügt, oder die verschlüsselten Daten werden verpackt (ESP = *Encapsulating Security Payload*).

Beim Verschlüsseln kann zwischen zwei Modi unterschieden werden: Im Transportmode wird der Inhalt des Paketes (also das UDP- oder TCP-Paket) in den kryptografischen Rucksack gepackt und mit dem identischen IP-Header auf die Reise geschickt. Im Gegensatz dazu wird im Tunnelmode das ganze Paket mit originalem IP-Header verschlüsselt und mit einem Klartext-IP-Header versehen. Der Tunnelmode erhöht zwar den Overhead, sorgt aber dafür, daß IP-Adressen nicht gefälscht werden können, da diese auch verschlüsselt übertragen und so am Zielsystem geprüft werden können. IPSEC läßt beliebige Schlüsselmanagement-Verfahren zu und es erlaubt auch, starke Algorithmen und SmartCards zu verwenden. Das SKIP-Verfahren (*Simple Key Management for Internet Protocol*) ist auf DES (für ESP) und MD5 (für AH) definiert und beruht auf dem Diffie-Hellman-Keymanagement.

Schlüsselabsprache nach GSS

Universelles GSS-API

Die Schlüsselabsprache erfolgt nach dem Handshake-Protokoll unter Verwendung von GSS-Funktionen. Zu keinem Zeitpunkt werden dabei Schlüssel, die zur Entschlüsselung der übertragenen Daten benötigt werden, im Klartext übertragen. Beim Verbindungsaufbau zwischen Gatewayrechner und Postserver bzw. einem Remote Access vom Kundenrechner zum Postserver wird nach erfolgreicher Authentisierung der Kommunikationspartner auf der Basis von GSS durch Austausch von Zertifikaten ein gemeinsamer Sitzungsschlüssel vereinbart. Der Sitzungsschlüssel wird mittels Zufallszahlen ermittelt und ändert sich in jeder weiteren Sitzung, so daß ein Abfangen des Schlüssels dem Hacker keinen Vorteil brächte.

Partnerauthentisierung nach GSS

SmartCard oder Filecard

Die GSS-basierte Partnerauthentisierung und Schlüsselabsprache mittels RSA erfordert bei jedem Teilnehmer ein Zertifikat. Es beinhaltet unter anderem die Benutzerkennung bzw. ein Pseudonym, den dazugehörigen öffentlichen Schlüssel, die Gültigkeitsdauer und eine Seriennummer. Das Zertifikat ist mit dem geheimen Schlüssel der Zertifizierungsinstanz (Certification Authority CA) signiert und kann mit dem öffentlichen Schlüssel der CA auf Echtheit verifiziert werden. Als Speichermedium für das Zertifikat kann eine SmartCard oder eine spezielle Diskette (Filecard) genutzt werden, wobei die Speicherung auf SmartCards höhere Sicherheit bietet. Soll die Übertragung zeitgesteuert und automatisiert von einem Gatewayrechner aus erfolgen, kann die PIN der Karte automatisch präsentiert werden.

Zertifizierungsinstanz (CA)

Zentrale CA, X 509v3

Die Ausstellung der SmartCards erfolgt zentral bei der Post mittels der CA von Utimaco. Sie erzeugt die RSA-Schlüssel und erstellt Zertifikate gemäß dem X.509v3-Standard. Zertifikate werden mit dem geheimen RSA-Schlüssel der CA signiert. Zertifikate und Schlüssel werden entweder in den sicheren SmartCards oder auf Disketten (Filecard) gespeichert. Abbildung 6.4 zeigt, daß Registrierungsinstanz (RA) und Zertifizierungsinstanz sowie Schlüsselerzeugung auf einem PC erfolgen. Dort werden auch die SmartCards erzeugt und der Verzeichnisdienst zur Verfügung gestellt.

Bei Verwendung von SmartCards erfolgen alle RSA-Operationen in der Karte, nachdem der Benutzer den Zugriff auf die Karte durch Eingabe seiner PIN erlaubt hat. Die RSA-Schlüssel verlassen nie die SmartCard. Bei Verwendung von Filecards erfolgen die RSA-Operationen im PC, was zu einer reduzierten Sicherheit führt, aber preiswerter ist.

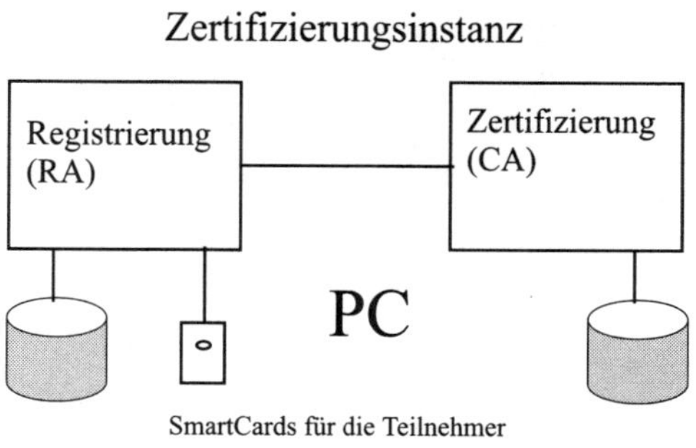

Abbildung 6.4: Registrierungs- und Zertifizierungsinstanz

Sperrliste

Zertifikate können durch die zentrale CA gesperrt werden, wenn Teilnehmer ausgeschieden sind, oder es irgendein Sicherheitsrisiko gibt. Sie werden in eine Sperrliste (*Certificate Revocation List,* CRL) eingetragen, die wie die Zertifikate mit dem geheimen Schlüssel der CA signiert ist und veröffentlicht wird. Jeder Teilnehmer kann so die Gültigkeit von Zertifikaten prüfen.

Auf der Basis der X.509-Zertifikate ist eine spätere Einbindung transaktionsbezogener digitaler Signaturen möglich.

SmartCard-Leser

Werden SmartCards als Speichermedium für Zertifikate und Schlüsselinformationen genutzt, kommt der universelle SmartCard-Leser *CardMan* zum Einsatz. Der Anschluß erfolgt über die serielle Schnittstelle (*CardMan Compact*), als PC Card Device (*CardMan Mobile*) oder tastaturintegriert (*CardMan Keyboard*). Zur Steigerung der Rechenleistung bei RSA-Operationen auf Serverseite ist der Einsatz von CardMan S möglich (*Single-Ended SCSI-2-Anschluß*).

Das Netzwerk der Schweizer Post

Abbildung 6.5 zeigt das Netzwerk der Schweizer Post für den elektronischen Zahlungsverkehr. Es bestehen die folgenden Verbindungsmöglichkeiten:

1. Kunden können sich über Partnernetze und Router 1 in das Postnetzwerk einwählen (1).
2. Ein ähnlicher Weg führt über den Gatewayrechner 1, Partnernetze und Router zu den Postservern (1a).
3. Die Arbeitsstation 2 wählt sich per Modem, öffentliche Wählleitungen und den Ascendboxen NAS in die Postserver ein. (2)
4. Die Arbeitsstation 3a wählt einen ähnlichen Weg über den Router 2, öffentliche Wählleitungen und den Ascendboxen NAS zu den Postservern.
5. Der vernetzte PC 4 gelangt via Gateway 2 in das öffentliche Netz zu den Ascendboxen NAS und zu den Postservern.

Abbildung 6.5: Das Netz der Schweizerischen Post

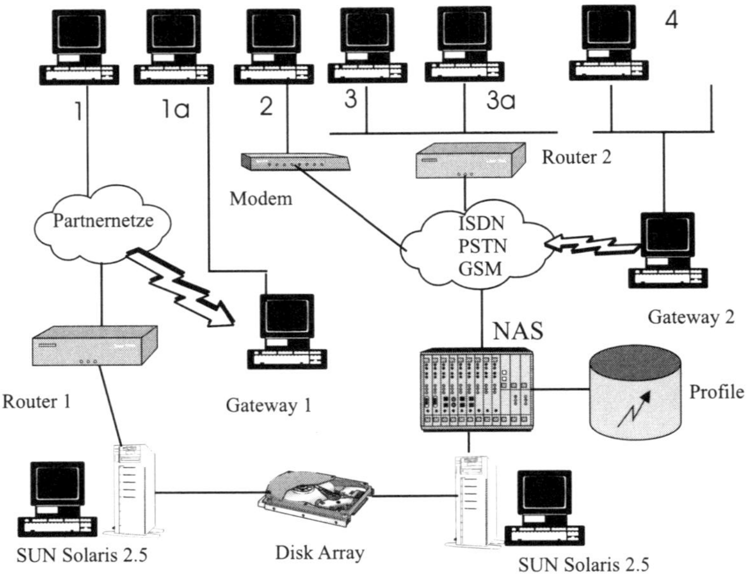

6.4 Praxis der sicheren Anwendung

Erweiterbare Lösung

Mit der Lösung wurden auf der Basis von Standardprodukten wie SafeGuard VPN, GSS-API, CA für X.509v3-Zertifikate, SmartCards und SmartCard-Leser *CardMan* ein zukunftsweisendes Sicherheitsprojekt bei der Schweizer Post realisiert. Die Lösung ist skalierbar im Hinblick auf die von Kundenseite genutzten Module (z.B. SmartCards oder reine Softwarelösung) und erweiterbar um Funktionen für zusätzliche Sicherheitsdienste (z.B. transaktionsbezogene digitale Signaturen). Aufgrund des modularen Aufbaus lassen sich die verwendeten Algorithmen (in diesem Falle IDEA und RSA) beliebig austauschen, um auch zu einem späteren Zeitpunkt höchsten Sicherheitsanforderungen zu entsprechen. Das Kundenmodul verfügt über eine Installationsroutine, so daß es ohne großen Aufwand zum Einsatz kommen kann. Es wird in einem ersten Schritt Geschäftskunden angeboten, ist aber auch für den Einsatz bei Privatkunden konzipiert. Für POSTFINANCE war eine wichtige Bedingung dieser Lösung, daß sie nicht nur eine hohe Sicherheit bietet, sondern Kunden auch kostengünstig angeboten werden kann.

7 Sicherer Informationsverbund Bonn-Berlin

Die oberen Bundesbehörden in Bonn und in Berlin haben ihr Intranet mit Firewall-Systemen gegen Zugriffe von außen abgeschottet. Im folgenden wird exemplarisch eine Intranet-Anwendung beschrieben, die den Einsatz von Firewall-Systemen unter verschiedenen Aspekten beispielhaft darstellt.

Was ist das Besondere an diesem Beispiel?

In diesem Beispiel wird das High-Level-Firewall KryptoWall zur Absicherung des internen Intranets gegen das Internet eingesetzt. Außerdem werden Maßnahmen gegen einen Virenangriff aus dem Internet beschrieben.

7.1 Die Anwendung

Intranets haben viele Vorteile

Unter *Intranet* wird die Anwendung der Internet-Technologie für die innerbetriebliche Kommunikation verstanden. Unter Intranet werden unter anderem auch die zugriffsichere Kopplung an öffentliche Netze (z.B. an das Internet), die kontrollierte Anbindung externer Anschlußpunkte (z.B. von Telearbeitsplätzen via ISDN) oder von Teilnetzen einer Organisation (z.B. Filialen oder Liegenschaften) verstanden.

Die Vorteile der Intranet-Technologie sind offensichtlich:

1. Intranets dienen den Unternehmen wie auch Behörden als gemeinsamer Informationspool und universelle Kommunikationsplattform.
2. Benutzerfreundliche Browser versprechen eine einfache Handhabung und geringen Schulungsaufwand.
3. Informationsverteilungssysteme lassen sich schnell, preiswert, skalierbar und flexibel realisieren.
4. Dokumente lassen sich dynamisch aktualisieren, können direkt vom Autor gepflegt werden und brauchen nur an einer einzigen Stelle abgelegt zu werden.
5. Intranets bieten Konzepte zur kooperativen Arbeit (z.B. Groupware, Workflow) und zur Unterstützung dezentraler Organisationsstrukturen.

Mit dem Aufbau eines Intranets verfolgt der Informationsverbund Bonn-Berlin (IVBB) konkrete Ziele: Kosten sollen reduziert, Arbeitsprozesse beschleunigt und vereinfacht oder ihre Qualität verbessert werden. Das Intranet dient aber auch dazu, das Wissen der gesamten Organisation zu erfassen, zu organisieren und jedem Mitarbeiter zugänglich zu machen.

Weitere Vorteile der Intranet-Technologie sind:

1. Die Anwendung offener Standards wie des Hypertext Transfer Protocol (HTTP), der Hypertext Markup Language (HTML) oder des TCP/IP Protokolls vereinfacht die Anbindung des Intranets an das Internet.

2. Die Standardisierung ermöglicht einen bequemen Zugriff externer und mobiler Anwender auf interne Daten der Organisation.
3. Außerdem erlaubt die Standardisierung den unkomplizierten Informationsaustausch zwischen den verschiedenen Behörden via Internet (»Extranet«).

Abbildung 7.1: Typische Architektur einer Koppelung Internet – Corporate Network

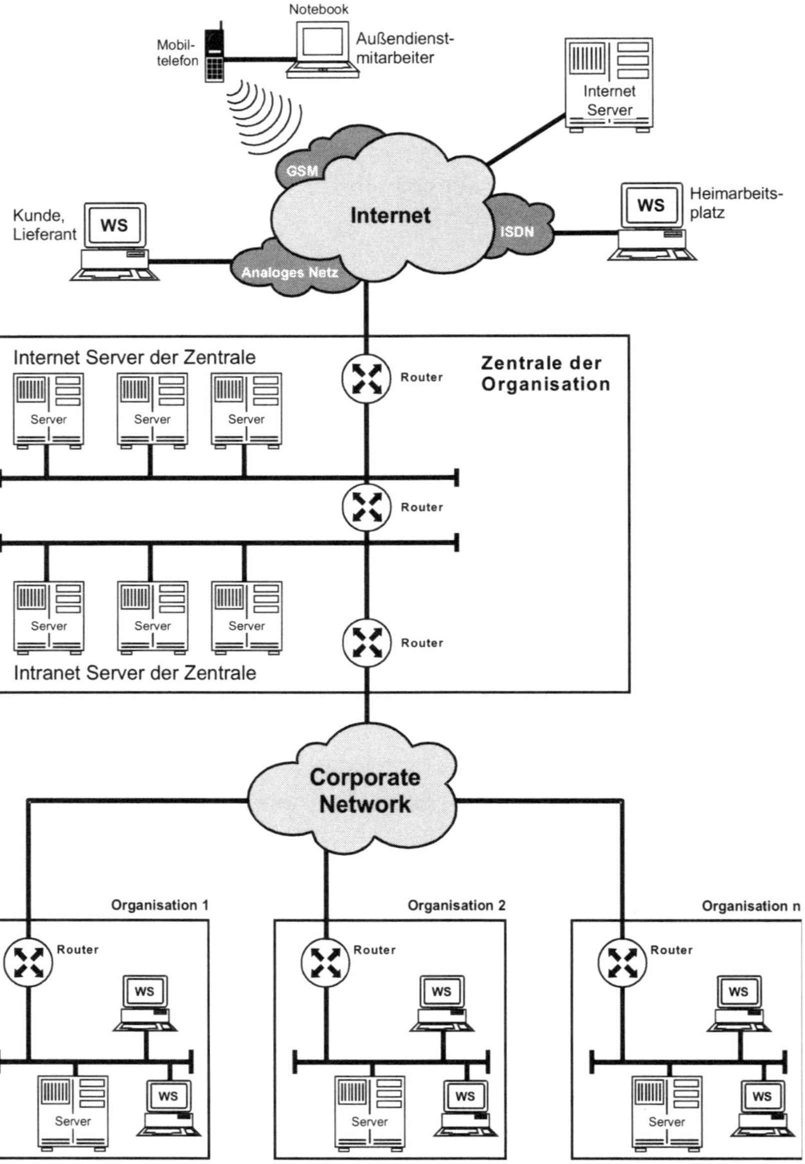

Die Realisierung des Intranets kann im konkreten Fall so aussehen, daß neben der internen Kommunikation im lokalen Netz die verschiedenen Organisationseinheiten über das eigene Corporate Network miteinander verbunden sind. Telearbeitsplätze (Heimarbeitsplätze) oder Mobilgeräte (Laptops, Notebooks) werden über öffentliche Netze (z.B. ISDN, Fernsprechnetz, Internet etc.) mit dem Intranet verbunden, so daß die Benutzer auf die internen Intranetserver zugreifen und Daten abrufen oder übertragen können

7.2 Das Sicherheitskonzept

Der Vorteil, daß jeder mit jedem auf einfache Weise kommunizieren kann, birgt jedoch auch ein hohes Risiko, da jeder sich nun auch vor nicht gewünschten Kommunikationsbeziehungen absichern muß.

Nachfolgend werden einige Risiken aufgezeigt, die bei Nutzung der Intranet-Technologie berücksichtigt werden müssen.

Risiken bei Nutzung der TCP/IP- und der LAN-Technologie

Die TCP/IP-Technologie bietet keine integrierten Sicherheitsmaßnahmen, die einfache Angriffe verhindern könnten. Auch LANs sind nicht völlig sicher und bedürfen zusätzlicher Schutzmaßnahmen.

- **Mitlesen** Alle Informationen im IP-Paket werden im Klartext übertragen, so daß sie von einem Lauscher mitgelesen und mißbräuchlich verwertet werden können.
- **Manipulationen** Ein Angreifer kann die Inhalte der IP-Pakete verfälschen, ohne daß der Empfänger es merkt.
- **Maskerade-Angriffe** Durch einen Maskerade-Angriff kann ein Angreifer an Informationen gelangen, die nicht für ihn bestimmt sind, oder Aktionen auslösen, die er nicht auslösen darf, oder Ressourcen nutzen, die er nicht nutzen darf. Jeder Rechner kann jede beliebige IP-Adresse annehmen; auf diese Weise werden Maskerade-Angriffe durchgeführt. Der Angreifer nimmt die IP-Adresse des rechtmäßigen Teilnehmers an und baut mit dieser Adresse eine unberechtigte Kommunikation auf. Zur Identifizierung eines Benutzers übertragen einige TCP/IP-Anwendungen (z.B. FTP) Paßwörter im Klartext über das Netz, die leicht von Angreifern für einen Maskerade-Angriff mitgelesen werden können.
- **Broadcasting im LAN** Alle Teilnehmer im LAN »hören« am Übertragungsmedium alle Pakete mit, nehmen in der Regel aber nur die Pakete auf, die für sie bestimmt sind. Mit einfachen Hilfsmitteln, z.B. Protokollanalysatoren (z.B. LAN-Watch), können möglicherweise von jedem Rechner im LAN alle Pakete mitgelesen werden.
- **Admin-Paßwort** Da viele Organisationen die Systemadministration der IT-Systeme nicht mehr lokal durchführen, können Admin-Paßworte mitgelesen werden, mit deren Hilfe weitere Angriffe durchgeführt werden können.

Im Internet stehen Tools zur Verfügung, die für Angriffe geeignet sind

Im Internet sind eine Reihe von Analysetools (z.B. SATAN) vorhanden. Damit können Systeme, die auf TCP/IP-Technologie basieren, auf deren Schwachstellen untersucht, aber auch gezielte Angriffe durchgeführt werden. Mit diesen Tools können Benutzer Angriffe durchführen, die über kein spezielles Fachwissen verfügen.

Fehlerhafte Anwendungen und fehlerhafte Konfiguration

Fehlerhafte Anwendungen wie *sendmail* wiesen in der Vergangenheit Implementierungsfehler auf, die es ermöglichten, auf einem entfernten IT-System beliebige privilegierte Kommandos auszuführen.

Für jeden Dienst mit Netzzugang existiert ein Daemon-Prozeß, der falsch konfiguriert oder fehlerhaft sein kann, wodurch wiederum Angriffe durchgeführt werden können.

7.3 Die Sicherheitslösung

In diesem Abschnitt werden Sicherheitskomponenten von Kryptokom vorgestellt, die Intranet-Anwendungen wirkungsvoll sichern können.

KryptoGuard LAN-Box

KryptoGuard LAN-Boxen (Verschlüsselungsgeräte mit Packet-Filter-Funktionalität) sind handliche Geräte, die einfach zwischen Computer und Netzanschluß (LAN-Anschluß) geschaltet werden. Das macht sie unabhängig von den jeweiligen Endgeräten und Betriebssystemen und wegen ihrer einfachen Handhabung benutzerfreundlich. In der hochtechnisierten und intelligenten High-tech-Blackbox spielen sich, unsichtbar für den Benutzer und ohne seine aktive Einwirkung, alle sicherheitsrelevanten Operationen ab.

Die Sicherheitsmechanismen Access-Liste, Verschlüsselung, Packet Filter und Logbuch sind standardmäßig in der KryptoGuard LAN-Box implementiert.

1. In der Access-Liste wird genau definiert, wer überhaupt Zugang hat, und wozu er Zugang hat.
2. Der Verschlüsselungsmechanismus führt auf verschiedenen Ebenen (z.B. MAC, IP, OSI, IPX, TCP etc.) die Verschlüsselung durch.
3. Der Packet Filter kontrolliert die Kommunikationsprotokolle und -dienste.
4. Im Logbuch werden alle wichtigen sicherheitsrelevanten Ereignisse protokolliert, so daß festgestellt werden kann, ob jemand versucht hat, eine unerlaubte Verbindung herzustellen. Der Administrator kann die Box so konfigurieren, daß bei Auftreten eines sicherheitsrelevanten Ereignisses eine spontane Meldung an das Security Management gesendet wird.

Diese Funktionalitäten werden von der zentralen Security Management Station über das Netzwerk administriert.

KryptoGuard PC

Bei der Lösung *KryptoGuard PC* werden eine Security Sublayer und eine Krypto-Karte in den PC implementiert. Die Krypto-Karte sorgt für schnelle Verschlüsselung und sichere Speicherung der geheimen Schlüssel. Speziell für Notebooks wird eine kleine Krypto-Karte in Form einer PCMCIA-Karte verwendet. Die Security Sublayer wird softwaremäßig als transparenter Netzwerktreiber in die PC-Kommunikation installiert.

Auch hier findet sich eine Access-Liste, die den Zugang kontrolliert. Anders als bei der KryptoGuard LAN-Box werden diese Funktionalitäten nicht über das Netzwerk kontrolliert, sondern über eine Diskette, die auf der Security Management Station generiert wird.

KryptoWall, High-Level-Firewallsystem

Das High-Level-Firewallsystem *KryptoWall* besteht aus den folgenden Komponenten:

1. Bastion (Application-Gateway),
2. zwei KryptoGuard LAN-Boxen und
3. Security Management.

Die Bastion und die beiden KryptoGuard LAN-Boxen bilden ein Screened Subnet.

Die KryptoWall wird zwischen das unsichere Netz und das zu schützende Netz geschaltet und dient dazu, den Übergang vom unsicheren Netz (z.B. Internet) in das zu schützende Netz (z.B. lokales Netz, Intranet) zu kontrollieren.

Zielsetzung der Firewall-Anordnung

Eine Firewall-Anordnung sollte folgende Bedingungen erfüllen:

1. Einfache Regeln
2. Geschachtelte Sicherheit
3. Verschiedene Betriebssysteme
4. Verschiedene Konzepte für die Kontrolle

Zusammengenommen garantieren diese Sicherheitsmechanismen ein höheres Maß an Sicherheit als jeder Sicherheitsmechanismus für sich alleine, so wie beim Auto Sicherheitsgurt, Airbag, Seitenaufprallschutz und Knautschzone zusammen ein Höchstmaß an Sicherheit bieten.

7.3.1 Sichere Kopplung des eigenen Intranets an das Internet

Eine sichere Kopplung zwischen dem Intranet des IVBB und dem Internet ist die Voraussetzung dafür, daß Mitarbeiter auf Informationen und Dienste im Internet zugreifen können, zum Beispiel auf WWW-Seiten, E-Mail, Datenbanken, Herstellerinformationen wie Prospekte, neue Treiber, neue Software etc.

Authentisierung durch Firewall

Da beim Anschluß an das Internet das größte Angriffsrisiko und damit das größte Risiko eines Schadens besteht, müssen hier besonders effektive Sicherheitsmaßnahmen getroffen werden. Zur Sicherung der Kommunikation wird ein High-Level-Security-Firewallsystem eingesetzt, das die Trennung zwischen dem Internet und dem eigenen Intranet in besonderem Maße leistet. Das High-Level-Security-Firewallsystem stellt den »Common Point of Trust« für den Übergang zwischen dem Internet und dem eigenen Intranet dar, d.h., der einzige Weg vom öffentlichen Netz ins Intranet führt kontrolliert über das High-Level-Security-Firewallsystem. Die Benutzer werden an dieser Stelle vom Firewallsystem eindeutig identifiziert und authentisiert – wie von einem Pförtner.

Da alle Organisationseinheiten über das zentrale Firewallsystem auf die Dienste des Internets zugreifen, kann die Sicherheitspolitik für die ganze Organisation einheitlich realisiert werden. Wichtig ist, daß ein Firewallkonzept verwendet wird, das bei einer Steigerung der Kommunikationsanforderung flexibel reagieren kann.

Die Rechte der Mitarbeiter des IVBB werden mit Hilfe eines zentralen Security Managements flexibel festgelegt. Mitarbeiter, die auf Dienste im Internet zugreifen, werden bei Bedarf vom Firewallsystem identifiziert und authentisiert, und ihre Aktionen werden entsprechend protokolliert und ausgewertet.

Um das Konzept des *Common Point of Trust* zu realisieren, ist es unerläßlich, daß keine weitere Verbindung zwischen dem IVBB und dem Internet besteht. Dies setzt weitere infrastrukturelle, personelle und organisatorische Sicherheitsmaßnahmen voraus. Zusätzlich muß in einem Firewallkonzept festgelegt werden, welches Authentisierungsverfahren verwendet werden soll, und ob Java im Intranet, aber nicht im Internet verwendet werden darf. In der Konzeption des Firewallsystems wird eine skalierbare Lösung verwendet, damit Erweiterungen auf einfache Weise durchgeführt werden können.

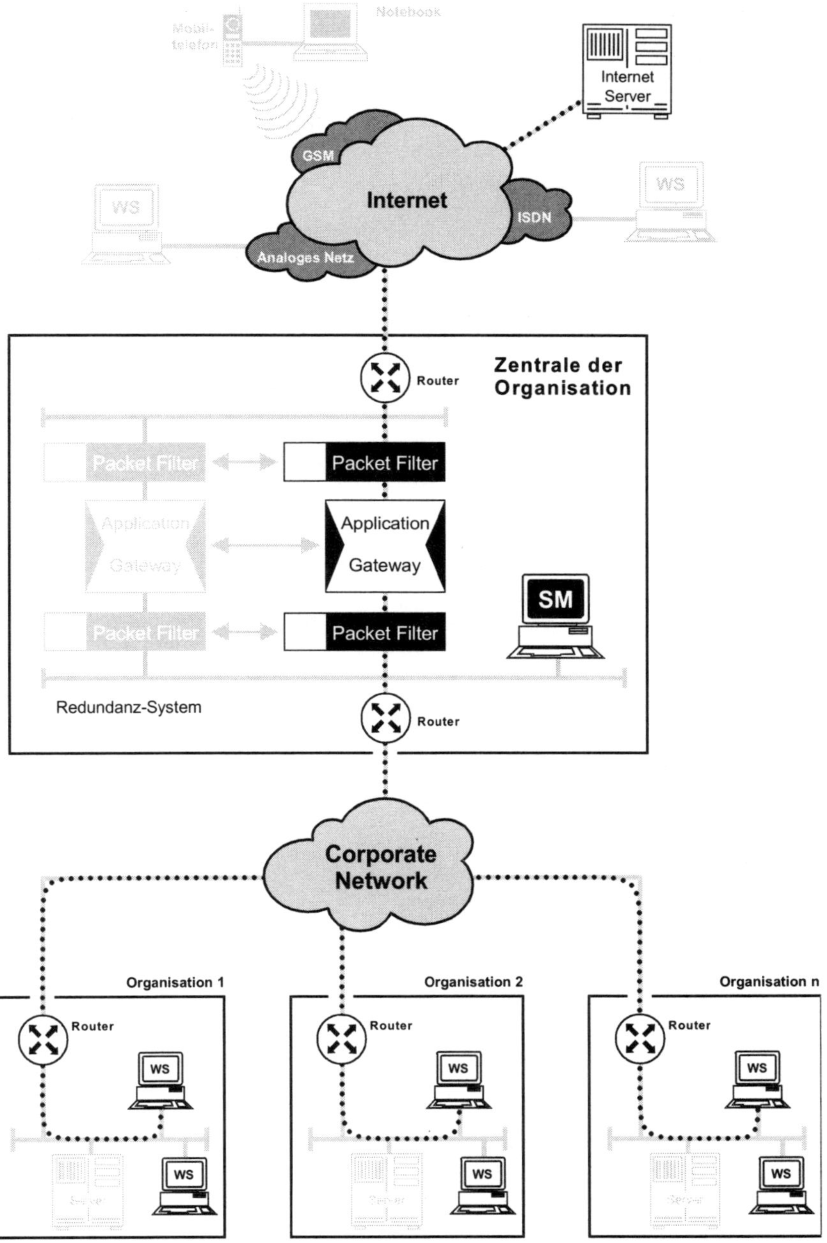

Abbildung 7.2: Anbindung des Intranets an das Internet

7.3.2 Internet-Server

Internet-Server vor oder neben der Firewall

Die Internet-Server, die für die Öffentlichkeit bestimmte Informationen oder Dienste zur Verfügung stellen, sind vor oder neben einem High-Level-Security-Firewallsystem positioniert. Diese konzeptionelle Sicherheitsmaßnahme verhindert, daß Internet-Benutzer über das High-Level-Security-Firewallsystem auf das Intranet selbst zugreifen.

Internet-Server werden entweder im äußeren Screened Subnet des High-Level-Security-Firewallsystems oder mit einem separaten Packet Filter angeschlossen. Die Packet Filter sorgen z.B. dafür, daß nicht über jeden Dienst auf die Internet-Server zugegriffen werden kann. Angriffe auf die Internet-Server über die Packet Filter werden erkannt, protokolliert und, falls im Regelwerk definiert, als spontane Meldung an das Security Management gesendet.

Abbildung 7.3: Internet-Server

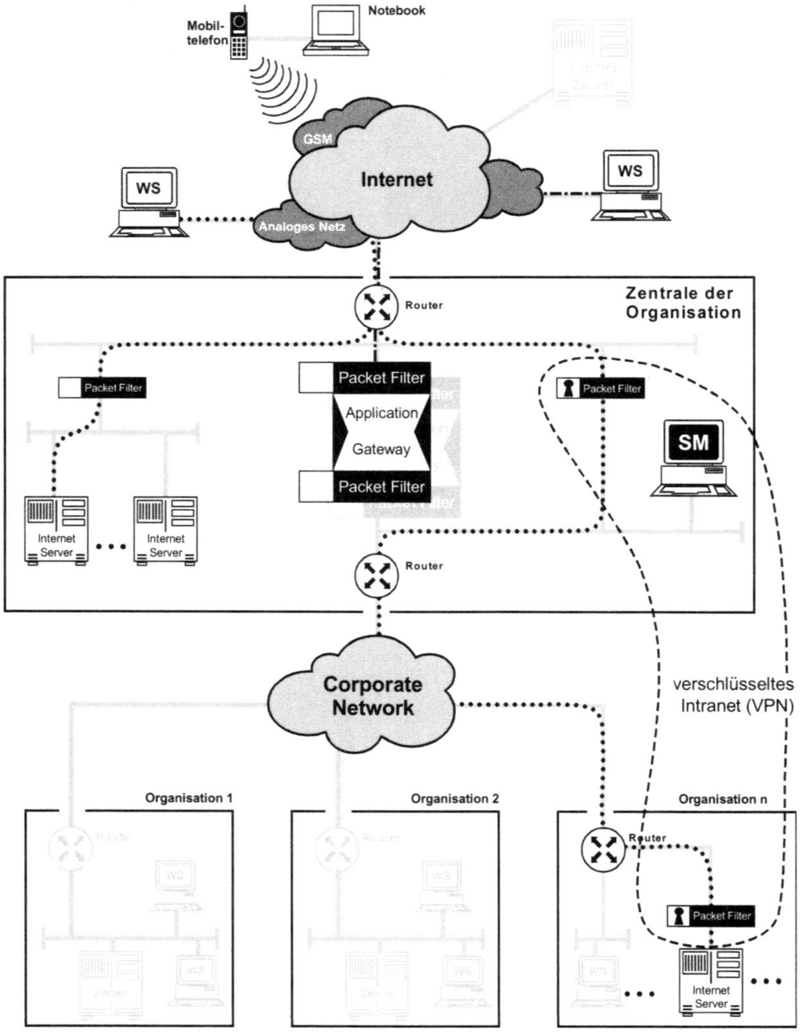

Möchte eine Behörde die Internet-Server in ihrer Organisationseinheit selbst bereitstellen, kann dies mit einer verschlüsselten Kommunikation aus dem Internet über das Corporate Network sicher realisiert werden.

Packet Filter

Dazu werden Packet Filter mit Verschlüsselungsfunktion im zentralen Zugang der Organisation sowie in der Organisationseinheit installiert. Die Kommunikation über das Internet passiert die Packet Filter mit Verschlüsselungsfunktion der Zentrale und läuft in verschlüsselter Form weiter durch das Corporate Network bis zur betreffenden Organisationseinheit. Hier werden die Pakete wieder vom Packet Filter mit Verschlüsselungsfunktion der Organisationseinheit entschlüsselt und gelangen im Klartext zum Internet-Server. Auf diese Weise wird ein *Virtual-Private-Network* (VPN) kryptografisch realisiert.

Die Internet-Server der einzelnen Einheiten der Organisation haben offizielle Internet-Adressen. Damit Angriffe aus dem Internet auf die Komponenten der Organisationseinheit zuverlässig verhindert werden können, dürfen diese Internet-Server keine Verbindung zum LAN der Organisationseinheit haben (organisatorische Sicherheitsmaßnahme!). Die Internet-Server von Organisationseinheiten im Corporate Network können nur durch Verschlüsselung sicher an das Internet angekoppelt werden.

Hinweis: In Abbildung 7.4 scheint der Kommunikationsfluß des High-Level-Security-Firewallsystems den *Common Point of Trust* zu umgehen. Hier findet die Kommunikation jedoch auf einer anderen logischen Ebene statt, da alle Pakete verschlüsselt werden. Die Vermischung von Paketen wird durch die Verschlüsselung kryptografisch ausgeschlossen.

7.3.3 Intranet-Sicherheit

Die Sicherung des Intranet kann auf folgende Weise realisiert werden:

Verschlüsselung

Packet Filter mit Verschlüsselungsfunktion chiffrieren die Kommunikation über das Corporate Network, so daß keine Daten im Klartext gelesen werden können. Die Verschlüsselung bewirkt eine implizite Authentisierung, die beispielsweise Trittbrettfahren und Maskerade-Angriffe verhindert. In der Rechteverwaltung der Packet Filter mit Verschlüsselungsfunktion kann festgelegt werden, von welchen Rechnersystemen (z.B. Internet-Servern, Workstations) zu welcher Zeit bestimmte Anwendungen (Dienste) genutzt werden dürfen. Sicherheitsrelevante Ereignisse werden von den Packet Filtern mit Verschlüsselungsfunktion erkannt, im Logbuch gespeichert und, falls gewünscht, als spontane Meldung an das Security Management gesendet. Dadurch können Sicherheitsverletzungen festgestellt werden.

Abbildung 7.4: Intranet Security mit Packet Filter mit Verschlüsselungsfunktionalität

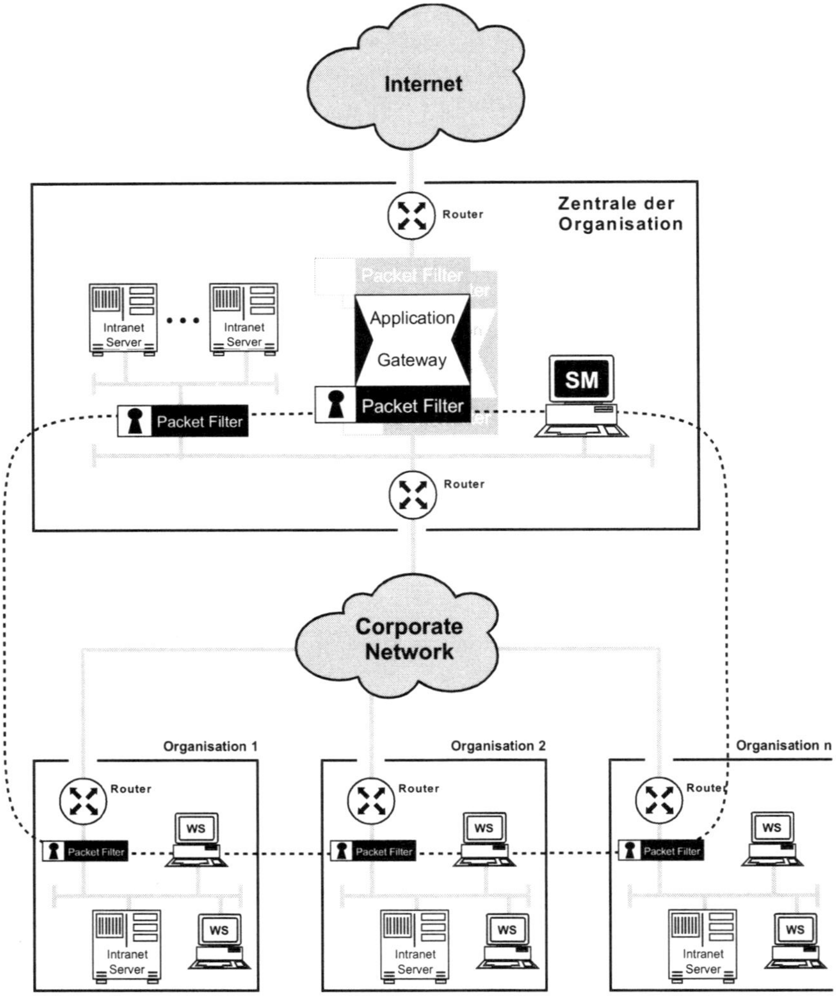

Packet Filter hinter den Routern

In den einzelnen Organisationseinheiten werden die Packet Filter mit Verschlüsselungsfunktion direkt hinter den Routern positioniert. In der Zentrale werden die Intranet-Server im inneren Screened Subnet des High-Level-Security-Firewallsystems oder mit einem separaten Packet Filter mit Verschlüsselungsfunktion angeschlossen.

Zusätzliche Protokollierung

Für die Intranet-Server, die im internen Screened Subnet des High-Level-Security-Firewallsystems positioniert sind, kann die Kommunikation auch über die Proxies des Application Gateway (dann als Single-Homed-Application-Gateway) geleitet werden. In diesem Fall können zusätzliche Sicherheitsdienste wie Benutzerauthentisierung und Protokollierung der Handlungen von Benutzern genutzt werden. Für solche erweiterten Sicherheitsdienstleistungen ist es auch möglich, ein eigenes Application Gateway zur Verfügung zu stellen.

Die Kommunikation der Organisationseinheiten untereinander wird ebenfalls mit Hilfe von Packet Filtern mit Verschlüsselungsfunktion kontrolliert und gesichert.

7.3.4 Höhere End-to-End-Sicherheit

Zusätzliche PC-Sicherheitskomponenten

Je nach Schutzbedarf und Anzahl der Rechnersysteme in einer Organisationseinheit kann es empfehlenswert sein, in den Rechnersystemen PC-Security-Komponenten einzusetzen, so daß direkt im Rechnersystem verschlüsselt werden kann. Damit wird eine höhere oder tiefere End-to-End-Sicherheit erreicht, die den LANs der einzelnen Organisationseinheiten Vertraulichkeit garantiert.

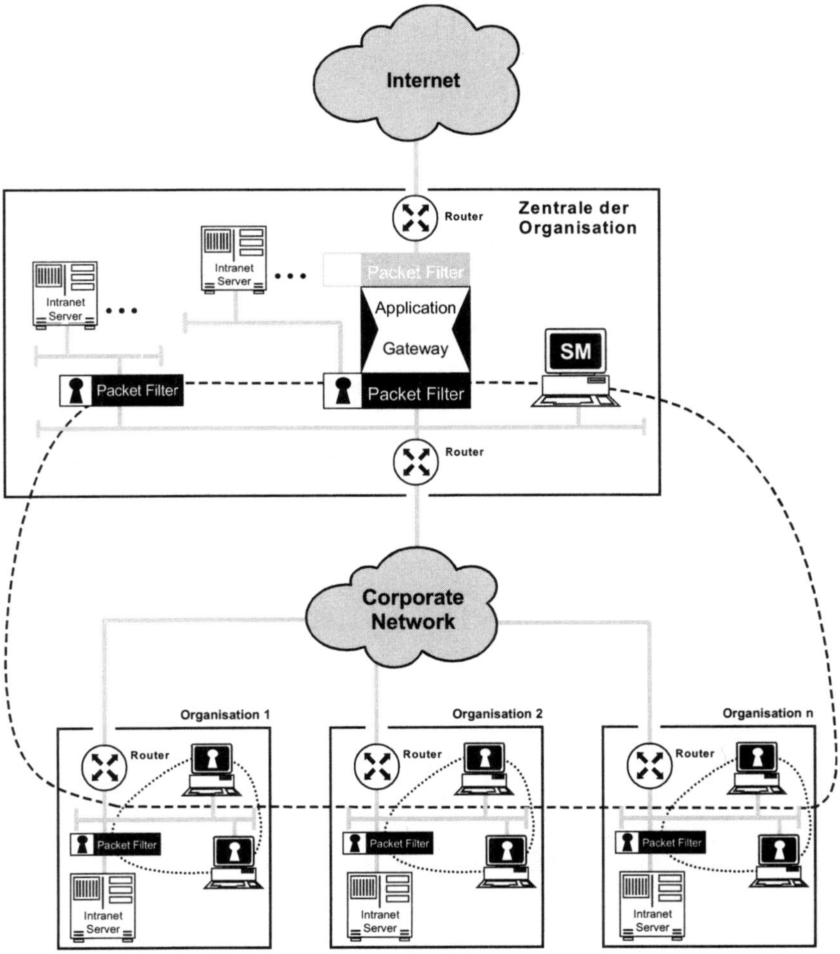

Abbildung 7.5: Intranet Security mit PC-Security-Komponenten

Vertrauliche und kontrollierte Kommunikation kann auch in den Organisationseinheiten selbst mit Hilfe von PC-Security-Komponenten und Packet Filtern mit Verschlüsselungsfunktion »lokal« realisiert werden. Diese Sicherheitskomponenten können entweder vom zentralen Security Management oder von einem lokalen Security Management gesteuert und verwaltet werden.

7.3.5 Abschottung von Organisationseinheiten untereinander

Die Organisationseinheiten können sich auch gegeneinander abschotten: durch Packet Filter mit Verschlüsselungsfunktion, durch Application Gateways oder ein High-Level-Security-Firewallsystem, je nach Schutzbedarf. Eine besondere Abschottung ist zum Beispiel für das Innenministerium, das Bundeskriminalamt und das Verteidigungsministerium notwendig, da der Schutzbedarf hier besonders hoch ist.

Wenn ein eigenes Application Gateway oder ein eigenes High-Level-Security-Firewallsystem eingesetzt wird, kann das Security Management in der Behörde selbst realisiert werden.

7.3.6 Skalierbare Sicherheit

Mit verfügbaren Sicherheitsmechanismen wie einem High-Level-Security-Firewallsystem, einem Packet Filter mit Verschlüsselungsfunktion, einem Application Gateway oder/und einer PC-Security-Komponente kann dem Schutzbedarf der einzelnen Anwendungen entsprechend ein Sicherheitsmaß realisiert werden, das skalierbar ist:

1. Informationen, die der ganzen Organisation zugänglich sein sollen, werden von Intranet-Servern angeboten, in die keine Sicherheitsmechanismen integriert sind.
2. Sicherheitsrelevante Daten werden durch das High-Level-Security-Firewallsystem, das Application Gateway oder separate Packet Filter mit Verschlüsselungsfunktion effektiv geschützt.
3. Hochsensible Bereiche in einzelnen Organisationseinheiten werden von einem zusätzlichen separaten Application Gateway oder High-Level-Security-Firewallsystem abgeschottet.
4. Die Organisationseinheiten werden ihrem Schutzbedarf entsprechend geschützt, einige durch Packet Filtern mit Verschlüsselungsfunktion, andere mit PC-Security-Komponenten, manche bleiben vielleicht ohne Sicherheitsmechanismen.

Das Security Management kann zentral oder dezentral (in den einzelnen Organisationseinheiten) durchgeführt werden, abhängig von den Verantwortungsbereichen und Erfordernissen in der jeweiligen Organisation.

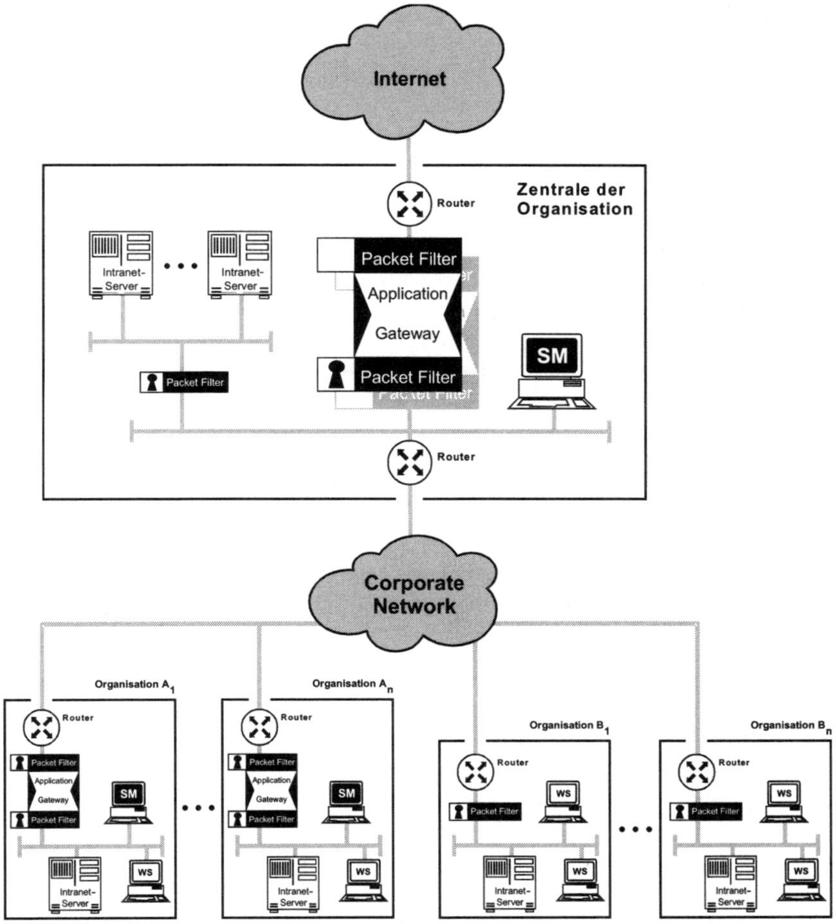

Abbildung 7.6: Skalierbare Sicherheit

7.3.7 Externe Anbindung und Heimarbeitsplätze

Remote Access

Die Notwendigkeit, Rechnersysteme entfernt an das Intranet der Organisation anzukoppeln, wird zunehmend größer. Außendienstmitarbeiter benötigen direkten Zugriff auf sensible Daten, wie zum Beispiel personenbezogene Daten im Intranet, damit Arbeitsvorgänge effektiv und ohne Medienbruch durchgeführt werden können.

Im Hinblick auf die Veränderungen und Anforderungen der modernen Informationsgesellschaft wird es immer notwendiger, Heimarbeitsplätze anzubieten, die entfernt an das Intranet gekoppelt sind. Für Heimarbeitsplätze ist die Ankopplung über ISDN attraktiv, das sich zunehmend ausbreitet und eine hohe Geschwindigkeit bietet. Notebooks können mit einem Modem über die Telefonleitung oder mit einem Mobiltelefon über das Mobilfunknetz (GSM-Netz) an das Intranet gekoppelt werden. Dabei ist zu beachten, daß in der Umgebung von Remote-Rechnern (z.B. Hotels) die Wahrscheinlichkeit eines Angriffs besonders hoch ist.

Im Sicherheitskonzept *Externe Anbindung* wird der geschützte Remote-Zugriff auf interne Intranet- Server über das High-Level-Security-Firewallsystem oder spezielle Internet-Server über Packet Filter mit Verschlüsselungsfunktion ermöglicht. Packet Filter mit Verschlüsselungsfunktion und PC-Security- Komponenten machen es möglich, verschlüsselt über öffentliche Netze (analoges Netz, GSM, ISDN und, überlagert, das Internet) zu kommunizieren, wobei die Rechte der Zugreifenden durch das zentrale Security Management individuell definiert werden können.

Ein zentraler Übergang über ein High-Level-Security-Firewallsystem, der besonders gesichert ist, garantiert die vertrauliche und kontrollierte Ankopplung externer Benutzer, zum Beispiel von Heimarbeitsplätzen, von mobilen Rechnersystemen von Außendienstmitarbeitern, von auseinanderlegenden Liegenschaften und von Lieferanten.

Die Kombinationsmöglichkeit von Packet Filter mit Verschlüsselungsfunktion und PC-Security-Komponenten bietet ein einfaches Konzept, mit dem das notwendige Maß an Sicherheit für die Kommunikation über unsichere Netze zur Verfügung gestellt wird: IP-Pakete werden in verschlüsselter Form über ISDN, das Fernsprechnetz oder das Mobilfunknetz gesendet und von Packet Filtern mit Verschlüsselungsfunktion an zentraler Stelle wieder entschlüsselt. Durch Verschlüsselung wird ein kryptografisches *Virtual Private Network* (VPN) im unsicheren Netz gebildet.

Falls der Remote-Zugriff über das High-Level-Security-Firewallsystem auf die Intranet Server zentral oder lokal bei den einzelnen Organisationseinheiten stattfindet, können alle hier vorhandenen Sicherheitsdienste genutzt werden. Neben der Verschlüsselung sind das z.B. Benutzerauthentisierung, Rechteverwaltung der Anwendungen sowie Beweissicherung der Handlungen.

7.4 Virengefahr

Die Virengefahr ist nicht zu unterschätzen und wird durch die Ankopplung an unsichere Netze wie das Internet besonders brisant. Aus diesem Grund müssen wirkungsvolle Sicherheitsmechanismen eingeführt werden, um Risiken beherrschen und die Verletzbarkeit verringern zu können.

Virenscanner

Zur Erkennung von Viren gibt es sogenannte Virenscanner, die zentral oder auf einzelnen Rechnersystemen nach bekannten Viren suchen. Falls sie in einer Datei einen Virus gefunden haben, zeigen sie dies als sicherheitsrelevantes Ereignis an.

Virenerkennung

Da es eine Vielzahl unterschiedlicher Viren gibt und jeden Tag neue hinzukommen, können Virenscanner nicht alle Viren erkennen. Das bedeutet, daß es auch bei Einsatz von Virenscannern keinen hundertprozentigen Schutz vor Viren geben kann. Bei der Übertragung von Dateien ist die Erkennungsrate von Viren noch weniger vorhersagbar.

Daten, die übertragen werden sollen, werden in der Regel mit Kompressionsverfahren reduziert (»gezipt«), damit eine geringere Menge an Bytes übertragen werden muß. Virenscanner suchen aber in einer Originaldatei nach Viren. Bei der Übertragung von komprimierten Dateien muß zuerst eine Dekompression durchgeführt werden, bevor nach Viren gesucht werden kann. Virenscanner können diese Anforderung nur erfüllen, wenn standardisierte Kompressionsverfahren (wie z.B. ZIP) verwendet werden. Falls keine Standard-Kompressionsverfahren verwendet werden, haben die Viren-Suchprogramme keine Chance, Viren zu finden. Die Erkennungsrate für bekannte Viren sinkt hier deutlich.

Kompression von Dateien

Bei der Übertragung von objektverschlüsselten Dateien in Mails oder beim Filetransfer hat der Virenscanner überhaupt keine Möglichkeit, Viren zu erkennen, da in der Regel nur der Empfänger in der Lage ist, die Dateien zu entschlüsseln. Da die Nutzung der Verschlüsselung von Dateien über unsichere Netze in Zukunft immer größer wird, wird hier die Erkennungsrate der Virenscanner immer kleiner.

Verschlüsselung der Dateien

Das bedeutet nicht, daß Virenscanner Viren in Dateien während der Übertragung nicht erkennen können. Aber es muß berücksichtigt werden, daß die Erkennungsrate unterschiedlich hoch sein wird.

7.4.1 Integration von Virenscannern am Common Point of Trust

Verschiedene Sicherheitsmaßnahmen können eingeführt werden, um die Ankopplung des zu schützenden Behördennetzes an ein unsicheres Netz virensicher zu gestalten. Im folgenden sollen einige Möglichkeiten diskutiert werden.

Der zentrale Mail-Server wird um einen Virenscanner erweitert. Dadurch können alle Mail-Dateien überprüft werden, die über den zentralen Mail-Server aus dem unsicheren Netz in das zu schützende Netz übertragen werden.

Virenscanner im zentralen Mail-Server

Vorteil: Da keine zusätzliche Hardware benötigt wird, ist diese Lösung kostengünstig. Mit entsprechender Konfiguration kann der Virenscanner zentral eingesetzt werden, so daß alle hereinkommenden Mails überprüft werden können.

Nachteil: Dienste wie HTTP und FTP werden nicht genutzt.

Ein zentraler Virenscanner wird im Intranet als Single-Homed-Lösung realisiert.

Zentraler Virenscanner im Intranet

Vorteil: Alle Dienste können genutzt werden, sofern der Virenscanner dafür gerüstet ist. Virenscanner dieser Art arbeiten im Transparentmodus, so daß die Benutzerfragen an das Firewallsystem weitergegeben werden und die Benutzer keine neuen Verhaltensweisen lernen müssen.

Nachteil: Durch die Integration als Single-Homed-Gateway sind die IP-Adressen der Rechnersysteme aus dem Intranet dem Firewallsystem nicht mehr bekannt. Das Firewallsystem sieht nur noch die IP-Adresse des Virenscanners.

Der Virenscanner arbeitet im *Store-and-forward-Betrieb*, d.h., er nimmt zunächst die ganze Datei auf, überprüft sie und sendet sie dann weiter. Diese Methode bedeutet ein anderes Zeitverhalten der Dateiübertragung für den Benutzer.

Virenscanner als Single-Homed Gateway

Implementierung des Virenscanners als Single-Homed-Gateway-Lösung im Inneren des Screened Subnet hat Vor- und Nachteile:

Vorteil: Der innere Packet Filter schützt auch den Virenscanner und kontrolliert die IP-Adressen der Rechnersysteme im Intranet.

Nachteil: Wie beim Virenscanner im Intranet.

Virenscanner im äußeren Screened Subnet

Man kann den Virenscanner auch im äußeren Screened Subnet installieren:

Vorteil: Das Application Gateway des Firewallsystems kann die IP-Adressen im Intranet überprüfen. Der Virenscanner wird durch den äußeren Packet Filter geschützt und tritt nach außen als Single-Homed-Lösung auf.

Nachteil: Das Application Gateway des Firewallsystems kann die IP-Adressen aus dem unsicheren Netz nicht mehr erkennen und berücksichtigen. Die Identifikation und Authentisierung muß daher auf die Benutzer reduziert werden.

Integration verschiedener Virenscanner

Es ist auch möglich, verschiedene Virenscanner an verschiedenen Plätzen zu installieren:

Zentraler Virenscanner im inneren Screened Subnet als Single-Homed-Lösung für die Dienste HTTP und FTP. Zusätzlich werden ein Virenscanner auf dem zentralen Mail-Server für alle Mails sowie mehrere Virenscanner auf den Rechnersystemen aller Benutzer implementiert. Weitere Sicherheitsmaßnahmen (s.u.) werden ebenfalls berücksichtigt.

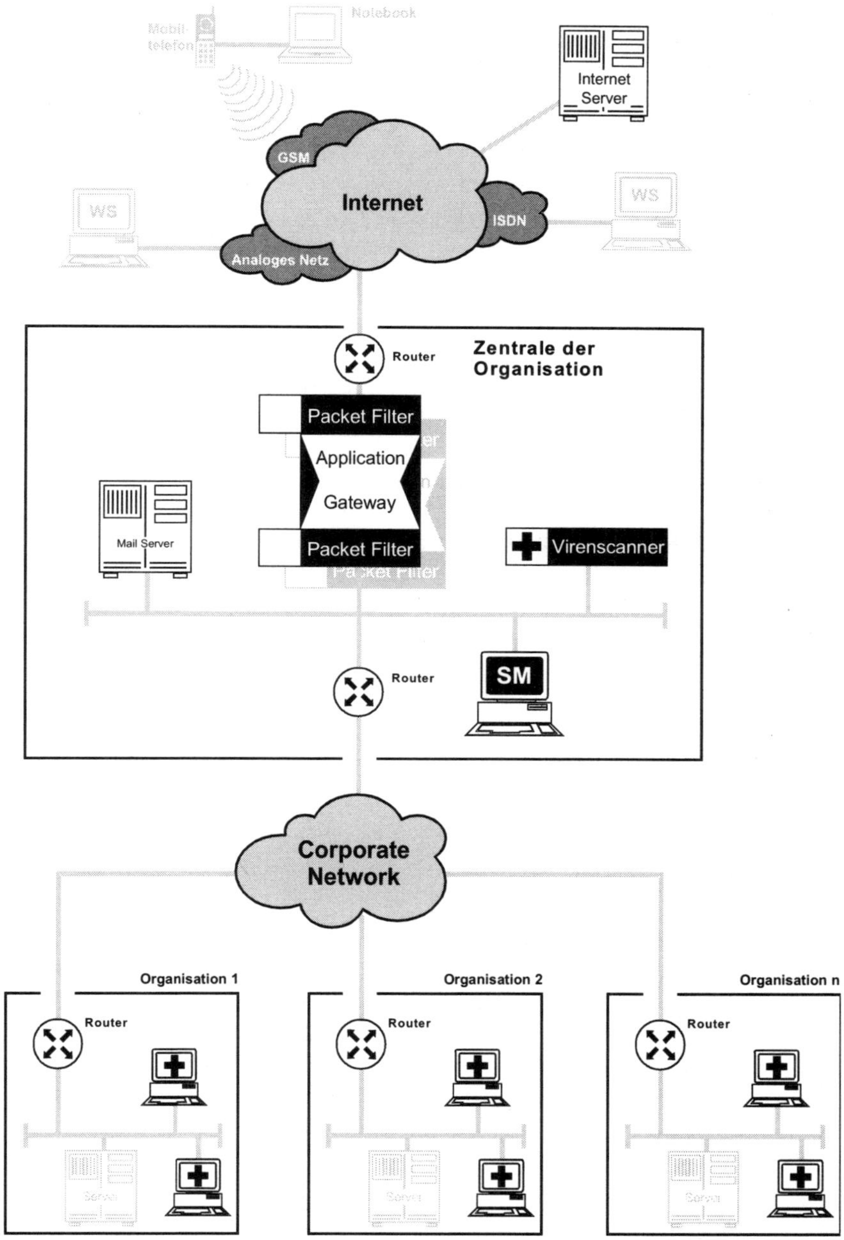

Abbildung 7.7: Integration von verschiedenen Virenscannern

Vorteil: Der zentrale Virenscanner ist nicht mehr für alle Aufgaben zuständig, seine Aufgaben werden auf verschiedene Stellen verteilt.

7.4.2 Weitere technische, personelle und organisatorische Sicherheitsmaßnahmen

Eine zentrale Sicherheitskomponente reicht nicht aus!

Risiken für die Rechnersysteme des zu schützenden Netzes, die bei der Ankopplung an unsichere Netze hinsichtlich der Virenproblematik auftreten, können nicht einzig und allein mit einem zentralen Virenscanner ausgeschlossen werden, auch nicht mit mehreren Virenscannern. Ein wirkungsvoller Schutz kann nur dann gegeben sein, wenn weitere technische, personelle und organisatorische Sicherheitsmaßnahmen ergriffen werden, mit denen die Risiken abschätzbar und damit beherrschbar gemacht werden können.

Input-Subdirectory mit lokalem Virenscanner

Technisch sollte den Mitarbeitern der Organisation, die z.B. über FTP oder andere Dienste aus dem unsicheren Netz Dateien in das zu schützende Netz übertragen, auf ihren Rechnersystemen im zu schützenden Netz ein Input-Subdirectory eingerichtet werden. In diesem Input-Subdirectory werden alle Dateien geladen, die in das zu schützende Netz importiert werden. Hier muß die Möglichkeit geschaffen werden, durch einen einfachen Mausklick auf dem Rechnersystem (lokal) einen Virenscanner anzustoßen, der die Input-Dateien auf Viren untersucht. Diese Virenüberprüfung sollte vom Virenscanner in ein Logbuch protokolliert werden, damit mit dem Logbuch des lokalen Virenscanners auf dem Rechnersystem und dem zentralen Virenscanner des Firewallsystems der richtige Umgang mit den Input-Dateien beweisbar dargestellt werden kann.

Personelle Sicherheitsmaßnahmen

Die Mitarbeiter müssen genaue Instruktionen erhalten, wie mit Input-Dateien umgegangen werden soll, und sich darüber hinaus verpflichten, das beschriebene Verfahren zur Virenerkennung einzuhalten. Die Mitarbeiter sind nur dann in der Lage, die Sicherheitspolitik einer Organisation zu unterstützen, wenn sie diese auch kennen und ihre Umsetzung mit den entsprechenden Hilfsmitteln bewerkstelligen können.

Organisatorische Sicherheitsmaßnahmen

Die Betreuung und Beratung von Benutzern, die Dateien aus unsicheren Netzen importieren, ist eine wichtige organisatorische Sicherheitsmaßnahme. Der Einsatz von Virenscannern erfordert eine Schulung der Benutzer. Neben der Schulung, die die Benutzer in die Lage versetzt, die Virenscanner sachgerecht zu nutzen, bedarf es einer Betreuung und Beratung der Benutzer für die im laufenden Betrieb auftretenden Probleme, insbesondere dann, wenn ein Virenscanner Viren gefunden hat.

8 Digitales Signatursystem bei der EU-Kommission

Mit den üblichen Unterschriften haben digitale Signaturen die eindeutige Authentisierung des Unterzeichners (Absenders) gemeinsam. Die Fähigkeiten digitaler Signaturen gehen jedoch über die der Unterschriften hinaus. Digital signierte Daten können nicht nur den Unterzeichner authentisieren, sondern zusätzlich die Unverfälschtheit der unterzeichneten Information und die Verbindlichkeit der Information sicherstellen. Dienste wie Electronic Commerce, Electronic Mail, Electronic Banking usw. werden künftig ohne digitale Signaturen nicht auskommen. Das hat der deutsche Gesetzgeber rechtzeitig erkannt und im Jahre 1997 mit dem Signaturgesetz die gesetzlichen Voraussetzungen für die Anerkennung der digitalen Signatur geschaffen.

Digitale Signaturen setzen eine sichere Umgebung voraus. In Deutschland werden die Anwendungs-Lösungen nach den ITSEC zertifiziert. Anwender digitaler Signaturen sollten zertifizierte Lösungen bevorzugen, weil sie dann sichergehen können, daß sie den hohen gesetzlichen Anforderungen entsprechen und vor Gericht anerkannt werden. In der EU werden gemeinsame Regelungen für die digitale Signatur vorbereitet. Es ist zu hoffen, daß es bald einen Weltstandard geben wird, der Voraussetzung für eine weltweite Nutzung ist.

Im August 1996 erteilte die Direktion DG 19 der Kommission der Europäischen Gemeinschaften (EU-Kommission) den Auftrag zur Lieferung eines digitalen Signatursystems und einer starken Authentisierung an Oracle-Anwendungen.

Was ist das Besondere an diesem Beispiel?

Das Electronic Mail System und bestimmte Funktionen in SAP R3 der europäischen Kommission sollten durch digitale Signaturen gesichert werden. Hierzu gehören eine starke Authentisierung für OracleAnwendungen, die Integration der digitalen Signatur in das Mailsystem und SAP R3 und eine Public-Key-Infrastructure (PKI), die Zertifikate und SmartCards ausgibt und eine Sperrliste führt.

8.1 Die Anwendung

Digitale Signatur und starke Authentisierung

Die erste Anwendung des Signatursystems war deren Integration in die Oberfläche der Electronic Mail-Anwendung »Route400« des britischen Herstellers NET-TEL. Route400 wird von den ca. 15.000 Mitarbeitern der EU-Kommission zur Bürokommunikation genutzt. In einer zweiten Stufe wurde die digitale Signatur basierend auf SmartCards in bestimmte Funktionen von SAP R3 integriert. Eine starke Authentisierung wurde für alle Oracle-Anwendungen hinzugefügt. Alle weiteren Sicherheitszusätze benutzen dieselben Mechanismen.

8.2 Das Sicherheitskonzept

Aus Kostengründen benutzt die Kommission öffentliche Wählleitungen, die, wie schon ausgeführt, grundsätzlich unsicher sind und Hackern unerlaubten Zugriff auf Daten ermöglichen. Deshalb war eine wesentliche Voraussetzung für die Anwendung von Electronic Mail eine ausreichende Sicherung gegen Manipulationen durch digitale Unterschriften. Eine verschlüsselte Kommunikation war im ersten Schritt nicht gefordert. Sie sollte aber jederzeit implementierbar sein.

Fälschungssichere Signaturen

Digitale Signaturen müssen fälschungssicher sein. Sie sollen in die jeweilige Anwendung integriert werden und keine zusätzlichen und vom Anwender abhängigen Bedienungsschritte verlangen. Es muß sichergestellt sein, daß der Anwender den Signaturvorgang weder umgehen noch vergessen kann.

Durch digitale Signaturen nach dem Public-Key-Verfahren *RSA* werden die Integrität und Authentizität der Mitteilungen sichergestellt. RSA-Schlüssel und Zertifikate, die zur digitalen Unterschrift benötigt werden, sollen in der SmartCard oder in gesicherten Dateien gespeichert werden. Bei Anwendung von SmartCards sollen die Signaturen in der SmartCard berechnet werden, so daß der RSA-Schlüssel nie die Karte verlassen muß. Die digitale Signatur soll sukzessive in alle Anwendungen integriert werden.

Die Sicherheitsarchitektur solle auch dazu verwendet werden, die Anmeldung an Anwendungen durch starke Authentisierung sicherer zu machen.

Generierung der Schlüssel, Verwaltung der Zertifikate und das SmartCard-Management sollen in einer Public-Key-Infrastructure (PKI) erfolgen.

8.3 Die Sicherheitslösung

Signaturen auf Basis von CryptWare

Die Lösung basiert auf dem bewährten Signaturverfahren. Als Softwarelösung werden das CryptWare-Toolkit, SmartCard-Leser *CardMan* und eine PKI eingesetzt, die an die Bedürfnisse des Auftraggebers angepaßt wurde. Die Sicherheitsfunktionen des CryptWare-Toolkits wurden in das Mailsystem und andere Anwendungen so integriert, daß sie im wesentlichen benutzertransparent ablaufen.

Starke Authentisierung

Dieselben Sicherheitsmodule werden auch eingesetzt, um eine starke Authentisierung in solche Anwendungssysteme hinzuzufügen, die aus Sicherheitsgründen den unbedingten Ausschluß von nicht autorisierten Benutzern erfordern.

Architektur des Sicherheitssystems

Die Architektur (siehe Abbildung 8.1) besteht aus zentralen und lokalen Funktionen, die die Zuverkässigkeit des Sicherheitssystems gewährleisten sollen. Die Public-Key-Infrastructure (PKI) sorgt für die sichere Ausstellung von SmartCards und Schlüsseln und kümmert sich um ungültige, verlorene oder beschädigte Karten. Die SmartCards werden von drei SmartCard-Ausgabestellen beschriftet und mit Fotos sowie den Benutzernamen versehen und vorpersonalisiert.

Die PKI besteht aus:

1. SmartCard-Ausgabestellen
2. der Zertifizierungsinstanz (Certification Authority CA)
3. den lokalen Registrierungsinstanzen (Registration Authority RA)

Hinzu kommt ein Authentisierungs-Server. Benutzer werden vor dem Zugriff auf Anwendungssysteme durch eine starke, auf SmardCards basierende Authentisierung zugelassen.

Abbildung 8.1: Architektur des Signatursystems

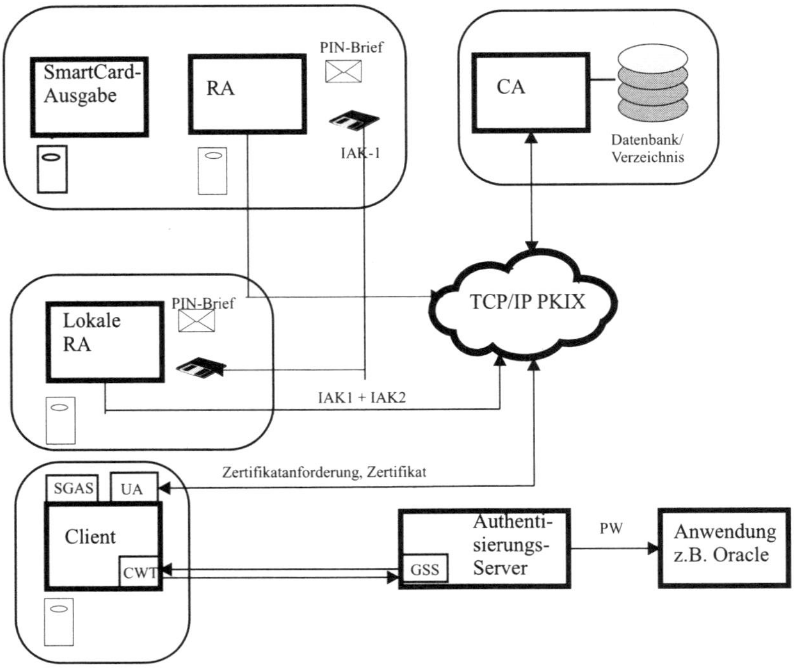

Der Prozeß der Zertifikatserzeugung (Public Key Infrastructure)

Die obige Abbildung 8.1 veranschaulicht den Prozeß der Zertifikaterzeugung bzw. die Architektur der PKI. Wegen der geographischen Verteilung der Mitarbeiter der Kommission sind Registrierung, SmartCard-Ausgabe und -personalisierung, Schlüsselerzeugung und Zertifikatausgabe und -verteilung auf zentrale und lokale Funktionen verteilt. Um die gewünschte Verbindlichkeit (Non Repudiation) zu erreichen, ist die Schlüsselerzeugung beim Benutzer angesiedelt. Der geheime Schlüssel ist und bleibt ausschließlich beim Benutzer. Der Prozeß läuft wie folgt ab:

Name, Foto und Unterschrift auf der Karte

1. Die SmartCard-Ausgabestellen verfügen über je einen Personal Computer mit Kamera, einen Drucker, einen Scanner und zwei SmartCard-Leser. Ein SmartCard-Leser ist in den SmartCard-Drucker implementiert, so daß Beschriftung der SmartCard und der erste Teil der Personalisierung in einem Durchgang erfolgen können. Über den zweiten SmartCard-Leser authentisieren sich die Bediener der SmartCard-Ausgabestellen. Die Mitarbeiter werden in den SmartCard-Ausgabestellen registriert und fotografiert.

Zentrale RA

2. In den SmartCard-Ausgabestellen befinden sich auch die Registrierungsstellen (RA). Die RAs ergänzen die Personalisierung der SmartCards, erstellen je Benutzer eine Diskette mit der Registrierungsdatei und drucken den PIN-Brief. Außerdem wird der erste Teil des Initial Authentication Code (IAK) erzeugt. Der IAK ist ein DES-basierter MAC (*Message Authentication Code*), d.h. eine kryptografische Quersumme (Hash) über die Re-

gistrierungsdaten des Teilnehmers. Der halbe IAK wird als PKIX Message an den CA-Server gesandt. RA und CA sind durch eine TCP/IP-Verbindung verbunden. Zur Übertragung von Public-Key-Informationen zwischen RA und CA, wie auch zwischen LRA und CA und Benutzer und CA werden PKIX-Messages verwendet, die heute üblicher Standard bei der sicheren Kommunikation zwischen zentralen und lokalen Teilen einer PKI sind.

3. Der Benutzer nimmt seine SmartCard, PIN-Brief und Diskette mit. Zurück in seinem Büro legt er seine SmartCard und Diskette der lokalen Registrierungsinstanz (LRA) auf Abteilungsebene vor. Der zweite Teil des IAK wird in den lokalen Registrierungsstellen erzeugt und ebenfalls an die zentrale CA gesendet. Die lokale Registrierungsstelle sendet zusätzlich den vollständigen MAC an die zentrale CA. Diese kann sich nun davon überzeugen, daß der Registrierprozeß vollständig und korrekt verlaufen ist, indem sie den MAC gegen die Registrierdaten und die beiden halben IAKs prüft.

Lokale RA

4. Der Benutzer erzeugt nun mit dem Anwendungsprogramm *user agent* (UA) das RSA-Schlüsselpaar selbst und speichert es in seiner SmartCard. Der öffentliche Schlüssel wird dem Antrag zur Ausstellung eines Zertifikats (PKIX-Message) beigefügt und zusammen mit einem neu ermittelten MAC an den zentralen Server übermittelt.

Schlüsselerzeugung

5. Die CA prüft den Antrag durch Verifizierung des MACs. Sie gibt das Zertifikat aus, wenn alles in Ordnung war und sendet es per PKIX-Message an den *user agent* des Benutzers. Damit sind Registrierung, Schlüsselerzeugung und Zertifikatausgabe abgeschlossen.

Zertifikatausstellung

Die zentrale Zertifizierungsinstanz (CA)

Zentrale CA

Die CA der Kommission ist zentralisiert und auf einem PC installiert. Ein CryptWare Board ist zur Sicherung des geheimen Schlüssels der CA auf dem CA-Server installiert. Außerdem ist der Server physikalisch gesichert. Die CA ist in den oben beschriebenen Prozeß eingebunden. Sie kontrolliert die Vorgänge und gibt am Ende das Zertifikat für die Benutzer aus. Die physikalische und kryptografische Personalisierung der SmartCards ist nicht Aufgabe der CA. Sie findet in der Ausgabestelle für SmartCards, der lokalen RA bzw. beim Teilnehmer selbst statt. Die CA überträgt Verzeichnis und Sperrliste nachts an die lokalen RAs.

Lokale Registrierungsinstanzen

Registrierung

Die lokalen RAs (LRA) sind auf Abteilungsebene angesiedelt. Hier erfolgt die Komplettierung der Registrierung und das SmartCard-Management. Der Benutzer überbringt der lokalen Registrierungsinstanz von der Ausgabestelle initialisierte SmartCards, eine Diskette mit den Registrierungsdaten und dem halben IAK, sowie den PIN-Brief. Die LRA erzeugt die zweite Hälfte des IAKs und einen zweiten PIN-Brief. Beide zusammen ergeben den MAC (Hash über die Registrierungsdaten) bzw. die komplette PIN.

SmartCard-Management

Die LRA ist für das SmartCard-Management zu ständig. Sie ersetzt beschädigte, gesperrte, verlorene oder gestohlene Karten und trägt sie in die Sperrliste ein. Sie erhält nachts von der zentralen CA das Verzeichnis und die Zertifikatsperrliste.

Schlüsselerzeugung

Benutzer erzeugt sein Schlüsselpaar selbst

Der Benutzer erzeugt mit dem User-Agent-Programm sein Schlüsselpaar selbst und erfüllt damit die Voraussetzung für Verbindlichkeit von Nachrichten (Non Repudiation – Sende- und Empfangsnachweis).

Starke Authentisierung von Benutzern

Authentisierung für Oracle

Die für die digitale Signatur verwendeten Sicherheitsmodule können in Verbindung mit SmartCards für eine starke Authentisierung genutzt werden. Um eine Authentisierung der Oracle-Benutzer zu erreichen, wurde ein Authentisierungsserver mit GSS-API aufgestellt, der von anderen Anwendungen ebenfalls genutzt werden kann. In die Oracle-Software wurde ein kleines Modul zur Prüfung des Sitzungs-Paßworts eingefügt. Ein Benutzer authentisiert sich gegenüber seiner SmartCard. Es wird dann ein GSS-Prozeß angestoßen, der schon in den vorangegangenen Beispielen ausführlich erläutert wurde. In diesem Prozeß wird das Sitzungspaßwort zur Anmeldung in Oracle-Anwendungen erzeugt.

8.4 Praxis der sicheren Anwendung

Die starke Authentisierung wurde für eine erste Anwendung eingeführt. Das Projekt zur Verifizierung von bestimmten Dokumenten in SAP R3 mittels digitaler Signatur wurde ebenfalls abgeschlossen. Das große Projekt der digitalen Signatur in der E-Mail-Anwendung ist in einer Pilotphase mit 20 Benutzern erprobt worden. Die Sicherheitsfunktionen des Mailsystems wurden als gut beurteilt und sollen nun schrittweise installiert werden.

9 Sicheres Electronic Banking in Belgien

Das 1995 von den drei größten belgischen Banken ins Leben gerufene Projekt ISABEL (*Interbank Standards Association Belgium*) soll einheitliche Standards für den elektronischen Zahlungsverkehr in Belgien schaffen und sichere, elektronische Serviceleistungen wie z. B. E-Mail anbieten. Für das Electronic-Banking-Verfahren der ISABEL wurde eine Sicherheitslösung entwickelt, die sich gegenüber herkömmlichen Verfahren durch besonders hohe Sicherheit und geringen Administrationsaufwand auszeichnet.

Was ist das Besondere an diesem Beispiel?

Im Projekt wurde Electronic Banking nach dem heute üblichen Sicherheitsstandard realisiert. Die digitale Signatur basiert auf dem Standardtool CryptWare, das in die Bankanwendungen integriert worden ist. Es besteht eine zentrale Zertifizierungsinstanz nach dem CCITT X.509-Standard. Die Kunden (Endanwender) erzeugen ihre Schlüsselpaare selbst und speichern Schlüssel und Zertifikate in SmartCards. Das System ist so ausgelegt, daß die digitalen Signaturen auch in weitere Anwendungen wie Electronic Mail und EDI (*Electronic Document Interchange*) implementiert werden können.

9.1 Die Anwendung

Modernes Verfahren soll alte ersetzen

Electronic Banking wurde in Belgien schon in den frühen achtziger Jahren eingeführt. Anfangs entwickelte jede Bank eine eigene Lösung. Auf technischem Gebiet gab es zwar Standards, doch in der Praxis waren diese Systeme nicht miteinander kompatibel. So waren bei einem System etwa Authentisierungscode-Tokens (siehe Benutzerauthentisierung nach dem Challenge-Response-Verfahren) notwendig, oder es mußte ein Paßwort aus einer Liste angegeben werden, um eine Transaktion zu authentisieren.

Alle Systeme hatten jedoch etwas gemeinsam: es gab keine elektronische Unterschrift, sondern nur einen Authentisierungscode, der vom Kunden erzeugt und von der Bank bestätigt wurde. Doch konnte auch die Bank eine gültige Transaktion mit dem Authentisierungscode eines Kunden ohne dessen Wissen durchführen. Natürlich ergriffen die Banken Maßnahmen, um den Kunden und sich selbst gegen diese Art von Mißbrauch zu schützen, doch ist es schwer, solche Systeme völlig sicher zu machen. Nur eine digitale Signatur konnte dieses Problem lösen, da sie, wie eine handschriftliche Unterschrift, Authentizität, Integrität und die äußerst wichtige Sende- und Empfangsnachweisfunktion (Verbindlichkeit) garantiert.

Die Sicherheit war aber nicht das einzige Problem. Viele Unternehmen arbeiten mit mehreren Banken zusammen und betrachteten die damalige Situation als nicht sehr benutzerfreundlich. Ein einheitliches Multibank-System war nötig, das die neuesten Techniken in bezug auf Sicherheit, Standards und graphische Benutzeroberflächen verwendete.

ISABEL

Anfang 1995 schlossen sich drei der größten belgischen Banken, Generale Bank, Bank Brussel Lambert und Kredietbank, zusammen, um eine einheitliche Multibank-Anwendung zu entwickeln.

Aus dieser Zusammenarbeit ging ISABEL hervor. Das Projekt wird anfänglich Bankdienste für Unternehmen anbieten und später sicheres E-Mail, elektronischen Datenaustausch, Internet-Zugang und vieles mehr. Für diese Aufgaben sind drei Unternehmen gegründet worden:

- ISANET ist verantwortlich für die Kommunikationsinfrastruktur.
- ISASERVER ist verantwortlich für den Mailbox-Server, den X400-Schalter und den X500-Verzeichnisserver, der Zertifizierungsinstanz: ISA-CA.
- ISASOFT ist verantwortlich für die Hard- und Software der Kunden-PCs.

Abbildung 9.1: Das ISABEL-Netzwerk

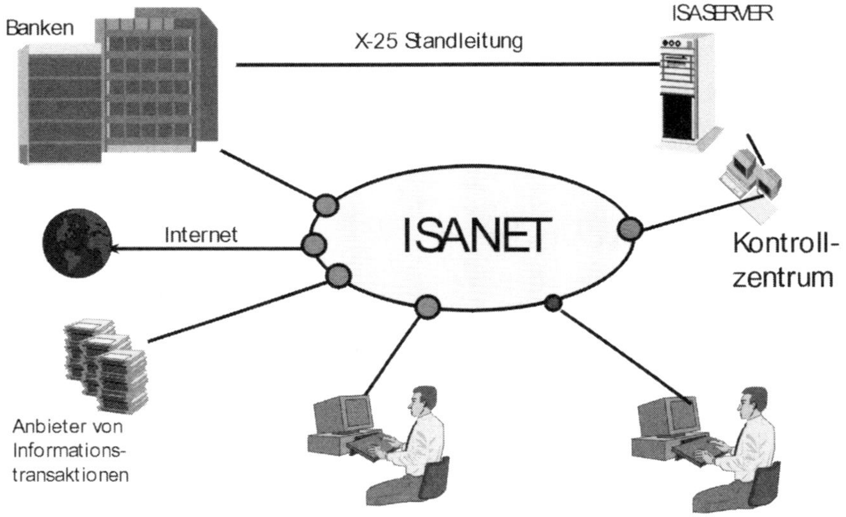

9.2 Das Sicherheitskonzept

TANs gelten nicht mehr als sicher

Da es beim Electronic Banking um Geld geht, sind Sicherheitsmängel auszuschließen. Die bestehenden Electronic-Banking-Lösungen versuchten das latente Sicherheitsproblem durch simple Verfahren wie beispielsweise beim deutschen BTX-basierten Verfahren durch TANs in den Griff zu bekommen. Eine TAN (Transaktions-Nummer) muß bei jedem elektronischen Vorgang aus einer vorgefertigten Liste hinzugefügt werden. Die TAN-Liste wird von der Bank zur Verfügung gestellt. Die TAN hat den Stellenwert eines Einmal-Paßworts zur eindeutigen Identifizierung des Benutzers. Da alle Daten, auch Paßworte (PINs) und TANs, unverschlüsselt übertragen werden, ist das Risiko groß. TANs haben den Authentisierungsvorgang verbessert. Aber das reicht nicht (mehr) aus.

Unbefugte Kenntnisnahme/ Manipulation

Gegen die anderen Risiken der elektronischen Kommunikation wie unbefugte Kenntnisnahme und Manipulation helfen TANs nicht. Die Bedrohung der unbefugten Kenntnisnahme (Vertraulichkeit) ist bei Zahlungsvorgängen kein so großes Problem, weil der Vorgang im allgemeinen kein Geheimnis enthält. Die Gefahr einer Manipulation besteht aber in hohem Maße, wenn man sich des öffentlichen Telefonnetzes oder des Internets bedient.

Inzwischen sind SmartCards und die digitale Signatur zu erschwinglichen Preisen verfügbar, so daß man eine höhere Sicherheit schaffen kann.

Sende- und Empfangsnachweis

Die wichtigsten Sicherheitsfunktionen des ISABEL-Projektes sind der Sende- und Empfangsnachweis (Verbindlichkeit), die Benutzerauthentisierung, Datenintegrität und Datenvertraulichkeit. Der Sende- und Empfangsnachweis garantiert, daß der Sender nicht leugnen kann, eine Nachricht geschickt zu haben, und der Empfänger den Erhalt einer Nachricht nicht abstreiten kann. Diese Funktionalität läßt sich durch die digitale Signatur auf der Basis von RSA realisieren.

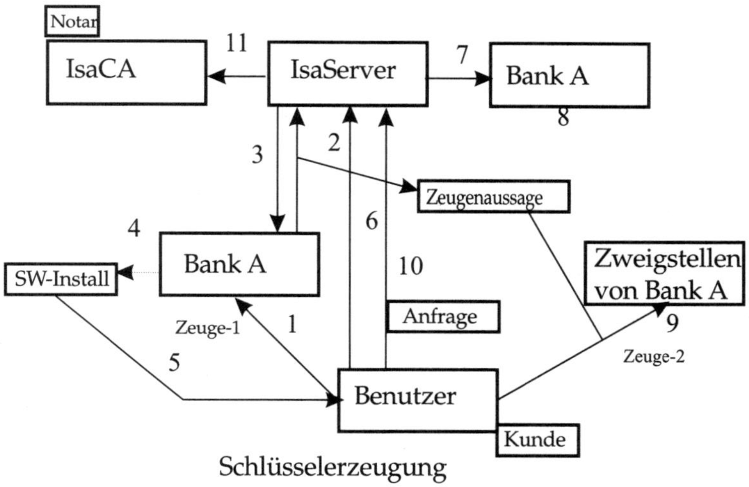

Abbildung 9.2: ISABEL-Zertifizierungsablauf

Der Ablauf der Zertifizierung im ISABEL-System ist gemäß Abbildung 9.2 wie folgt:

1. Im ersten Schritt wendet sich der potentielle Teilnehmer an seine Bank (1),
2. die seinen Wunsch, am Electronic Banking teilzunehmen, an ISASERVER weiterleitet (2).
3. ISASERVER prüft, ob der Kunde bereits bei einer anderen Bank registriert war und benachrichtigt die antragstellende Bank (3),
4. die bei einem neuen Kunden die Installation der Software (4) veranlaßt.

5. Die Installation wird durch einen beauftragten Dritten bei allen Kunden einheitlich durchgeführt (5). Der Kunde erzeugt nun sein Schlüsselpaar selbst. Das hat den Vorteil, daß er sicherstellen kann, daß die Vertraulichkeit seines geheimen Schlüssels gewährleistet ist.
6. Den öffentlichen Schlüssel teilt er ISASERVER (6) mit.
7. ISASERVER stellt das Zertifikat aus (7) und gibt es über die Bank (8) an den Kunden (9) weiter.
8. Der Kunde kann ein Zertifikat auf Gültigkeit bei der Zertifizierungsinstanz von ISASERVER prüfen lassen (10 und 11).

Die Benutzerauthentisierung ist mit dem Sende- und Empfangsnachweis (Verbindlichkeit) eng verbunden. Wenn der Sender nicht abstreiten kann, daß eine Nachricht von ihm stammt, ist sie für den Empfänger authentisch.

Die Datenintegrität wird dadurch erreicht, daß man eine Prüfsumme (Hash-Code) für die Nachricht erstellt und diese digital signiert. Der Hash-Code ist eine Art »Fingerabdruck« des Textes.

Die Datenvertraulichkeit wird dadurch erreicht, daß man den einen symmetrischen Sitzungsschlüssel, mit dem der Text verschlüsselt wurde, mit dem öffentlichen Schlüssel des Empfängers chiffriert. Dann kann nur der Empfänger die Nachricht lesen, indem er zunächst den Sitzungsschlüssel mit seinem geheimen Schlüssel entschlüsselt und anschließend die Nachricht dechiffriert.

Abbildung 9.3: Digitale Signatur

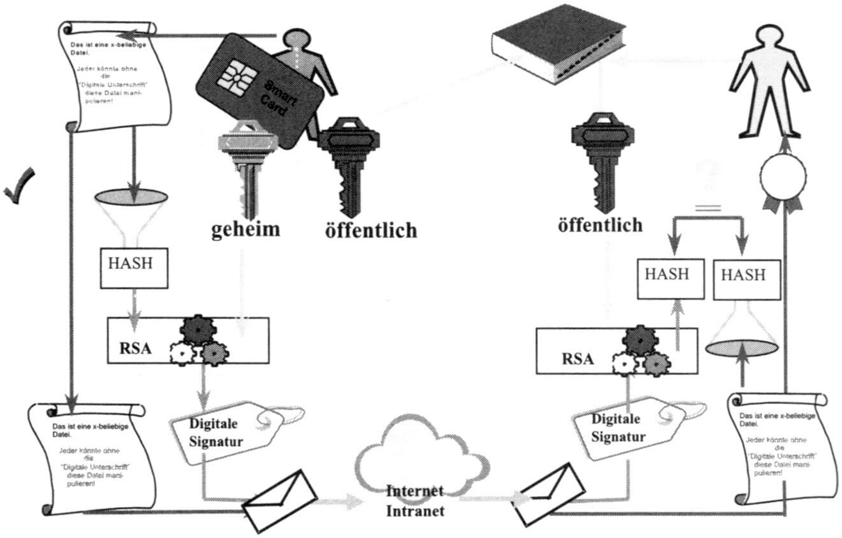

X.509

Schlüsselmanagement

Die Handhabung der Schlüssel (Schlüsselmanagement) ist ein äußerst wichtiger Punkt beim ISABEL-Projekt. Wie erfährt man zum Beispiel den öffentlichen Schlüssel einer anderen Person? In diesem Fall durch ein X.500-Verzeichnissystem, in dem alle öffentlichen Schlüssel der an das ISABEL-Netzwerk angeschlossenen Personen zu finden sind. Das Sicherheits-Headerformat entspricht den ANSI X.500- bzw. ANSI X.509-Standards, um den Banken eine solide, langfristige Lösung zu garantieren.

9.3 Die Sicherheitslösung

CryptWare-Toolkit

Die Sicherheit in den Bankanwendungen des ISABEL-Systems basiert auf *CryptWare* von Utimaco. CryptWare ist eine bewährte Softwarearchitektur, die die Funktionen Verschlüsselung und digitale Signatur zur Verfügung stellt. Kernstück der Architektur ist das *CryptWare-Toolkit*. Es bietet dem Anwendungsentwickler über verschiedene APIs (GSS, CMT, PRI etc.) einfach zu handhabende Sicherheitsfunktionen und unterstützt verschiedene Protokolle (PEM, MSP, Mailtrust etc.). Das CryptWare-Toolkit ermöglicht dem Entwickler die Verwendung unterschiedlicher Hardware- und Softwaremodule für die Verschlüsselung und die Schlüsselspeicherung (Software Engine, CryptWare Server, SmartCard etc.). Da es sich hier um eine Multiplattform-Architektur handelt, gehört zu ihren grundlegenden Eigenschaften die Wiederverwendbarkeit von Standardmodulen und die Integrationsfähigkeit hinsicht-lich diverser Fremdprodukte. Die nachfolgende Abbildung 9.4 zeigt die Architektur von CryptWare. Dort sind die Verschlüsselungsmechanismen *Software* (SW), *CryptWare Board* (CWB), *SmartCard* (SC) und *CryptWare Server* (CWS) dargestellt. Die Algorithmen RSA, DES und IDEA sind verfügbar, weitere können hinzugefügt werden. Links im Bild sehen Sie die Protokolle *CryptWare-Toolkit* (CMT), *S/MIME* sowie *PKCS#7*. Auch der deutsche Mailtrust Standard ist verfügbar. Oben sind die APIs CryptWare-Toolkit (CMT), PRI und GSS dargestellt und rechts das Interface zur PKI mit dem Verzeichnisdienst (Directory) und dem Schlüsselmanagement.

Auf Kundenseite werden die Sicherheitsfunktionalitäten mit dem Mail Toolkit in Kombination mit dem SmartCard-Leser CardMan und der Siemens SLE44CR80S-Chipkarte implementiert. Der Vorteil der SmartCard ist die einfache Handhabbarkeit und ihre große physikalische Sicherheit (Fälschungssicherheit). Die gewählte Karte enthält die RSA-Chiffrierfunktion, was für das Projekt als unerläßlich angesehen wurde. Als Alternative zur SmartCard wird die SmartDisk angeboten. Sie sieht wie eine Diskette aus, enthält aber den gleichen Chip wie die Siemens SmartCard.

Auch die Banken setzen das CryptWare-Toolkit ein, so daß auf der Hostseite die gleichen Procedure Calls unterstützt werden. Hier wird als Hardware der CryptWare Server verwendet. Der CryptWare Server ist ein schneller PC mit einer Verschlüsselungskarte, die Verschlüsselungsfunktionen mit sehr hoher Performance ausführt und die Schlüssel sicher speichert. Der CryptWare Server ist mit dem Host verbunden.

Abbildung 9.4: CryptWare-Architektur

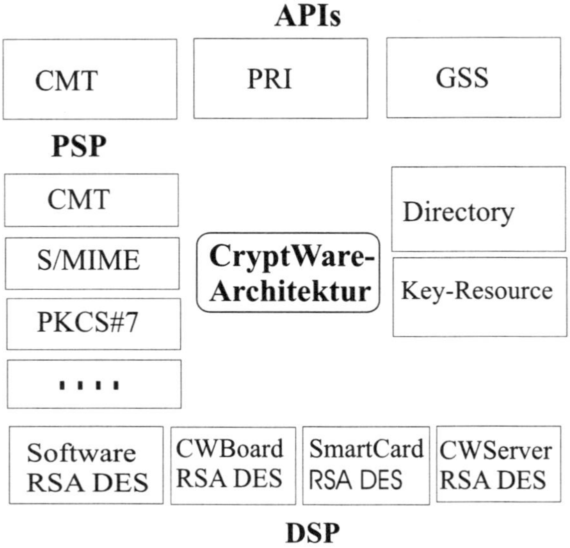

ISABEL – Schlüsselmanagement

Schlüsselmanagement ist wichtig

Bei der Implementierung kryptografischer Sicherheitslösungen spielt das Schlüsselmanagement eine entscheidende Rolle. Es muß Lösungen für folgende Probleme bereitstellen:

- Wo werden der geheime und der öffentliche Schlüssel erzeugt?
- Wo werden sie aufbewahrt?
- Wo wird der öffentliche Schlüssel aufbewahrt, damit er für jedermann zugänglich ist?
- Wer garantiert (zertifiziert), daß ein bestimmter öffentlicher Schlüssel einer bestimmten Person gehört?

Die letzte Frage ist sehr wichtig, denn der öffentliche Schlüssel verifiziert die digitale Signatur. Die Zertifizierung der Schlüssel muß von einer Zertifizierungsinstanz (CA) durchgeführt werden. In diesem Fall ist die Zertifizierungsinstanz ISASERVER. Dort werden Zertifikate für öffentliche Schlüssel ausgestellt, die die Zugehörigkeit des jeweiligen öffentlichen Schlüssels zur genannten Person bestätigt. Der Aufbau der Zertifikate ist nach ISO X.509 standardisiert. Der Kunde erzeugt bei der Installation der Electronic-Banking-Anwendung unter Mithilfe des mit der Installation des Systems beauftragten Dienstleistungsunternehmens sein Schlüsselpaar selbst. Den öffentlichen Schlüssel muß er persönlich zur Bankfiliale bringen. Der von ihm erzeugte geheime Schlüssel ist sicher auf der SmartCard gespeichert und verläßt die Karte nie mehr. Die Verbindung zwischen der Identität des Kunden und seinem öffentlichen Schlüssel wird in der Praxis von den Mitarbeitern der lokalen Bankfiliale hergestellt.

Um öffentliche Schlüssel abzurufen und damit Unterschriften zu verifizieren, wird das Mail Toolkit mit der X.500-Datenbank von ISASERVER, in der die öffentlichen Schlüssel gespeichert sind, verbunden.

9.4 Die Praxis der sicheren Anwendung

30.000 Anwender

Anwendungen wie das Telebanking sind ohne Sicherheit einfach nicht denkbar. Das ISABEL-Projekt verwendet neueste Technologien, wie die RSA-SmartCard, preiswerte SmartCard-Leser und eine moderne, auf alle Einzel- oder Multibankingsysteme übertragbare Sicherheitsarchitektur.

Die Lösung wurde von den belgischen Bankkunden gut aufgenommen. Im Herbst 1998 waren bereits 30.000 Installationen durchgeführt.

10 Windows NT – Sicherheit bei der Dresdner Bank

Lokale PC-Sicherheit

PC-Sicherheit bleibt ein wichtiges Thema. Keines der heute verfügbaren PC-Betriebssysteme bietet ausreichende Sicherheit. Was sind die Bedrohungen? Es geht bei der PC-Sicherheit um die Wahrung der Vertraulichkeit, die u.a. auch vom Bundesdatenschutzgesetz (BDSG) gefordert wird, wenn personenbezogene Daten gespeichert oder verarbeitet werden. Da heute PCs im allgemeinen nur von einem Benutzer genutzt werden, ist eine sichere Identifizierung und Authentisierung unverzichtbar, um einen Zugriff Dritter auszuschließen. Hinzu kommen von Fall zu Fall Mechanismen, die den Import von Software und den Export von Daten regeln. Der Softwareimport soll in erster Linie dem Schutz gegen Computerviren und anderer unerwünschter Software dienen. Der Datenexport soll dem Datendiebstahl vorbeugen. In Teil I wurden die PC-Richtlinien des Bundesamtes für Sicherheit in der Informationstechnik (BSI) aufgelistet. Sie sollten überall als Mindestforderung gelten.

PC-Betriebssysteme sind unsicher

Das MS-DOS Betriebssystem wird zunehmend durch modernere Systeme wie Windows 95/98 oder NT ersetzt. MS-DOS war für PCs mit kleinem Hauptspeicher und zwei Diskettenlaufwerke entwickelt worden. Es bot keinerlei Sicherheit. Wer seine Daten schützen wollte, mußte ein Zusatzsystem wie z.B. SafeGuard Professional installieren. Das änderte sich auch durch Windows 3.x nicht, denn Windows 3.x bot nur leicht zu überwindende Schutzmechanismen. Das Betriebssystem OS/2 von IBM war zwar gegenüber DOS und Windows 3.x in vieler Hinsicht fortschrittlich, aber nicht in bezug auf Datensicherheit. Microsoft stellte das Betriebssystem Windows 95 bzw. 98 und Windows NT gegen OS/2. Windows 95/98 enthält zwar Ansätze zur Datensicherheit, aber auch nicht mehr.

Hackertools machen NT unsicher

Beim professionellen Betriebssystem Windows NT ist die Datensicherheit wesentlich besser gelöst. Es gibt eine Benutzeranmeldung mit Benutzerkennung und Paßwort für den Administrator und die Benutzer. Nur zugelassenen Benutzer wird der Zugang zum PC ermöglicht. Das NTFS-Dateiverwaltungssystem enthält die Mechanismen Rechteverwaltung und -prüfung, um Zugriffsberechtigungen auf Dateien einstellbar zu machen. Windows NT wurde in den USA nach dem Orange Book C2 und in Großbritannien nach ITSEC F-C2/E3 zertifiziert. Aber schon zum Evaluierungszeitpunkt war das Dateisystem geknackt. Aus dem Internet kann man das Programm NTFS-DOS.EXE[1] herunterladen, das, von einer bootfähigen Diskette über das Diskettenlaufwerk geladen, Zugriffe auf Dateien unter Umgehung der installierten Rechteprüfung erlaubt. Damit war die Sicherheit von Windows NT nichts mehr wert. Ein weiteres Programm aus dem Internet, L0phtcrack[2], liefert aus der Windows NT Registry alle Paßworte und erlaubt damit einen

1 http://www.sysinternals.com
2 http://www.10pht.com/advisories.html

ungehinderten Zugang zum PC. Das ist noch nicht alles: Mit dem Programm PWDUMP kommt man ebenfalls an Paßworte heran.

Auch LANs sind nicht sicher

Da aber PCs heute immer seltener »stand alone« genutzt werden, muß man die gesamte Umgebung einschließlich des lokalen Netzwerks (Local Area Network) betrachten. Programme und Daten werden zur gemeinsamen Nutzung durch Benutzergruppen auf einem Server zur Verfügung gestellt. Auf dem PC verbleiben die Programme und Daten, die unabhängig oder im Fall der Nichtverfügbarkeit des Netzes genutzt werden sollen. Der Server wird durch ein Netzwerkbetriebssystem betrieben. Bekannt und vielfach genutzt sind Netware von Novell und die Serverversion von Windows NT. Sie alle fordern eine Anmeldung der Benutzer durch Benutzerkennung und Paßwort und steuern durch eine Rechteprüfung den Zugriff auf die Daten. Wenn der Server durch Unterbringung in einem verschlossenen Raum gesichert wird, kann man LANs sicher betreiben. Leider gibt es auch bei LANs »Unsicherheiten«, die in den meisten Fällen zusätzliche Sicherheitsmaßnahmen erforderlich machen. Administratoren und Wartungstechniker müssen zur Erfüllung ihrer Funktionen sehr weitgehende Zugriffsrechte haben; das bedeutet, daß sie auch Zugriffsrechte auf Dateien haben, die vertraulich sind. Nun ist bei weitem nicht jeder Administrator oder Wartungstechniker ein Datendieb, aber es bleibt ein Risiko. Nach dem Grundsatz, daß jedes kleine Risiko inakzeptabel ist, wenn es um die Sicherheit von vertraulichen Daten geht, müssen Gegenmaßnahmen ergriffen werden. Das folgende Beispiel schildert den Einsatz von PC-Sicherheitslösungen in der Praxis.

10.1 Sichere PCs und Notebooks unter Windows NT 4.0

Schon zertifizierte Sicherheit unter DOS

Die Dresdner Bank hatte ihre unter MS-DOS/Windows 3.x betriebenen PCs durchgängig mit den Zusatzsystemen SafeGuard Professional für DOS und Crypton für DOS geschützt. Der Zugang zu den PCs war erst nach Anmeldung in einem nicht zu umgehenden Login möglich. Der PC konnte zwar nach wie vor mit einer DOS-Betriebssystemdiskette gestartet werden; ein Zugriff auf die Festplatte war aber nicht möglich, weil die Daten auf Festplatte und auf allen Disketten durch Crypton verschlüsselt waren. SafeGuard Professional bot auch einen guten Schutz gegen den unerlaubten Import von Software und den unkontrollierten Datenexport sowie eine Protokollierung, mit deren Hilfe Hackerangriffe festgestellt werden konnten.

NT sicher machen

Als man sich bei der Bank entschloß, zum Betriebssystem Windows NT zu wechseln, glaubte man zunächst, auf zusätzliche Sicherheitsmaßnahmen verzichten zu können. Das NTFS-Dateisystem wurde als ausreichend sicher angesehen. Das änderte sich, als das Crack-Programm NTFSDOS.EXE auftauchte und die Sicherheit des NTFS-Dateisystems in Frage stellte. Es wurden Überlegungen angestellt, wie man das bisherige hohe Schutzniveau erhalten konnte.

Was ist das Besondere an diesem Beispiel?

Die Bank wollte die Anforderungen der Revision und des Datenschutzbeauftragten an die Nutzung von PCs durch einen Zusatz zum Betriebssystem Windows NT erfüllen. Alle Daten werden auf Festplatten bzw. Disketten verschlüsselt gespeichert, um eine Umgehung der Windows NT-Schutzmechanismen zu verhindern. Das Schutzsystem wird mit dem bankeigenen Setup-Programm automatisch installiert.

10.2 Das Sicherheitskonzept

Datenverlustrisiko

Die Revision der Bank hatte mit Unterstützung des Datenschutzbeauftragten für die Notebooks einen Schutz gegen unberechtigte Zugriffe gefordert. Das Datenverlustrisiko beim Diebstahl eines Notebooks sollte minimiert werden.

Die alte Forderung, bei Notebooks die Festplatte und alle Disketten zu verschlüsseln, wurde wieder erhoben. Es wurden alle im Markt verfügbaren Zusatzprogramme bzw. Zusatzhardware, die den Anforderungen entsprachen, getestet.

Anforderungen der Bank

Es bestanden folgende Anforderungen an das Schutzsystem:

1. Das Schutzsystem sollte eine Umgehung des in Windows NT integrierten Schutzes verhindern. Bei einem Start des PCs mit einer Boot-Diskette sollte kein Zugriff auf die Festplatte möglich sein. Außerdem sollte der Import und Export von Daten über Diskette verschlüsselt erfolgen, um Mißbrauch auszuschließen.
2. Das Schutzsystem sollte leicht zu verwalten und einfach zu handhaben sein, einmal einstellen und beliebig oft installieren. Es sollte für den Benutzer völlig transparent sein.
3. Es sollte eine einheitliche Installation mit dem bankeigenen Setup-Programm automatisch durchgeführt werden können.
4. Eine Auswahl unter verschiedenen Verschlüsselungsalgorithmen sollte möglich sein. Die Bank wollte den für den Einsatzzweck optimalen Algorithmus aus der Liste selbst auswählen können.
5. Die vorhandenen mit Crypton verschlüsselten Disketten sollten vom neuen System gelesen werden können, was speziell in der Übergangszeit von Bedeutung ist.

Die Entscheidung fiel schließlich für SafeGuard Easy für NT, unter anderem auch, weil sich die Zusammenarbeit mit dem Lieferanten bereits bewährt hatte.

Verbund- und Integrationstest

Die Bank war von Anfang an in die Entwicklung des Schutzsystems involviert und der erste Beta-Tester. Für den Betriebssystemwechsel auf Windows NT hatte die Bank eine völlig neue Qualität der Softwareauswahl, der Installation und des Supports entwickelt. Die in Frage kommende Software wurde von der verantwortlichen Fachabteilung IT-Arbeitsplatzsysteme auf der Standardhardware und -software der Bank getestet. Der Verbund- und Integrationstest einschließlich Pilottest für SafeGuard Easy erstreckte sich über sechs Monate. Der Verbund- und Integrationstest wurde auf Standardarbeitsplätzen im IT-Umfeld auf ca. 30 PCs durchgeführt. Dabei wurde die Verträglichkeit von Hard- und Software unter Standardbedingungen der Bank getestet. Die erste Version 1.00 der Software wurde von Mai bis Juli 1997 noch per Diskette auf 300 PCs installiert und getestet. Anschließend wurde mit einer bundesweiten Breitenpilotierung auf 1200 PCs die Praxiserprobung durchgeführt.

In der Testphase kam es zu Kompatibilitätsproblemen mit verschiedenen GINA.DLLs, ausgelöst durch die SGGINA.DLL von SafeGuard Easy. Die SGGINA.DLL ist die einheitliche Schnittstelle für die Kommunikation und Anmeldung aller NT-Produkte von Utimaco. Sie kontrolliert unter anderem beim Shutdown, daß sie als Sicherheits-GINA in der GINA-Reihenfolge (Kaskade) noch an erster Stelle steht, da nur in diesem Fall die Sicherheit (zum Beispiel zum Schutz gegen Trojanische Pferde) gewährleistet ist. Wäre dies nicht mehr der Fall, würde sie sich selbst wieder an erster Stelle als Schlüssel-GINA.DLL eintragen. Dieser Mechanismus verhindert, daß andere GINA.DLLs installiert werden und die Sicherheit von SafeGuard Easy unterlaufen. Wird eine zweite GINA.DLL z.B. für Virenscanner installiert, die automatisch oder manuell gleiche oder ähnliche Funktionalität besitzt, kann es zu Inkompatibilitäten kommen. Windows NT lädt dann für die manuelle Korrektur der Kaskade nur die MSGINA.DLL, um die Anmeldung des Administrators am System zu gewährleisten. Die Bank hat die automatische Kontrolle der Kaskadierung über einen Registry-Eintrag schaltbar gemacht.

Problem: Softwareverteilung

Die guten Erfahrungen mit der Softwareverteilung vom Großrechner auf angeschlossene intelligente Terminals sollten für den PC-Einsatz genutzt werden. Die Bank entwickelte selbst ein besonderes Verfahren zur Softwareverteilung, das einen *unattended Setup* ermöglicht. Dieses Setupprogramm installiert nach zentraler (Vor-) Konfiguration auf den im Netzwerk angeschlossenen PC Software ohne irgendeine lokale Beteiligung. Während einer Verteilungsaktion können beliebig viele Programme oder Updates nacheinander installiert werden. SafeGuard Easy wurde an die Bedingungen des *unattended Setups* angepaßt. Es können somit alle gängigen Softwareverteilungsprogramme wie Microsoft SMS, TransView SAX vom Siemens oder Netinstall genutzt werden.

Das Installationsprogramm der Bank besitzt eine Scriptsprache. Man kann für jedes zu installierende Programm ein Installationsscript schreiben oder, bei Eignung, das Installationsprogramm der jeweiligen Software nutzen.

10.3 Die Sicherheitslösung

SafeGuard Easy

SafeGuard Easy für NT verhindert eine Umgehung der Windows NT-Sicherheit mittels im Markt erhältlicher Cracktools. SafeGuard Easy enthält eine Technologie, die schon vor 10 Jahren unter MS-DOS entwickelt, auf Hunderttausenden PCs erprobt und ständig verbessert wurde. Das Produkt ist unter verschiedenen Betriebssystemen wie MSDOS, OS/2, Windows 95/98 und NT verfügbar, wobei anzumerken ist, daß jede Betriebssystemversion eine vollständig eigenständige und auf die speziellen Eigenarten des Betriebssystems abgestimmte Entwicklung ist. SafeGuard Easy ist für alle PC-Betriebssysteme in der Evaluationshöhe *EAL-3* nach den Common Criteria zertifiziert.

10.3.1 Wie schützt SafeGuard Easy?

SafeGuard Easy ist ein Zugangskontrollprodukt. Es verhindert den unberechtigten Zugang zum PC, indem es Verschlüsselungstechnologie anwendet.

Online-Verschlüsselung

Clusterweise Verschlüsselung

Kernfunktion ist die Online-Verschlüsselung der Daten auf der Festplatte oder auf Disketten. Online-Verschlüsselung heißt, daß alle Daten nach der einmaligen Erstchiffrierung verschlüsselt gespeichert sind. Bei jedem Lese- oder Schreibvorgang werden sie clusterweise im Hauptspeicher des PCs automatisch und für den Benutzer völlig transparent ver- bzw. entschlüsselt. Ein unberechtigter Benutzer könnte den geschützten PC zwar mit einer Boot-Diskette starten, aber dann mit den verschlüsselten Daten auf der Festplatte nichts anfangen.

Müssen alle Daten verschlüsselt werden?

Partitionsweise Verschlüsselung

Man kann die Daten der gesamten Festplatte chiffrieren. Als Alternative ist auch eine selektive Verschlüsselung einzelner Partitionen möglich. Dabei spielt es keine Rolle, ob die Partitionen nach dem FAT- oder dem NTFS-Dateisystem formatiert sind. Man könnte sogar unterschiedlich sichere Verschlüsselungsalgorithmen für die Partitionen des PCs verwenden. Wenn man Programme und Daten in verschiedenen Partitionen speichert, sollte man nur die Datenpartition verschlüsseln. Da Verschlüsselung mit dem Prozessor des PCs erfolgt und deshalb immer etwas Performance kostet, ist eine unverschlüsselte Speicherung von Programmen risikolos, spart aber Ladezeit.

Diskettenverschlüsselung

Die Diskettenverschlüsselung kann bei der Konfiguration ein- oder ausgeschaltet werden. Die Schaltfunktion kann aber auch vom Benutzer kontrolliert werden, falls das gewünscht ist. Die Diskettenverschlüsselung hat den Vorteil, daß die gesamte Datenkommunikation über Diskette mit der Außenwelt verschlüsselt abläuft. Mitarbeiter, die zu Hause an einem Kalkulationsblatt oder einem Text weiterarbeiten wollen, kopieren die Datei(en) verschlüsselt auf Diskette. Falls die Diskette verlorengeht oder gestohlen wird, kann der Dieb mit den Daten nichts anfangen. Zu Hause kann der Mitarbeiter, vorausgesetzt, er hat ebenfalls SafeGuard Easy auf seinem PC installiert, die Diskette lesen und die Daten bearbeiten. Danach kopiert er die Daten wieder verschlüsselt auf Diskette und nimmt sie mit ins Büro.

Bootviren

Die Diskettenverschlüsselung hat noch einen weiteren Vorteil: Unverschlüsselte Software kann nicht von einer Diskette installiert werden. Unkontrollierter Softwareimport kann auf diese Weise verhindert werden. Damit bekommt man auch das Virenproblem unter Kontrolle, zumal der Master-Boot-Record (MBR) von SafeGuard Easy gegen Bootviren geschützt wird. Natürlich kann man die Diskettenverschlüsselung auch beim kontrollierten Programmimport ausschalten oder die Software vor der Installation verschlüsseln.

Fünf verschiedene Algorithmen zur Wahl

Damit die Online-Verschlüsselung sicher und gleichzeitig schnell ist, stehen fünf verschiedene symmetrische Verschlüsselungsalgorithmen zur Verfügung, die der jeweiligen Situation entsprechend angewendet werden können.

XOR

1. XOR: Der Algorithmus ist sehr schnell, aber nicht besonders sicher. Er sollte nur auf langsamen PCs und nicht zum Schutz vertraulicher Daten eingesetzt werden. XOR wird nur noch aus Gründen der Kompatibilität mit älteren Systemen angeboten.

Stealth-40

2. Stealth-40: Dieses Verfahren wendet eine Rotortechnik an, wie sie vergleichbar in den Verschlüsselungsmaschinen des letzten Weltkriegs verwendet wurden. Stealth ist sehr schnell, kann aber von Experten geknackt werden. Bei unbedeutender Bedrohungslage kann man diesen Algorithmus auf Desktop-PCs einsetzen. Auf Notebooks sollte man DES oder IDEA anwenden.

Blowfish-16

3. Blowfish-16: Verschlüsselungsalgorithmus von Bruce Schneier, der veröffentlicht wurde, um ihn Hackversuchen auszusetzen. Er ist schneller als DES, verwendet ebenfalls einen 56-Bitschlüssel und durchläuft 16 Runden, wie DES. Es ist nicht bekannt, daß er bisher gebrochen wurde.

DES

4. DES: Siehe Teil 1. DES gilt immer noch als sicher, aber es mehren sich die Zweifel.

IDEA

5. IDEA: Siehe Teil 1. IDEA ist relativ schnell und sehr sicher.

Performance ist wichtig

Tabelle 10.1 zeigt die Leistungsunterschiede auf einem PC mit 100 MHz und 40 Mb Hauptspeicher. Sie zeigt, daß auch starke Verschlüsselung bei der praktischen Arbeit nicht nennenswert behindert. Beim Laden von Programmen und Daten sind die Unterschiede zwischen »unverschlüsselt« und starker Verschlüsselung mit IDEA vom Benutzer kaum wahrzunehmen. Lediglich beim Kopieren von Daten ergeben sich große Unterschiede, weil die Daten beim Lesen entschlüsselt und beim Schreiben wieder verschlüsselt werden. Auf schnelleren PCs (200 MHz und mehr) fallen die Unterschiede noch geringer aus. In der Tabelle 10.1 erfolgen alle Angaben in Sekunden:

Algorithmen	Unverschlüsselt	XOR	Stealth-40	Blowfish-16	DES	IDEA
Boot des PCs	51	60	61	66	87	69
Start von Excel	4,5	4,5	4,5	5,0	11,0	7,0
Start von Winword	6,0	6,0	6,0	7,0	11,0	8,0
Excel-Datei laden	4,0	4,0	4,0	4,5	7,0	4,5
Textdatei laden	7,5	7,5	7,5	8,0	10,0	9,0
Copy 10 Mb	12,5	40,0	41,0	42,0	63,0	44,0

Tabelle 10.1: Performance-Vergleich der verschiedenen Algorithmen auf einem PC mit 100 MHz, 40 Mb RAM

Da auf den heute üblichen schnellen PCs auch DES und IDEA keine allzu großen Leistungseinbußen aufweisen, kann man auf alle übrigen Algorithmen verzichten. Wenn nicht alle PCs gleichermaßen schnell sind, leistet der Blowfish-Algorithmus brauchbare Sicherheit bei hoher Durchsatzleistung.

Zwei Benutzer

SafeGuard Easy kennt zwei Benutzer: den Administrator und einen Benutzer. Beide haben dieselben Rechte hinsichtlich der Anwendungen auf dem PC. Der Administrator hat darüber hinaus das Recht, die SafeGuard-Easy-Einstellungen zu ändern. Der Benutzer kann mit Erlaubnis des Administrators die Diskettenverschlüsselung ein- und ausschalten.
Die berechtigten Benutzer melden sich in der Benutzeranmeldung von NT wie gewohnt an.

Technische Startprobleme

Es gibt mehrere Notfall-Lösungen für den Fall, daß ein PC aus technischen Gründen nicht startet. Alle Notfall-Lösungen sind durch Paßworte geschützt, die nur der lokale Sicherheitsbeauftragte kennt. Der Sicherheitsbeauftragte kann z.B. bei einem technischen Problem den PC von einer Boot-Diskette starten, Zugriff auf die Festplatte erhalten, das Problem untersuchen und hoffentlich lösen.

10.3.2 Wie wird SafeGuard Easy installiert?

Normalerweise sind zwei Schritte notwendig, um SafeGuard Easy zu installieren: Ein Setup-Programm kopiert die Software auf die Festplatte des PCs und das Installationsprogramm konfiguriert die Funktionen. Beide Schritte können aber auch automatisch nacheinander ablaufen. Die Konfiguration kann über eine voreingestellte Konfigurationsdatei einheitlich für alle PCs durchgeführt werden. In der Konfigurationsdatei sind die Einstellungen wie

Verschlüsselungsalgorithmus, zu verschlüsselnde Partitionen und Disketten, Schutz des Master-Boot-Records usw. festgelegt. Abbildung 10.1 zeigt einen Ausschnitt aus der Konfiguration (Administration) von SafeGuard Easy. Auf vier Karteikarten werden Angaben über allgemeine Benutzereinstellungen, die »Pre-Boot-Authentication«, Verschlüsselung und den Schutz des Master-Boot-Records gemacht.

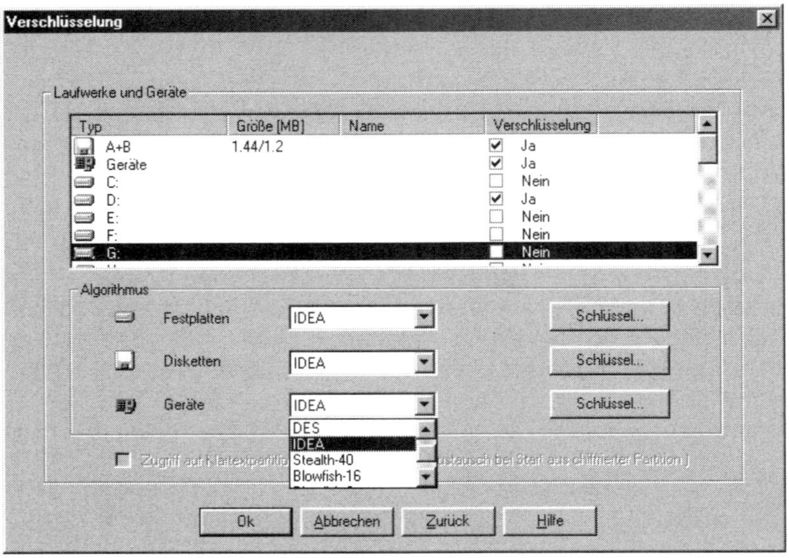

Abbildung 10.1: Aministration von SafeGuard Easy (Auszug)

Bankeigenes Setup

Bei der Dresdner Bank wird SafeGuard Easy mit dem bankeigenen Setup-Programm automatisch installiert. Es könnten aber auch andere Softwareverteilungsprogramme zur automatischen Installation genutzt werden.

Das Installationsscript für SafeGuard Easy

1. prüft, ob SafeGuard Easy schon installiert ist,
2. und installiert, wenn es nicht vorgefunden wurde, bzw.
3. installiert das Update und ergänzt fehlende Registry-Einträge, wenn es vorgefunden wurde.

10.4 Die Praxis der sicheren Anwendung

Die Bank hatte schon seit Jahren Erfahrungen mit einem PC-Schutzsystem und mit verschlüsselten Disketten. SafeGuard Easy für NT erhält den bisherigen Sicherheitsstandard unter Windows NT. Die Sicherheitsmechanismen und ihre Verträglichkeit mit anderen System- und Anwendungskomponenten wurden in umfangreichen Pilottests erprobt.

Für den Benutzer ist SafeGuard Easy völlig transparent, d.h., der Benutzer merkt auf den bei der Bank üblichen schnellen PCs nichts davon, daß seine Daten bei jedem Zugriff auf Festplatte oder Diskette ver- bzw. entschlüsselt werden. Für die Bank ergibt sich durch die Verschlüsselung eine hohe Datensicherheit. Da die Software wie jede andere auch automatisch installiert werden kann, hält sich auch der Einführungsaufwand in Grenzen.

Bis Ende September 1998 waren bereits 8.500 Notebooks und Desktop-PCs mit SafeGuard Easy gesichert. Alle 30.000 PCs der Bank werden bis Ende 1999 Zug um Zug auf denselben Sicherheitsstandard gebracht.

11 Sichere Netzwerke durch starke Authentisierung in einer schwedischen Bank

In einer weitverzweigten Bank mit über 280 Filialen und 15.000 Mitarbeitern ist die Sicherheit der Datenkommunikation ein wichtiges Anliegen. Durch die im Vergleich zur zentralen DV kostengünstigere Dezentralisierung mit lokalen Netzen entstehen neue Sicherheitsrisiken, die beherrscht werden müssen. Die Bank hat ein Projekt gestartet, das Datensicherheit auf einem hohen Niveau gewährleisten soll.

11.1 Sichere Authentisierung im Netz

In allen Filialen sind lokale Netzwerke für die Abwicklung der Bankgeschäfte unter Windows NT 4.0 installiert. Diese LANs kommunizieren über öffentliche Leitungen mit der Zentrale. Die nicht ausreichende Sicherheit von Windows NT wurde in Kapitel 10 ausgeführt, so daß hier die Feststellung genügt, daß zusätzliche Maßnahmen zur Gewährleistung einer hohen Sicherheit eingeführt werden müssen.

Was ist das Besondere an diesem Projekt?

In diesem Beispiel werden die PCs unter Windows-NT lokal durch Verschlüsselung gesichert. Die Authentisierung der Benutzer erfolgt durch SmartCards, die das RSA Schlüsselpaar und das Zertifikat des jeweiligen Karteninhabers speichern. Die Public-Key-Infrastructure ist verteilt aufgebaut und wird in Zusammenarbeit mit einer externen Organisation (SETEC) betrieben, die die SmartCards ausstellt. Die SmartCards können zusätzlich als Ausweis dienen. Etwas Besonderes ist der schnelle Benutzerwechsel, der mehreren Kassierern erlaubt, sich nacheinander unter derselben Windows NT-Benutzerkennung, demselben Desktop, aber unterschiedlichen persönlichen SmartCards anzumelden. Den Bankanwendungen wird der Zugriff zu Verschlüsselung und Signatur durch ein API gegeben.

11.2 Das Sicherheitskonzept

Hohe Sicherheit gefordert

Die Sicherung der Netzwerke mit starker Technologie ist das Ziel:

1. Starke Authentisierung der Benutzer mittels einer SmartCard. Die zur Anwendung kommende SmartCard von SETEC Card AB ist »E4 hoch« nach ITSEC zertifiziert. Sie wird in Schweden auch für andere Anwendungen, z.B. in der Sozialversicherung, als ID-Card anerkannt. Die Authentisierung soll mit der Challenge-Response-Technik erfolgen.
2. Bankanwendungen sollen nach und nach über ein einheitliches API Verschlüsselungs- und Signaturfunktionen benutzen und dabei auf die Schlüssel in der SmartCard zurückgreifen.
3. Lokale Daten auf den PC und vertrauliche Daten auf den Servern sollen durch Verschlüsselung gesichert werden. Die PCs sollen einen zuverlässigen Bootschutz erhalten, um die bekannten Möglichkeiten der Windows NT Sicherheit auszuschließen.
4. Die Public-Key-Infrastructure (PKI) einschließlich Ausgabe der SmartCards soll in Zusammenarbeit mit SETEC erfolgen.

Schwedische Besonderheit

Eine schwedische Besonderheit ist die Einführung einer SmartCard, die in verschiedenen Anwendungen, wie z.B. in der Sozialversicherung, einheitlich genutzt werden soll. Die Karten werden auch äußerlich durch Foto personalisiert und können als Ausweis dienen. Die Kommunikation zwischen dem Kartenaussteller SETEC, der auch das RSA-Schlüsselpaar generiert, und die PIN-Briefe druckt, und der Bank soll gesichert ablaufen.

Schneller Benutzerwechsel

Um mehreren Kassierern einen schnellen Wechsel zu ermöglichen, sollen Vorkehrungen getroffen werden. Es muß sichergestellt werden, daß beide Kassierer ihre eigene SmartCard zur Authentisierung verwenden.

PS/SC Standard

Die SmartCard-Leser sollen dem Microsoft PC/SC-Standard entsprechen und von Microsoft zertifiziert sein. Die Hardware- und Softwarekomponenten sollen überwiegend aus Standardprodukten bestehen.

11.3 Die Sicherheitslösung

Überblick

Die Bank beauftragte Utimaco mit der Realisierung der Sicherheit, weil Utimaco die notwendigen Komponenten als Standardprodukte liefern konnte. Es waren nur relativ geringe Anpassungen notwendig.

Die Sicherheitslösung umfaßt die Sicherung der lokalen Daten mit SafeGuard Easy, wie in Kapitel 10 ausführlich beschrieben. SafeGuard Easy gewährleistet Bootprotection und Verschlüsselung von Festplatte und Disketten.

Neben SafeGuard Easy wird auf dem PC *SafeGuard Advanced-Security* (SGAS) installiert. SGAS erlaubt eine starke Authentisierung in Windows NT durch SmartCards und schützt u.a. auch gegen unerlaubten Softwareimport oder Start eines Programms von Diskette. SGAS wurde für die Bank funktional um Entsperrung von SmartCards, schnellen Benutzerwechsel u.a. erweitert.

Die Sicherung der vertraulichen Daten im LAN erfolgt durch SafeGuard LAN-Crypt, das rollenabhängig eine starke Verschlüsselung im lokalen Netz ermöglicht.

Die Bankanwendungen benutzen zur Verschlüsselung und Signatur das CryptWare-Toolkit API, um diese Funktionen in die Anwendungen zu integrieren.

Es wurde speziell eine Registrierungsinstanz (RA) entwickelt, die im Batchmodus mit SETEC kommuniziert. Ein Verzeichnisdienst ermöglicht einen Zugriff auf die zentral gespeicherten Zertifikate.

Abbildung 11.1 zeigt schematisch die Lösung:

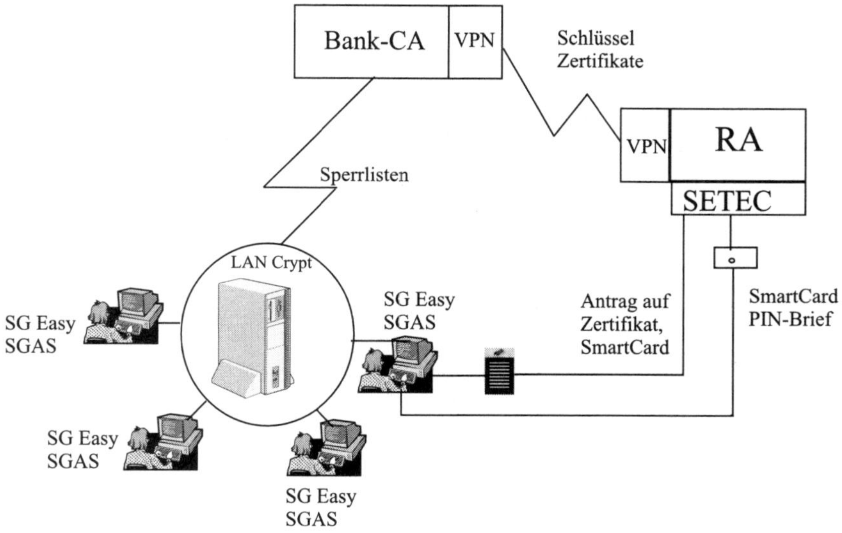

Abbildung 11.1: Sicheres LAN durch sichere Authentisierung und Verschlüsselung

11.3.1 Ausgabe von SmartCards und Zertifikaten

Die SmartCards übernehmen eine zentrale Rolle in diesem Projekt. Es wird die Siemens SmartCard mit dem RSA-Chip SL44CR80S mit dem »E4 hoch«-zertifizierten Betriebssystem SETCOS verwendet.

Zwei Schlüsselpaare

Der Benutzer erhält durch separaten PIN-Brief seine PIN, die er jederzeit ändern kann. In der Karte werden zwei Schlüsselpaare gespeichert. Das erste Schlüsselpaar wird zur Verschlüsselung und Authentisierung benutzt. Der geheime Schlüssel wird im Sinne von Key Recovery zentral gespeichert, damit die Bank bei Verlust der SmartCard die verschlüsselten Daten entschlüsseln kann. Das zweite Schlüsselpaar dient nur der Signatur. Der geheime Schlüssel wird nur in der SmartCard des Benutzers gespeichert. Es gibt keine Backupkopie, um die Verbindlichkeit der Signatur absolut sicherzustellen. Die normale PIN des Benutzers gibt den Zugriff nur auf das erste Schlüsselpaar zur Authentisierung oder Verschlüsselung frei. Bankanwendungen können via CryptWare API und einer besonderen PIN auf beide Schlüsselpaare zugreifen. Die öffentlichen Schlüssel werden in einem X.500-Verzeichnis gespeichert.

Verteilte PKI-Funktion

Die Erzeugung von SmartCards, Schlüsselpaaren, Zertifikaten und PIN-Briefen geschieht an zwei unterschiedlichen Stellen: bei SETEC und in der Bank. Die Registrierungsstelle (RA) der Bank befindet sich im Gebäude von SETEC. Diese RA kommuniziert mit der Zertifizierungsinstanz (CA) der Bank über öffentliche Leitungen, wobei die erforderliche Sicherheit durch SafeGuard VPN gewährleistet wird.

Karten- und Zertifikatausstellung

Der Benutzer schickt seinen Antrag auf Ausstellung einer SmartCard zusammen mit den folgenden Angaben an SETEC:

1. Name des Antragstellers
2. Foto des Antragstellers in elektronischer Form oder als normales Paßfoto
3. Aktuelle Benutzerkennung und Paßwort für Windows NT
4. Rollenbenutzerkennung und Paßwort für den schnellen Benutzerwechsel

Diese Daten werden in die SmartCard eingetragen; das Foto wird aufgedruckt.

SETEC erledigt nach Prüfung des Antrags folgende Aufgaben:

1. Erzeugung der beiden RSA-Schlüsselpaare.
2. Ausstellung der SmartCard mit dem Foto des Besitzers und den Angaben aus dem Antrag.
3. Übertragung der beiden öffentlichen Schlüssel an die Registrierungsstelle (RA) der Bank, die sie signiert. Die RA befindet sich im Gebäude von SETEC.

4. Übertragung der erforderlichen Angaben für ein X.509-Zertifikat an die RA. Die RA überträgt dann die Daten an die in der Bank zentral aufgestellte Zertifizierungsinstanz (CA) zur Ausstellung der Zertifikate. Die Kommunikation zwischen RA und CA erfolgt gesichert.
5. Empfang der Zertifikate von der RA.
6. Erzeugung der PINs für die SmartCard: Transport-PIN, Entsperr-PIN, Benutzer-PIN.
7. Personalisierung der SmartCard und Speicherung aller erforderlichen Daten in der Karte.

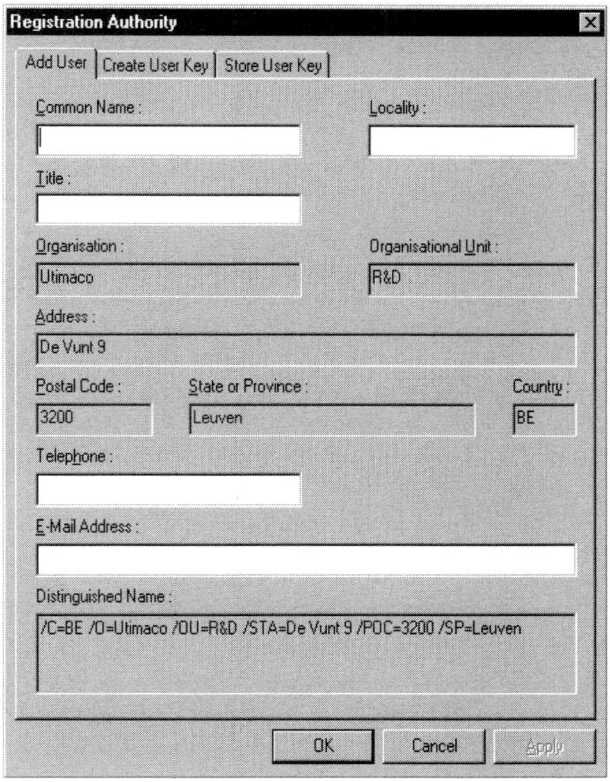

Abbildung 11.2: Registrierung der Teilnehmer in der RA

Die RA erfüllt die Anforderungen von SETEC im Batchmodus automatisch.

Die Bank erledigt die restlichen Aufgaben:

1. Die CA erhält von der RA die öffentlichen Schlüssel, signiert sie und sendet X.509-Zertifikate an die RA zurück.
2. Erzeugte Zertifikate werden im LDIF-Format in eine Datei geschrieben. Diese Dateien können in den Maxware-X.500-Verzeichnisbaum importiert werden.

Erzeugung, Wartung und Verteilung der Zertifikate-Sperrliste (CRL)

SmartCard-Management

Um die Sicherheit des Systems im praktischen Alltag zu erhalten, sind umfangreiche organisatorische Maßnahmen erforderlich. Mitarbeiter sind auf die SmartCard angewiesen, wenn sie ihre täglichen Aufgaben erfüllen wollen. Eine beschädigte, vergessene, verlorene oder gestohlene SmartCard stellt nicht nur ein Sicherheitsproblem dar. Der betroffene Mitarbeiter kann sich nämlich nicht mehr an seinem PC anmelden, um seine Aufgabe in der Bank zu erfüllen.

Gesperrte Karten

Benutzer melden sich durch PIN-Eingabe bei ihrer SmartCard an. Wenn nach fünfmaliger PIN-Eingabe keine Übereinstimmung erzielt wurde, wird die Karte gesperrt. Sie kann in einem besonderen Prozeß wieder entsperrt werden, damit Karte und Zertifikat nicht ersetzt werden müssen. Die Entsperr-PIN ist in zwei Teile zerlegt: der Benutzer hat mit seinem PIN-Brief die eine Hälfte erhalten; die andere wird in der lokalen Bankfiliale sicher aufbewahrt. Die Entsperrung erfordert den gemeinsamen Einsatz des Benutzers zusammen mit dem lokalen Sicherheitsbeauftragten. Dabei wird eine neue Benutzer-PIN erzeugt. Der Prozeß ist in SafeGuard Advanced-Security (SGAS) implementiert.

Vergessene, verlorene Karten

Wenn nicht klar ist, ob ein Benutzer seine Karte vergessen oder verloren hat, wird die Windows NT- Benutzerkennung, die in der SmartCard gespeichert ist, in die Sperrliste eingetragen. Die Sperrliste wird auf dem Backup Domain Controller (BCD) geführt. Der Benutzer arbeitet solange mit einer Gastkarte als Gast-Benutzer, die ihm allerdings nur eingeschränkte Rechte gewährt. Das ist unproblematisch, wenn er am nächsten Tag mit seiner vergessenen Karte wieder normal arbeiten kann. Sollte die Karte verloren, beschädigt oder gestohlen sein, wird sie in die Sperrliste eingetragen. Der Benutzer muß eine neue Karte beantragen, die er nach zwei Tagen erhält; außerdem muß das Zertifikat gesperrt werden. Wenn die Karte wieder auftauchen sollte, kann sie von den Sperrlisten entfernt werden. Es kann kein Mißbrauch mit unabsichtlich oder absichtlich gesperrten Karten getrieben werden.

Zertifizierungsinstanz

1. Die Zertifizierungsinstanz (CA) besteht aus einer gesicherten Workstation. Der wichtige Schlüssel, der geheime Schlüssel der CA, wird auf dem CryptWare Board (ISA-Bus) gespeichert. Dieses Board führt unter anderem RSA-Verschlüsselungen hardwaremäßig durch. Es ist »tamper proof«, das heißt, falls jemand versucht, das Board zu öffnen, werden alle gespeicherten Daten sofort gelöscht. Aus Sicherheitsgründen gibt es keinen Onlineanschluß zwischen der CA und dem X.500-Verzeichnis. Neue Zertifikate und Sperrlisten müssen manuell in LDIF-Dateiform von der CA zum X.500-Verzeichnis transportiert werden.
2. Die Registrierungsinstanz (RA) der Bank und die SETEC-Kartenausstellung kommunizieren miteinander im Batchmodus über Ein- bzw. Ausgabedateien.

3. Verzeichnisdienst
4. Alle ausgegebenen und gesperrten Zertifikate werden in das MAXWARE X.500-Verzeichnis eingetragen. Jeder Mitarbeiter der Bank kann via Logon Hook Service auf dem Backup Domain auf das Verzeichnis zugreifen, um einen öffentlichen Schlüssel zur Verifizierung einer digitalen Signatur zu prüfen, oder um den öffentlichen Schlüssel eines Empfängers vertraulicher Daten zu erhalten. Mit dem öffentlichen Schlüssel kann dann der Sitzungsschlüssel einer symmetrisch verschlüsselten vertraulichen Nachricht chiffriert werden.

11.3.2 Benutzer-Authentisierung

Die Benutzer müssen sich an ihrem PC an Windows NT anmelden. Da die Authentisierungsfunktion von Windows NT umgangen werden kann, sind zusätzliche Zugangsschutzmaßnahmen ergriffen worden.

Bootschutz und Online Verschlüsselung

Die Windows NT-Clients und -Server sind durch SafeGuard Easy (vergleiche Kapitel 10) zusätzlich geschützt. SafeGuard Easy verhindert einen erfolgreichen Start des PCs von einer Boot-Diskette und schützt die lokal gespeicherten Daten durch Verschlüsselung. Eine Umgehung der sicheren Authentisierung, die nachfolgend beschrieben wird, ist damit nicht mehr möglich.

Sichere Authentisierung

SGAS ergänzt NT Logon

Im Windows NT-Anmeldebildschirm übernimmt SafeGuard Advanced-Security (SGAS) die starke Authentisierung der Benutzer. Der Benutzer benötigt hierzu eine SmartCard, deren Ausstellung und Wartung bereits beschrieben wurde. SGAS benutzt ein eigenes GINA-Modul (Graphical Authentication and Identification), das als vorrangig in einer GINA-Kaskade plaziert wird. Ungültige Anmeldungen erhöhen die Zeitspanne zwischen zwei Logins und führen nach fünf erfolglosen Versuchen zur Sperre der SmartCard. Folgende ungültige Anmeldungen können vorkommen und führen zu entsprechenden Maßnahmen:

1. Wenn die von der SmartCard präsentierte Windows NT-Benutzerkennung und das Paßwort ungültig sind, wird die nächste Anmeldung zeitlich verzögert, aber die SmartCard wird nicht gesperrt. Hierdurch wird der Anmeldeprozeß künstlich verlangsamt, um einem Hacker schnelle Hackversuche zu verwehren.
2. Wenn die SmartCard-PIN ungültig ist, wird die Karte nach fünf erfolglosen Versuchen gesperrt. Die Anmeldung wird aber nicht zeitlich verzögert.
3. Wenn das X.509-Zertifikat der SmartCard ungültig ist, erhält der Benutzer keinen Zugang. Er muß seine SmartCard nochmals in den Leser einführen, um einen weiteren Versuch zu unternehmen.

SAGINA Der Benutzer kann sich nur erfolgreich anmelden, wenn die PIN und die in der Karte gespeicherten Benutzerinformationen, Benutzerkennung plus Paßwort, korrekt sind. Der Zugriff auf die Windows NT Domain erfordert zusätzlich eine starke Authentisierung. Der Prozeß prüft das in der SmartCard enthaltene Zertifikat und die SmartCard-Sperrliste. Das Zertifikat muß durch die Bank-CA signiert und gültig sein. Dieser Prozeß wird durch eine spezielle Client-GINA, genannt SAGINA, die Teil von SGAS ist, durchgeführt. SAGINA prüft zunächst die Signatur des Zertifikats und dann dessen Gültigkeit gegen die Sperrliste auf dem *Backup Domain Controller* (BDC) und dem PC. So wird dann auch der Zugriff kontrolliert, wenn das Netzwerk ausgefallen sein sollte. Ein Softwaremodul auf dem BDC und dem PC sorgt dafür, daß periodisch die Sperrliste von X.500-Verzeichnis heruntergeladen wird.

Logon Hook Service Die starke Authentisierung wird schließlich durch einen GSS-Prozeß realisiert. Auf jedem Windows NT-Server (BDC und Fileserver) ist der *Logon Hook Service* (LHS) installiert, der zusammen mit dem GSS-Service folgende Aufgaben hat:

1. Wenn eine Sitzung eingeleitet wird, prüft der Logon Hook Service, ob eine starke Authentisierung via GSS in den letzten Minuten (einstellbar in der Registry) schon durchgeführt wurde.
2. LHS prüft in einer Ausschlußliste in der Registry, ob die Benutzerkennung/Paßwort-Kombination eingetragen ist. Die dort eingetragenen Benutzer müssen sich nicht der starken Authentisierung unterwerfen. Diese Funktion ist für eine automatische Softwareinstallation erforderlich.
3. LHS prüft die SmartCard-Sperrliste.
4. Alle besonderen Vorkommnisse werden in die NT Event Log eingetragen.
5. Wenn die Authentisierung fehlschlägt, wird die Anmeldung verweigert.

GSS Der GSS-Prozeß wird vom GSS-Client auf jeder Workstation eingeleitet. Zunächst wird das X.509-Zertifikat in der SmartCard des Benutzers geprüft. Signatur und Gültigkeit müssen korrekt sein, und die Signaturen des Clients und des Servers müssen von derselben CA stammen. Das Zertifikat des Servers und die dazugehörige PIN sind auf dem Server in einer Datei gespeichert und werden durch die Windows-NT-Zugriffskontrolle in Verbindung mit SafeGuard Easy geschützt. Die GSS-Implementierung erlaubt eine automatische Prüfung des Serverzertifikats durch PIN-Präsentation aus einer geschützten Datei. Diese Vorgehensweise hat einen Performancevorteil, der dann zum Tragen kommt, wenn sich morgens viele Benutzer gleichzeitig am Server anmelden wollen. Eine Prüfung gegen eine Server-SmartCard würde vergleichsweise zu langsam sein. Die realisierte Speicherung in Dateiform hat durch die vorhandenen Schutzmechanismen keinen Sicherheitsnachteil. Wenn die Verifizierung der Zertifikate ein positives Ergebnis hat, gibt der LHS den Zugriff auf den NT-Server frei.

Umgehung nicht möglich

Die Kombination aus SAGINA, GSS-Server und -Client und Logon Hook Service gewährleistet eine sichere und starke Authentisierung. Arglistige Angriffe von PCs ohne SAGINA können erkannt und gestoppt werden. Da der Logon Hook Service auf dem Server installiert ist, kann eine Umgehung ausgeschlossen werden. Alle Maschinen, die sich am Netz anmelden wollen, müssen vom GSS- und Logon Hook Service authentisiert werden. Eine lokale Anmeldung am Server erfordert ebenfalls eine starke Authentisierung, um einen Mißbrauch auszuschließen.

Die starke Authentisierung eines Benutzers ist solange gültig, bis der Benutzer sich abmeldet oder der PC heruntergefahren wird.

Ausnahmen von der starken Authentisierung

Es gibt zwei Fälle, in denen die starke Authentisierung nicht möglich ist:

Sperrliste defekt

1. Wenn die Sperrliste für Zertifikate ungültig oder beschädigt ist oder verlorenging, muß trotzdem zur Aufrechterhaltung des Arbeitsprozesses eine Anmeldung möglich sein. In diesen Fällen wird ein besonderer NT-Event-Log-Eintrag gemacht, der darauf hinweist, daß trotzdem ein Zugang erlaubt wurde. Durch die Protokollierung wird erreicht, daß die Sperrliste schnellstmöglich wiederhergestellt wird.

Automatische Software-installation

2. Für eine Softwareinstallation während der Nacht muß ein Zugriff auch ohne Benutzeranmeldung möglich sein. Eine Softwareinstallation könnte, wie oft üblich, einen Neustart des PCs erfordern, der ohne Benutzeranmeldung keinen Zugriff auf den Server nach sich ziehen würde. Die Lösung ist schon kurz beschrieben worden. Bei einem fehlgeschlagenen Logon prüft das System, ob der spezielle Benutzer, der die Softwareinstallation mit Verwalterrechten virtuell durchführt, in einer Ausschlußliste eingetragen ist. In die Liste werden Benutzerkennung und Paßwort dieses Benutzers per Texteditor eingetragen. Die Datei wird durch Windows-NT-Zugriffsschutz geschützt.

Limitationen der starken Authentisierung

Die starke Authentisierung ist auf Windows NT 4.0-Clients und -Server abgestimmt. Weder Logon Hook Service noch SAGINA laufen auf unter anderen Betriebssystemen. Das bedeutet, daß Netware Server ausgeschlossen sind.

11.3.3 Schneller Benutzerwechsel

Kassiererarbeitsplätze

Es gibt Bankarbeitsplätze, z.B. an der Kasse, an denen sich mehrere Benutzer abwechseln. Diese Funktion erlaubt mehreren Benutzern, sich auf einem PC mit einer Windows-NT-Kennung, aber unterschiedlichen SmartCards anzumelden. Windows NT präsentiert den Benutzern denselben Desktop. Es wird ein schneller Benutzerwechsel ohne Abmeldung und Neuanmeldung in Windows NT ermöglicht.

Rollenkennungen

Der schnelle Benutzerwechsel wird über eine Rollenkennung mit Paßwort ermöglicht, die in der SmartCard zusätzlich zur persönlichen Kennung mit Paßwort gespeichert ist. Bei jeder Anmeldung wird in einer Dialogbox gefragt, ob der Benutzer sich mit der eigenen Benutzerkennung oder seiner Rollenkennung anmelden möchte. Wenn ein Rollenbenutzer seine SmartCard aus dem Leser entfernt und damit den PC sperrt, kann ein anderer Benutzer mit derselben Rollenkennung die Sperre aufheben und weiterarbeiten, nachdem auch für ihn eine starke Authentisierung durchgeführt wurde.

Bei einer Anmeldung mit der persönlichen Benutzerkennung oder der Rollenkennung gilt immer das persönliche Zertifikat. Die persönliche Kennung und nicht die Rollenkennung wird in die Windows-NT- Protokollierung eingetragen.

11.3.4 CryptWare-Toolkit

Sicherheitsfunktion in Anwendungen

Um den Anwendungsentwicklern Zugriff auf Sicherheitsfunktionen wie Verschlüsselung, Berechnung von Hashfunktionen, Signaturen oder Kommunikation mit SmartCards zu geben, wird das CryptWare- Toolkit eingesetzt. Es bietet eine Reihe von APIs in .DLL-Format an. Die APIs sind in ANSI-C entwickelt und können von Programmen, die in den unterschiedlichsten Sprachen geschrieben wurden, aufgerufen werden. Der Anwendungsentwickler benötigt keinerlei Kryptografie-Kenntnise; außerdem werden Sicherheitsfunktionen einheitlich implementiert, was viele Vorteile hat.

11.3.5 SafeGuard Advanced Security für Windows NT

Erweiterte Zugriffskontrolle

Dieses Windows-NT-Zusatzprodukt erweitert die Zugriffskontrolle des Betriebssystems auf Disketten- und CD-ROM-Laufwerke sowie serielle Schnittstellen. Die Ausführung oder Erzeugung, das Lesen oder Umbenennen von ausgewählten Dateitypen kann für normale Benutzer auf allen oder einzelnen Laufwerken erlaubt oder verboten werden. Auf diese Weise kann z.B. der Start, Import oder Export von Programmen von einem Laufwerk unterbunden werden; Benutzer können dann nicht mehr ihre eigene Software von Diskette oder CD-ROM installieren. Ebenso kann der Export von Dateien auf Disketten verhindert werden. Auch eine Umgehung des Softwareimports durch vorhergehende Umbenennung von Programmen und anschließende Rückbenennnung in .EXE kann unterbunden werden.

Abbildung 11.3 zeigt als Beispiel die Administration der Import-/Exportkontrolle von Dateien. Für jedes Laufwerk kann eingestellt werden, welche Dateitypen (Extensions) ausgeführt, erzeugt, gelesen oder umbenannt werden dürfen.

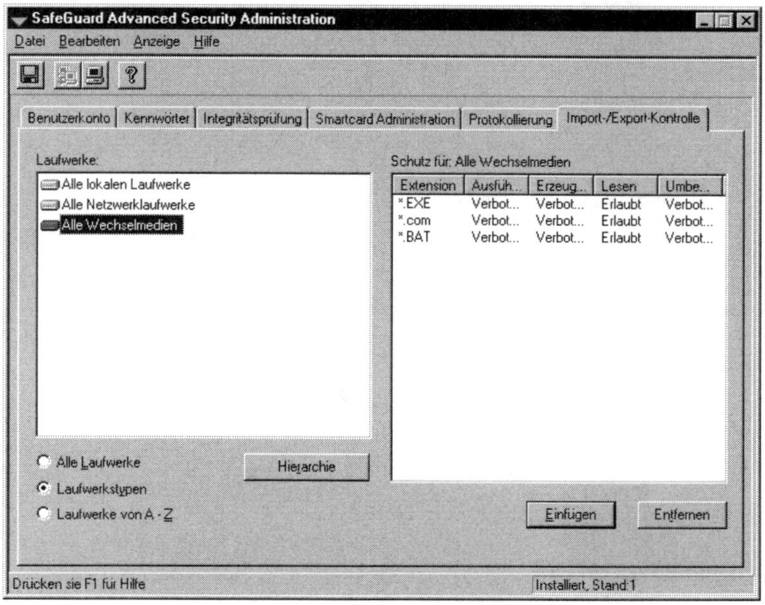

Abbildung 11.3: Adminstration der Import-/Export-kontrolle

Integritätsprüfung

Beim Start des Betriebssystems oder bei der Benutzeranmeldung können ausgewählte Dateien einer Integritätsprüfung unterzogen werden, um Manipulationen durch Viren oder Trojanische Pferde zu erkennen. Die Prüfergebnisse können protokolliert und angezeigt werden. Der PC kann auch gesperrt werden, um dem Benutzerservice oder dem Sicherheitsbeauftragten die Untersuchung der manipulierten Datei zu ermöglichen.

Protokollierung

Aus einer Liste können Ereignisse ausgewählt werden, die in das Windows-NT-Protokoll eingetragen werden; außerdem können Benutzerzeiten festgelegt werden. Hierzu gehören neben den Ergebnissen der Integritätsprüfung auch versuchte Deinstallationen, unerlaubte Zugriffsversuche usw.

Für die Bank wurde eine starke Authentisierung mittels der SETEC-Smart-Card wie beschrieben hinzugefügt.

11.3.6 SafeGuard LAN Crypt

Vertrauliche Daten im LAN

Die Sicherheit von Serverbetriebssystemen ist im allgemeinen höher zu bewerten, als die von Clientbetriebssystemen. Bei Anwendung von Windows NT auf beiden Seiten gibt es keinen gravierenden Unterschied. Um einen reibungslosen Betrieb zu gewährleisten, müssen Administratoren und Wartungspersonal uneingeschränkten Zugriff auf den Server haben. Sie müssen z.B. Backups durchführen, Benutzerprobleme lösen oder technische Wartungen und Reparaturen erledigen können. Dieser Personenkreis benötigt weitgehende Zugriffsrechte und hat damit zwangsläufig Zugriff auch auf vertrauliche Daten. Um Mißbrauch zu vermeiden, sollten diese daher verschlüsselt gespeichert werden. SafeGuard LAN Crypt bietet diese Verschlüsselungsfunktion. Ein Sicherheitsbeauftragter oder Administrator definiert

Benutzer oder Benutzergruppen, denen Schlüssel zugeordnet werden. Wenn ein Benutzer auf Daten, die ihm gewidmet sind, zugreift, erfolgt automatisch die Ver-/Entschlüsselung im Hauptspeicher des PCs, sonst wird der Lese- oder Schreibzugriff verweigert. Es gehen keine Schlüssel oder Paßworte über die Leitung.

Abbildung 11.4: Administration von LAN Crypt (Auszug)

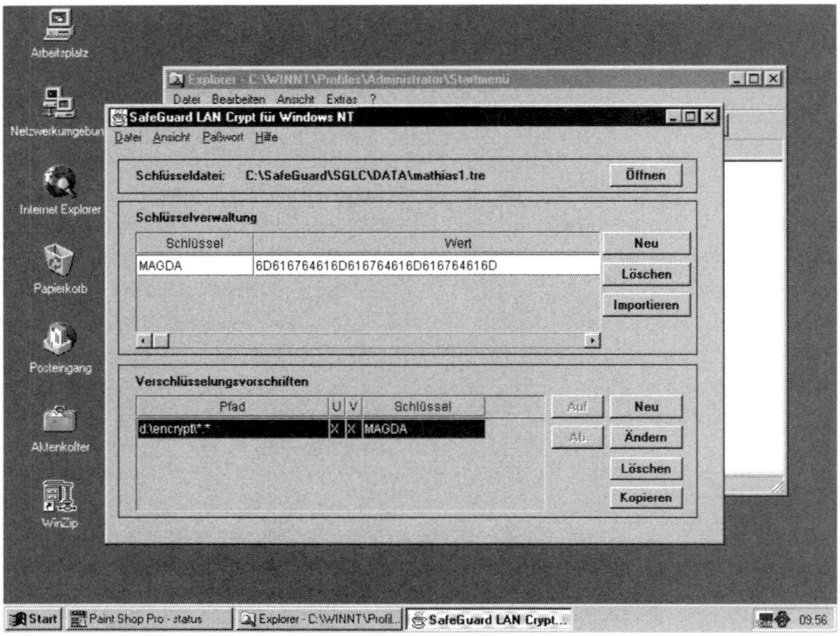

LAN Crypt Administration

Es gibt zwei grundsätzliche Benutzerrollen: Administrator und Benutzer. Der Administrator definiert, welche Dateien von welchen Benutzern mit welchem Schlüssel chiffriert werden. Es wird der symmetrische Algorithmus IDEA verwendet, der eine hohe Sicherheit garantiert. Der Benutzer arbeitet mit seinen Dateien in gewohnter Weise; für ihn ist nicht erkennbar, daß seine Dateien beim Lesen entschlüsselt und beim Schreiben wieder verschlüsselt werden.

Vorteile der Verschlüsselung im LAN?

Die vertraulichen Daten bleiben vertraulich, d.h., sie sind nur dem Personenkreis zugänglich, der ein definiertes Zugriffsrecht hat. Ohne den zutreffenden Schlüssel kann auf die Dateien nicht zugegriffen werden. Der Schlüssel ist an die korrekte Authentisierung des jeweiligen Benutzers in der Windows-NT-Anmeldung gebunden, die in diesem Beispiel durch die bereits beschriebenen Maßnahmen stark ist. Damit geht ein (zusätzlicher) starker Zugriffsschutz einher, der durch ein mehrstufiges Schlüsselmanagement und den anerkannt widerstandsfähigen IDEA-Algorithmus als sehr sicher zu bezeichnen ist. Die Chiffrierung erfolgt völlig transparent und schnell. Backups oder E-Mail-Anhänge bleiben verschlüsselt. Das Produkt unterstützt auf der Clientseite Windows 95 und Windows NT und auf der Serverseite Novell- und NT-Server.

Fileheader-Konzept

Das Fileheader-Konzept macht das Produkt zwar technisch sehr komplex, hat aber deutliche Vorteile. Die vom Administrator definierten Angaben zur Verschlüsselung stehen im Header der jeweiligen Datei und nicht in einer Konfigurationsdatenbank. Verschlüsselte Dateien sind nicht an Laufwerke oder Verzeichnisse gebunden. Die Verschlüsselung ist auch nicht von einheitlichen Plattformen im LAN abhängig. Gruppenkonzepte sind relativ einfach zu verwalten.

Schlüsselmanagement

Jeder Benutzer hat seinen Eintrag in der Schlüsseldatei (Key-File). Der Administrator erzeugt und ändert die Schlüsseldateien, nicht der Benutzer. Die Schlüsseldatei ist durch das Administrator-Paßwort geschützt. Jeder Benutzer trägt sein Paßwort selbst in die Paßwortliste ein.

Der Administrator definiert zunächst die Benutzergruppen, die gleiche Zugriffsrechte haben sollen. Gruppen können sein: Vorstand, Bereichsleiter usw. oder Personalabteilung, Finanzen usw. Danach legt der Administrator Gruppenprofile an. Er legt fest, welche Dateien oder Dateizusätze auf welchen Laufwerken oder Verzeichnissen von welchen Gruppen verschlüsselt werden sollen. Das Programm, mit dem er diese Festlegungen trifft, ähnelt dem Microsoft Explorer, d.h., die Dateizuordnung zu den Gruppen ist einfach. Jeder Gruppe wird nun ein Schlüssel automatisch zugewiesen.

11.3.7 Installation

Die Installation der Software auf den Clients und Servern erfolgt ohne Benutzeraktion automatisch.

11.4 Die Praxis der sicheren Anwendung

Die Bank hat die einzelnen Module des Sicherheitssystems umfangreichen Tests unterzogen, an denen auch externe Dritte beteiligt waren, um Zeit zu sparen. Im November 1998 liefen noch die Pilottests. Der Start der vollen Implementierung des Sicherheitssystems ist für Anfang 1999 vorgesehen.

Teil III

Gesetzliche Regelungen, technische Normen

Die Bundesrepublik Deutschland hat in den letzten Jahren durch neue Gesetze und Gesetzesänderungen zu einer höheren Rechtssicherheit hinsichtlich der Informationssicherheit beigetragen. Wir haben in Deutschland schon sehr früh durch das Datenschutzgesetz den Schutz personenbezogener Daten gesetzlich geregelt. Das Strafgesetzbuch wurde bezüglich Informationssicherheit ergänzt und schließlich wurde durch das Signaturgesetz die Grundlage für die rechtliche Anerkennung digitaler Signaturen geschaffen. Seit Jahren wird um eine Regulierung der Anwendung von Verschlüsselungsmechanismen gestritten. Es geht um die Frage, ob der Staat wie in Frankreich die Anwendung regeln soll oder nicht.

Die nachfolgenden Kapitel beschreiben die Rechtslage. Die Autoren weisen ausdrücklich darauf hin, daß hiermit keinerlei Rechtsberatung verbunden ist; der Leser sollte sich in Zweifelsfragen immer an seinen Rechtsberater wenden.

Außerdem werden heute übliche technische Sicherheitsstandards und -normen erläutert.

12 Strafgesetzbuch

Im deutschen Strafgesetzbuch sind die wesentlichen Straftatbestände »Ausspähen von Daten«, »Datenveränderung« und »Computerbetrug« geregelt.

Ausspähen von Daten

Der § 202a sagt eindeutig aus, daß nur solche Daten vor Ausspähen durch das Gesetz geschützt sind, die gegen unberechtigten Zugriff besonders gesichert sind. Wer mit seinen Daten sorglos umgeht, das heißt, sie nicht »besonders« schützt, kann keinen gesetzlichen Schutz erwarten.

Da die Schäden, die der Wirtschaft, vor allem den High-Tech-Unternehmen, durch Industriespionage entstehen, immer größer werden, fordern der Präsident der europäischen Polizeigewerkschaft Lutz und der Vorsitzende des Verbandes der Sicherheitsunternehmensberater, der frühere Kriminaloberrat Matschke, eine Verschärfung der bestehenden Gesetze. Es sei eine einheitliche europäische Gesetzesregelung erforderlich, die weit über dem deutschen Niveau liege. Die beiden Herren bezifferten den Schaden, den alleine die deutsche Wirtschaft erleide, auf über 20 Milliarden DM. Die russischen, französischen und amerikanischen Geheimdienste seien sehr aktiv und würden zudem noch von ihren Staatschefs hierzu angehalten.[1]

> § 202a StGB. Ausspähen von Daten.
>
> (1) Wer unbefugt Daten, die nicht für ihn bestimmt und die gegen unberechtigten Zugang besonders gesichert sind, sich oder einem anderen verschafft, wird mit Freiheitsstrafe bis zu drei Jahren oder mit Geldstrafe bestraft.
>
> (2) Daten im Sinne des Absatzes 1 sind nur solche, die elektronisch, magnetisch oder sonst nicht unmittelbar wahrnehmbar gespeichert sind oder übermittelt werden.

Datenveränderung

§ 303a stellt elektronisch oder magnetisch gespeicherte Daten unter den Schutz des Gesetzes.

> § 303a StGB. Datenveränderung.
>
> (1) Wer rechtswidrig Daten (siehe §202a Abs. 2) löscht, unterdrückt, unbrauchbar macht oder verändert, wird mit Freiheitsstrafe bis zu zwei Jahren oder mit Geldstrafe bestraft.
>
> (2) Der Versuch ist strafbar.

1 Frankfurter Sonntagszeitung vom 1.11.1998

Computerbetrug

§ 263a regelt die absichtliche unrichtige Gestaltung von Programmen, die Verwendung unrichtiger oder unvollständiger Daten usw. Unter § 263a fallen Delikte wie Hintertüren, Trojaner, Viren sowie absichtliche Programmfehler.

§ 263a StGB. Computerbetrug.

(1) Wer in der Absicht, sich oder einem Dritten einen rechtswidrigen Vermögensvorteil zu verschaffen, das Vermögen eines anderen dadurch beschädigt, daß er das Ergebnis eines Datenverarbeitungsvorgangs durch unrichtige Gestaltung des Programms, durch Verwendung unrichtiger oder unvollständiger Daten, durch unbefugte Verwendung von Daten oder sonst durch unbefugte Einwirkung auf den Ablauf beeinflußt, wird mit Freiheitsstrafe bis zu fünf Jahren oder mit Geldstrafe bestraft.

(2) siehe § 263 Abs. 2 bis 5 gilt entsprechend.

13 Datenschutzgesetze

Informationelle Selbstbestimmung

Grundlage des Datenschutzes und der Datenschutzgesetze bildet in Deutschland das im Grundgesetz Art. 1 Abs. 1 verbriefte Recht auf informationelle Selbstbestimmung. Diese Auffassung wird auch vom Bundesverfassungsgerichts in seinem Grundsatzurteil zum Volkszählungsgesetz von 1983 vertreten. Das Urteil zeigt die besondere Gefährdung dieses Grundrechts unter den Bedingungen der modernen Informationsgesellschaft auf. Durch die Sammlung, Verknüpfung und Auswertung von Daten aus allen Lebensbereichen können Personen kalkulierbar, kontrollierbar und manipulierbar werden. Die Möglichkeiten der automatischen Datenverarbeitung, die es erlauben, z.B. auf einfache Weise Persönlichkeitsprofile zu erstellen, können das Recht auf freie Persönlichkeitsentfaltung beeinträchtigen. Datenschutz bedeutet in diesem Sinne der Schutz von Personen vor den Risiken der Informationsgesellschaft, die durch den unkontrollierten Umgang mit personenbezogenen Daten entstehen können.

Personenbezogene Daten

Der Schutz personenbezogener Daten wird in Deutschland durch eine Vielzahl von Vorschriften und Gesetzen geregelt. Neben bereichsspezifischen Vorschriften wie z.B. das Arztgeheimnis (§ 203 StGB), das Steuergeheimnis (§ 30 AO) und das Sozialgeheimnis (§ 35 SGB) sind hier besonders die allgemeinen Datenschutzregelungen des Bundesdatenschutzgesetzes (BDSG) und der Landesdatenschutzgesetze von Bedeutung. Während die Landesdatenschutzgesetze den Datenschutz für die öffentlichen Stellen der Länder regeln, umfaßt das Bundesdatenschutzgesetz sowohl die öffentlichen Stellen des Bundes als auch die nicht-öffentlichen Stellen und damit also auch Unternehmen der Privatwirtschaft, Verbände usw. Datenschutzrechtlich relevant sind darüber hinaus eine Vielzahl von Gesetzen aus dem Bereich Telekommunikation wie zum Beispiel das IUKDG (Informations- und KommunikationsdiensteGesetz) und das TKG (Telekommunikationsgesetz).

Europarichtlinie

Auf die zukünftige Entwicklung des Datenschutzes in Deutschland und in der EU wird weiterhin die Europa-Richtlinie vom 24.10.1995 Einfluß nehmen, die eine Umsetzung der dort formulierten Vorschriften in die nationale Gesetzgebung der Mitgliedsländer bis Ende 1998 fordert. Eine entspechende Novellierung des BDSG ist in Vorbereitung. Ziel ist eine Harmonisierung der Regelungen der Mitgliedsländer, insbesondere vor dem Hintergrund des grenzüberschreitenden Datenverkehrs innerhalb der Gemeinschaft und mit Drittländern.

13.1 Das Bundesdatenschutzgesetz (BDSG)

Da den Regelungen des BDSG im Rahmen des Datenschutzes die größte Bedeutung zukommt, soll im folgenden auf die wichtigsten Punkte dieses Gesetzes näher eingegangen werden. Im ersten Abschnitt des BDSG werden Zweck und Anwendungsbereich des Gesetzes festgelegt:

Zweck und Anwendung

»Zweck dieses Gesetzes ist es, den einzelnen davor zu schützen, daß er durch den Umgang mit seinen personenbezogenen Daten in seinen Persönlichkeitsrechten beeinträchtigt wird. (§ 1 Abs. 1). Der Anwendungsbereich des Gesetzes umfaßt sowohl die öffentlichen Stellen des Bundes als auch nicht-öffentliche Stellen wie Unternehmen, Verbände, Gewerkschaften, Verein usw.«

Personenbezogene Daten

Unter personenzogenen Daten versteht das BDSG »... Einzelangaben über persönliche oder sachliche Verhältnisse einer bestimmten oder bestimmbaren natürlichen Person« (§ 3 Abs. 1). Einzelangaben sind in diesem Sinne Informationen, wie z.B. Name, Einkommen, Geburtstag, Kfz-Zeichen, Kontonummer, Versicherungsnummer usw. Daten, die sich auf persönliche und sachliche Verhältnisse beziehen, sind beispielsweise Gewerkschaftszugehörigkeit, Konfession, Familienstand, Kunde der Firma xy usw. Als natürliche Personen sind Einzelpersonen oder Familien gemeint im Unterschied zu juristischen Personen wie BGB-Gesellschaften, GMBHs, OHGs, KGs, AGs usw.

Das Gesetz legt fest, daß sowohl die Prozesse der Datenerhebung, als auch die Datenspeicherung, -veränderung und -nutzung sowie die Datenübermittlung den Regelungen des BDSG unterliegen. Es nennt das Recht des Betroffenen bei der Verarbeitung seiner personenbezogenen Daten auf Auskunft, Berichtigung, Löschung und Sperrung.

§4, Zulässigkeit der Verarbeitung

Der § 4 Abs. 1 des BDSG regelt die Zulässigkeit der Verarbeitung und Nutzung personenbezogener Daten: »Die Verarbeitung personenbezogener Daten und deren Nutzung sind nur zulässig, wenn dieses Gesetz oder eine andere Rechtsvorschrift sie erlaubt oder anordnet oder soweit der Betroffene eingewilligt hat.«

Demnach ist eine Verarbeitung personenbezogener Daten grundsätzlich unzulässig und nur auf der Basis einer Rechtsgrundlage (BDSG oder andere Rechtsvorschrift) oder der Einwilligung des Betroffenen erlaubt. Nach dem BDSG ist es beispielsweise nicht erlaubt, Daten heimlich oder gegen den Widerspruch des Betroffenen zu erheben, oder die Daten für andere Zwecke als dem angegebenen zu verwenden. Erlaubt ist dagegen die Speicherung im Rahmen einer Zweckbestimmung eines Vertragsverhältnisses, oder wenn die Daten aus allgemein zugänglichen Quellen entnommen werden können.

§5, Datengeheimnis

Der § 5 definiert das Datengeheimnis und fordert für den nicht-öffentlichen Bereich eine Verpflichtung der mit der Datenverarbeitung befaßten Personen darauf. »Den mit der Datenverarbeitung beschäftigten Personen ist untersagt, personenbezogene Daten unbefugt zu verarbeiten oder zu nutzen (Datengeheimnis). Diese Personen sind, soweit sie bei nicht-öffentlichen Stellen beschäftigt werden, bei der Aufnahme ihrer Tätigkeit auf das Datengeheimnis zu verpflichten. Das Datengeheimnis besteht auch nach Beendigung ihrer Tätigkeit fort« (§5 BDSG).

13.2 Maßnahmen zur Realisierung der Forderungen des BDSG

§9, technische Umsetzung

Das BDSG legt in erster Linie die Ziele des Datenschutzes fest, äußert sich aber auch zu der Frage, wie diese Ziele zu realisieren sind. So wird in § 9 BDSG sowie der Anlage zu § 9 die technisch-organisatorische Umsetzung der Anforderungen des BDSG erläutert. Die dort beschriebenen Maßnahmen werden auch als die »10 Gebote« des Datenschutzes bezeichnet.

Anlage (zu § 9 Satz 1)

Werden personenbezogene Daten automatisiert verarbeitet, sind Maßnahmen zu treffen, die je nach der Art der zu schützenden personenbezogenen Daten geeignet sind,

1. Unbefugten den Zugang zu Datenverarbeitungsanlagen, mit denen personenbezogene Daten verarbeitet werden, zu verwehren (Zugangskontrolle),
2. zu verhindern, daß Datenträger unbefugt gelesen, kopiert, verändert oder entfernt werden können (Datenträgerkontrolle),
3. die unbefugte Eingabe in den Speicher sowie die unbefugte Kenntnisnahme, Veränderung oder Löschung gespeicherter personenbezogener Daten zu verhindern (Speicherkontrolle),
4. zu verhindern, daß Datenverarbeitungssysteme mit Hilfe von Einrichtungen zur Datenübertragung von Unbefugten genutzt werden können (Benutzerkontrolle),
5. zu gewährleisten, daß die zur Benutzung eines Datenverarbeitungssystems Berechtigten ausschließlich auf die ihrer Zugriffsberechtigung unterliegenden Daten zugreifen können (Zugriffskontrolle),
6. zu gewährleisten, daß überprüft und festgestellt werden kann, an welche Stellen personenbezogene Daten durch Einrichtungen zur Datenübertragung übermittelt werden können (Übermittlungskontrolle),

7. zu gewährleisten, daß nachträglich überprüft und festgestellt werden kann, welche personenbezogenen Daten zu welcher Zeit von wem in Datenverarbeitungssysteme eingegeben worden sind (Eingabekontrolle),
8. zu gewährleisten, daß personenbezogene Daten, die im Auftrag verarbeitet werden, nur entsprechend den Weisungen des Auftraggebers verarbeitet werden können (Auftragskontrolle),
9. zu verhindern, daß bei der Übertragung personenbezogener Daten sowie beim Transport von Datenträgern die Daten unbefugt gelesen, kopiert, verändert oder gelöscht werden können (Transportkontrolle),
10. die innerbehördliche oder innerbetriebliche Organisation so zu gestalten, daß sie den besonderen Anforderungen des Datenschutzes gerecht wird (Organisationskontrolle).

ITSEC und §9, BDSG

Die hier beschriebenen technischen Maßnahmen zur Realisierung der Anforderungen an den Datenschutz finden ihre Entsprechung in den nach ITSEC (*Information Technology Security Evaluation Criteria*) formulierten Grundfunktionen sicherer IT-Systeme. Durch eine Orientierung an den ITSEC- Funktionen bei der Auswahl und dem Einsatz von IT-Systemen läßt sich das generelle Sicherheitsbedürfnis einer Organisation mit den besonderen Anforderungen des Datenschutzes verbinden. Auch wenn der Datenschutz durch die gesetzlichen Grundlagen des GG und des BDSG eine Sonderstellung im Rahmen der IT-Sicherheit einnimmt, sind die technischen Mittel zur Realisierung von Datenschutz und IT-Sicherheit dieselben. Sicherheitsgrundfunktionen lassen sich durch Mechanismen realisieren, die entweder Bestandteil eines IT-Systems sind oder durch Zusatzprodukte im nachhinein implementiert werden müssen, wie zum Beispiel eine sichere Anmeldung durch SmartCards oder eine Verschlüsselung.

Tabelle 13.1: Vergeich ITSEC und 10 Gebote des BDSG

Funktionen sicherer Systeme nach ITSEC	Kontrollgebiete der 10 Gebote lt. Anlage § 9 BDSG
Identifikation, Authentisierung	Zugangskontrolle
Authentisierung, Rechteverwaltung	Zugriffskontrolle
Rechteverwaltung, Rechteprüfung	Benutzerkontrolle
Beweissicherung	Speicherkontrolle
Beweissicherung	Eingabekontrolle
Übertragungssicherung	Übermittlungskontrolle
Wiederaufbereitung	Auftragsverarbeitungskontrolle
Fehlerüberbrückung	
Gewährleistung der Funktionalität	

Abschließend sei an dieser Stelle auf die wachsenden Anforderungen an den Datenschutz aufgrund des Einsatzes hochkomplexer Informationssysteme wie Internet, Data Warehouse, Online Banking, E-Commerce usw. hingewiesen. Ob das BDSG in seiner jetzigen Form und auch nach dem bisher vorgelegten Referentenentwurf diesen Anforderungen begegnen kann, wird von Experten zunehmend in Frage gestellt.

Erklärung der Deutschen Vereinigung für Datenschutz

So heißt es in einer Presseerklärung der Deutschen Vereinigung für Datenschutz e.V. vom 10.4.1997 zum Referentenentwurf zur Novellierung des BDSG: »Nach Ansicht des Vorsitzenden der Deutschen Vereinigung für Datenschutz, Thilo Weichert, bestätigt der Entwurf die schlimmsten Befürchtungen von Datenschützern: Das derzeit geltende BDSG ist durch die technische Entwicklung in großen Teilen obsolet geworden: Internet, Chipkarten, CD-ROM, Videoüberwachung oder hochkomplexe Expertensysteme finden im aktuellen Gesetz keine wirksamen Schranken. Deren massenhafter Einsatz führt dazu, daß die informationelle Selbstbestimmung der Bürgerinnen und Bürger auf der Strecke bleibt. Nicht nur die Betroffenen, auch die staatlichen Aufsichtsbehörden sind bei dem derzeitigen Gesetz dazu verurteilt, mit rechtlichen Instrumenten Daten hinterherzuhecheln, die für eine inzwischen veraltete Rechnergeneration entwickelt worden sind. Für moderne Informationstechnik gibt es keine Grenzen in Bezug auf Raum, Zeit, Menge und Komplexität mehr. Die Bundesregierung wäre daher verpflichtet, anläßlich der notwendigen BDSG-Novellierung ein Instrumentarium zu schaffen, das dem Stand der Technik entspricht. Von Datenschützern werden schon seit Jahren entsprechende Regelungen gefordert: Einwilligungsnormen beim elektronischen Publizieren, Transparenz bei Einsatz von Video- oder Chipkartentechnik, Sicherung der Kommunikation durch Verschlüsselung, Verfahren zur Technikbewertung, z.B. als Folgenabschätzung und Datenschutzaudit.«

14 Das Signaturgesetz (SigG)

Digitale Signatur gesetzlich geregelt

Mit wachsender Nutzung elektronischer Kommunikationsmöglichkeiten (E-Mail, Electronic Commerce, EDI, Electronic Banking usw.) stellt sich die Frage nach der Verbindlichkeit digitaler Geschäfte und Willensäußerungen immer dringlicher. Offene Netze wie das Internet haben diese Problematik verschärft, weil sie ideale Voraussetzungen für die elektronischen Marktplätze der Zukunft bieten, Manipulationen dort aber besonders einfach sind. Digitale Dokumente müssen fälschungssicher sein, um einen verbindlichen Charakter zu erhalten. Die Fälschungssicherheit betrifft sowohl den Inhalt des Dokumentes (Integrität) als auch die Urheberschaft (Authentisierung des Urhebers / Absenders). Manipulationen am Informationsgehalt müssen sich eindeutig feststellen lassen. Darüber hinaus muß es möglich sein, den Urheber eindeutig zu bestimmen, so daß niemand unter falschem Namen ein Dokument erstellen bzw. versenden kann, und andererseits ein Urheber das Erstellen und Versenden eines Dokumentes nicht abstreiten kann (Non-Repudiation). Herkömmliche Dokumente garantieren dies beispielsweise durch ein besonderes Papier, vorgedruckte Formulare und nicht zuletzt durch die handschriftliche Unterschrift. Bei der elektronischen Erstellung und Versendung von Dokumenten entfallen diese Echtheitsmerkmale, denn das Resultat liegt in digitaler Form vor, also als reine Bitfolge nach dem Muster des jeweiligen Datenformates einer Anwendungssoftware. Technische Lösungen zur Prüfung der Echtheit und Unversehrtheit von elektronischen Dokumenten (Stichwort: Digitale Signatur) existieren bereits. Zum Durchbruch auf breiter Ebene fehlten allerdings bisher die gesetzlichen Rahmenbedingungen und somit auch standardisierte, zertifizierte Produkte.

IuKDG

Mit dem am 1. August 1997 in Kraft getretenen Signaturgesetz (Artikel 3 des IuKDG, Informations- und Kommunikationsdienstegesetz) ist ein wichtiger Schritt in Richtung der Beweisfähigkeit digitaler Dokumente und deren Gleichbehandlung mit der im Rechtsverkehr vorgeschriebenen Schriftform erfolgt. Die Fragen der rechtlichen Gleichstellung werden mit diesem Gesetz zwar nicht explizit geregelt; mit der Formulierung von Anforderungen an eine hohe Gesamtsicherheit des Verfahrens ist allerdings eine wichtige Voraussetzung für die faktische Sicherheit digitaler Signaturen geschaffen worden. Eine gesetzliche Gleichstellung wird auf dieser Basis nur eine Frage der Zeit sein. Eine digitale Signatur im Sinne des Gesetzes ist ein digitales Siegel auf der Basis eines privaten Signaturschlüssels. Das digitale Siegel wird einem elektronischen Dokument angehängt und entspricht der handschriftlichen Unterschrift bei erheblich höherer Sicherheit. Anhand des Siegels läßt sich feststellen, ob ein elektronisches Dokument inhaltlich unversehrt ist und von welcher Person es unterschrieben wurde. Eine vertrauenswürdige Stelle (Zertifizierungsstelle) beglaubigt die eindeutige Zuordnung eines privaten Schlüssels zu einer Person. Träger des Signaturschlüssels ist eine SmartCard, die nur in Verbindung mit einer PIN eingesetzt werden kann.

14.1 Sicherheit durch Kryptografie

Public-Key-Verfahren

Um die Fälschungssicherheit digitaler Dokumente zu gewährleisten, sind in der Vergangenheit verschiedene kryptografische Verfahren entwickelt worden, deren gemeinsamer Nenner die Verwendung digitaler Signaturen auf der Basis von Public-Key-Systemen ist. Eine digitale Signatur hat in diesem Fall nichts mit einer digitalisierten handschriftlichen Unterschrift zu tun, wie sie beispielsweise beim Einscannen und Kopieren entsteht. Sie wird bei kryptografischen Verfahren vielmehr durch mathematische Verfahren (Algorithmen) zur Ver- und Entschlüsselung von Daten erzeugt. Public-Key-Systeme haben die besondere Eigenschaft, daß die Ver- und korrekte Entschlüsselung von Daten auf der Basis eines eindeutigen Schlüsselpaares (geheimer Schlüssel / öffentlicher Schlüssel) erfolgen. Zur Verschlüsselung wird der geheime Schlüssel verwendet. Die korrekte Entschlüsselung der Daten ist nur mit dem dazugehörigen öffentlichen Schlüssel möglich. Das Verfahren muß sicherstellen, daß der geheime Schlüssel eindeutig einer bestimmten Person gehört, dort sicher verwahrt wird und aus dem öffentlichen Schlüssel nicht ableitbar ist.

Elektronischer Fingerabdruck

Jeder Teilnehmer dieses kryptografischen Systems verfügt demnach über ein persönliches Schlüsselpaar. Soll ein Dokument digital signiert werden, wird mittels eines mathematischen Verfahrens (Hash-Funktion) zunächst ein digitaler Fingerabdruck des Dokumentes erzeugt. Der Wert dieser Hash-Funktion ist für jedes Dokument eindeutig. Jede Änderung des Dokumentes führt zu einem neuen Hashwert. Im nächsten Schritt wird dieser Hashwert mit dem geheimen Schlüssel des Teilnehmers signiert (verschlüsselt) und anschließend zusammen mit dem Original-Dokument gespeichert oder elektronisch übermittelt. Die Prüfung erfolgt in umgekehrter Reihenfolge: Der signierte Hashwert wird mit dem öffentlichen Schlüssel des Teilnehmers entschlüsselt (dieser kann z.B. einem öffentlichen Verzeichnis entnommen oder an das Dokument angehängt werden) und mit dem Hashwert des Originaldokumentes verglichen. Stimmen die Resultate überein, ist sowohl die Korrektheit des Dokumenteninhalts als auch die Urheberschaft eindeutig erwiesen.

Zertifizierung von Schlüsselpaaren

Eine wichtige Bedingung für die Sicherheit der digitalen Signatur ist eine eindeutige Zuordnungsmöglichkeit des öffentlichen Schlüssels zu einer Person. Anderenfalls könnte sich jeder Teilnehmer eine beliebige Anzahl von öffentlichen Schlüsseln und damit eine Vielzahl von digitalen Identitäten zulegen bzw. unter dem Namen einer anderen Person digital signieren. Um dies zu verhindern, ist eine Bescheinigung (Zertifikat) durch Dritte erforderlich, die die Zugehörigkeit eines Schlüsselpaares zu einer Person bestätigt. Ein solches Zertifikat kann ebenfalls digital erstellt werden. In der einfachsten Form würde ein solches Zertifikat aus der von einer neutralen Stelle digital signierten Kombination des öffentlichen Schlüssels und des Namens einer Person bestehen. Es kann aber auch weitere Erkennungszeichen umfassen sowie die Gültigkeitsdauer des Zertifikats festlegen. Weitere Zertifizierungshierarchien sind denkbar, um eine Prüfung der Echtheit von Zertifikaten zu gewährleisten.

14.1.1 Darstellung von Dokumenten, Korrektheit des Verfahrens

Darstellungskomponente

Weiterhin muß sichergestellt sein, daß bei der Erzeugung digitaler Signaturen eine korrekte Darstellung der zu signierenden Daten erfolgt. Wer etwas digital signiert, muß sicher sein können, daß die Daten, die am Bildschirm angezeigt werden, mit dem Inhalt der unterzeichneten Datei übereinstimmen. Besonders WORD- oder HTML-Seiten lassen aufgrund zahlreicher Formatierungsmöglichkeiten Manipulationen zu. Textinhalte können z.B. unsichtbar gemacht werden, indem man sie weiß hinterlegt oder auf kleinste Font-Punktgröße stellt. Ist die Datei beispielsweise mit einem Virus infiziert, der bei einem späteren Aufruf der Datei den Inhalt verändert, wird die Signatur ungültig. Eine Gefahr sind auch sogenannte Trojaner (Programme, die eine andere Funktion vortäuschen als sie tatsächlich ausführen), die beispielsweise unbemerkt eine Signatur nicht-gewählter Dateien veranlassen können. Deutlich wird hierbei, daß nicht nur das eigentliche Signaturverfahren sicher sein muß, sondern auch die zusätzlich genutzten technischen Komponenten, wie Hardware, Betriebssystem und Anwendungssoftware.

14.1.2 Anforderungen des SigG und der SigV an die digitale Signatur

Prüfung der technischen Komponenten

Das Signaturgesetz (SigG) enthält allgemeine Rahmenbedingungen und läßt Raum für unterschiedliche innovative technische Lösungen. Es fordert explizit die Verwendung eines Public-Key-Verfahrens für die Erzeugung und Prüfung digitaler Signaturen. Spezielle Algorithmen zur Schlüsselgenerierung, zur Hash-Funktion und zum Signaturmechanismus werden nicht vorgeschrieben. Das Gesetz fordert eine hohe Fälschungssicherheit digitaler Signaturen und verlangt dazu u.a. eine Prüfung der technischen Komponenten, die das Verfahren realisieren. Diese Prüfung hat nach dem jeweils aktuellen Stand der Technik zu erfolgen. Ob ein Verfahren die Anforderungen des Gesetzes erfüllt, soll durch von der zuständigen Bundesbehörde (Regulierungsbehörde nach § 66 des Telekommunikationsgesetzes) anerkannte Evaluierungs- und Zertifizierungsstellen (z.B. BSI, debis) bestätigt werden. Interessant ist hierbei, daß die dem BSI auferlegte Zurückhaltung bei der Bewertung von Algorithmen (aus Gründen der Geheimhaltung des dortigen Knowhows) nicht für Algorithmen für die digitale Signatur gilt. Detaillierte Anforderungen an das Verfahren sowie die Sicherheitshöhe nach ITSEC für bestimmte Einsatzbereiche werden in einer Signaturverordnung (SigV) ausgeführt. Zu einer Grundforderung dieser SigV zählt beispielsweise der Einsatz von Hardware (z.B. SmartCard, PCMCIA-Karte) zur sicheren Speicherung des geheimen Schlüssels nach dem Prinzip Besitz und Wissen. Des weiteren wird dort die Gültigkeitsdauer von Zertifikaten eingeschränkt. Die Signaturverordnung wurde nach In-krafttreten des SigG vom zuständigen Bundesministerium erlassen und kann ohne weitere Beschlußfassung auf Bundesebene fortgeschrieben werden. Höhere Anforderungen an die technischen Komponenten und einzelne Parameter (z.B. höhere Schlüssellänge) können somit zügig umgesetzt werden. Die Entwicklung von geeigneten Verfahren ist der Wirtschaft im freien Wettbewerb überlassen.

Sicherheits-infrastruktur

Des weiteren regeln das Signaturgesetz und die Signaturverordnung eine Reihe von Fragen der Sicherheitsinfrastruktur, die zur Gewährleistung der Gesamtsicherheit der Verfahren erforderlich ist. Im einzelnen geht es um die Fragen:

- Wer generiert die Schlüsselpaare?
- Wer zertifiziert Schlüsselpaare und personalisiert z.B. SmartCards?
- Welche Anforderungen müssen Zertifizierungsstellen erfüllen?
- Wie ist die Zertifizierungshierachie aufgebaut?

14.2 Zertifizierungsstellen

IHKs, debis, Telesec u.a.

Nach dem derzeitigen Stand können Schlüsselpaare sowohl vom Anwender als auch von einer lizenzierten Zertifizierungsstelle generiert werden. Werden Schlüsselpaare von einer Zertifizierungsstelle generiert, dürfen die geheimen Schlüssel dort nicht gespeichert werden. Generieren Anwender (zum Beispiel eine Bank oder ein Kaufhaus) Schlüsselpaare, muß der Einsatz eines anerkannten Verfahrens nachgewiesen werden. Zum Betrieb einer kommerziellen Zertifizierungsstelle ist eine Lizenz der zuständigen Behörde nach § 66 Telekommunikationsgesetz erforderlich. Es werden hohe Sicherheitsanforderungen an den Betreiber gestellt, die u.a. ein vollständiges Sicherheitskonzept vorschreiben. Die Zertifizierungsstelle stellt Zertifikate für Schlüsselpaare aus und führt ein Verzeichnis über erteilte bzw. gesperrte Zertifikate. Sie muß einen Zeitstempeldienst anbieten, um die Existenz eines Dokumentes zu einem bestimmten Zeitpunkt zu beglaubigen. Als sogenannte »Wurzelinstanz« stellt die zuständige Behörde Zertifikate für die Signaturschlüssel der Zertifizierungsstellen aus, die zum Signieren von Anwenderzertifikaten eingesetzt werden. Ein Verzeichnis der für Zertifizierungsinstanzen geltenden Zertifikate muß öffentlich zugänglich sein. Zertifizierungsstellen, die den behördlichen Anforderungen entsprechen, befinden sich zur Zeit noch im Aufbau. Neben der Telekom-AG-Tochter Telesec plant das debis Systemhaus, in Zusammenarbeit mit der Bundesdruckerei eine Zertifizierungsstelle (D-Trust) einzurichten. Auch die Industrie- und Handelskammern bauen mit der DE-CODA eine Zertifizierungsstelle auf.

14.3 Internationale Anerkennung digitaler Signaturen

Wird das SigG Vorbild sein?

Nach dem SigG sind digitale Signaturen gleichgestellt, die mit einem öffentlichen Signaturschlüssel überprüft werden können, für das ein Zertifikat aus einem anderen Mitgliedsstaat der Europäischen Union oder aus einem anderen Vertragsstaat des Abkommens über den Europäischen Wirtschaftsraum vorliegt. Darüber hinaus muß das Verfahren vergleichbare Sicherheit bieten. Weltweit dürfte es zu einer überstaatlichen oder zwischenstaatlichen Anerkennung kommen, wobei das SigG dafür die nationale Grundlage bildet.

Mit dem Signaturgesetz und der Signaturverordnung ist ein wichtiger Schritt in Richtung der Anpassung gesetzlicher Regelungen an die Praxis des modernen Wirtschaftsverkehrs erfolgt. Darüber hinaus wird durch Festlegung von Anforderungen an zulässige Verfahren einem Wildwuchs unterschiedlicher Verfahren vorgebeugt, der im Zuge der Internationalisierung von Märkten eher hinderlich wäre. Die Entwicklung geeigneter Verfahren ist der Wirtschaft im freien Wettbewerb aufgetragen worden. Jetzt sind die Hersteller aufgefordert, für den nationalen und internationalen Markt entsprechende Lösungen bereitzustellen, die für Unternehmen und Behörden bundesweit, aber auch in Europa sicherlich bald eine wichtige Bedeutung haben werden.

Vorschlag der EU-Kommission

Am 13.05.98 wurde von der Kommission der Europäischen Gemeinschaften ein Vorschlag für eine Richtlinie des Europäischen Parlaments und des Rates über gemeinsame Rahmenbedingungen für elektronische Signaturen vorgelegt. Ziel ist die Harmonisierung auf europäischer Ebene, um Hindernisse für das Funktionieren des Binnenmarktes zu vermeiden. Ob die in dieser Richtlinie explizit herausgestellte Technologieunabhängigkeit einer Harmonisierung förderlich sein wird, bleibt dahingestellt. So will man sich dort nicht auf ein kryptographisches Verfahren für digitale Signaturen festlegen. Vielmehr sei mit einer Vielzahl von Authentisierungsverfahren zu rechnen, welche sowohl auf digitale Signaturen auf Basis kryptographischer Schlüssel als auch auf andere Verfahren für elektronische Signaturen beruhen könnten, für die der Geltungsbereich der Richtlinie »weit genug« gefaßt sein müsse.

15 Kriterien zur Prüfung und Bewertung der Sicherheit von IT-Systemen

Sicherheitsrahmenkonzept

Mit Beginn der 80er Jahre wurde das Thema IT-Sicherheit in Bundesregierung und Parlament verstärkt diskutiert. Bei Politikern aller Richtungen wuchs die Erkenntnis, daß die Sicherheit von IT-Systemen für die Funktionsfähigkeit von Wirtschaft und Staat eine zunehmende Bedeutung erlangen würde. Unter der Federführung des Bundesministers des Inneren wurden eine Reihe von Maßnahmen getroffen, um dem Sicherheitsbedürfnis öffentlicher und nicht-öffentlicher Organisationen zu entsprechen. Der Entwurf eines »Rahmenkonzeptes zur Gewährung der Sicherheit bei Anwendung der Informationstechnik«, das IT-Sicherheitsrahmenkonzept, beschrieb erstmals im Jahre 1989 konkreten Handlungsbedarf:

1. »Die Sicherheit von IT-Systemen gewinnt sowohl für die Funktionsfähigkeit von Wirtschaft und Staat zunehmend an Bedeutung. Maßnahmen zur Schaffung und Erhöhung dieser Sicherheit sind deshalb dringend erforderlich.
2. Die Verminderung der Bedrohung durch solche Maßnahmen ist eine staatliche Aufgabe.
3. Zur Durchführung entsprechender Risikoanalysen und der Entwicklung darauf basierender Sicherheitskonzepte bedarf es einer selbständigen Bundesoberbehörde. Nur eine staatliche Stelle verfügt über die erforderlichen umfassenden Sicherheitsinformationen und bietet zudem Gewähr für ausreichende Neutralität. Nur sie kann für die angestrebte bundesweite Einheitlichkeit von Sicherheitskriterien sorgen und zugleich die internationale Vereinheitlichung (z.B. durch Zusammenarbeit mit entsprechenden Behörden anderer Staaten) fördern. ....«

BSI-Errichtungsgesetz

Diesen Forderungen wurde 1990 mit dem BSI-Errichtungsgesetz und 1991 mit der Einrichtung des BSI (*Bundesamt für Sicherheit in der Informationstechnik*) Rechnung getragen. Zu den Aufgaben des BSI zählen u.a. die Untersuchung von Sicherheitsrisiken bei der Anwendung von Informationstechnik, das Entwickeln von Kriterien zur Prüfung und Bewertung von IT-Systemen, die Prüfung und Bewertung der Sicherheit von IT-Systemen und das Erteilen von Sicherheitszertifikaten.

15.1 BSI-Gesetz

Auszug § 3

(1) Das Bundesamt hat zur Förderung der Sicherheit in der Informationstechnik folgende Aufgaben:

1. Untersuchung von Sicherheitsrisiken bei Anwendung der Informationstechnik sowie Entwicklung von Sicherheitsvorkehrungen, insbesondere von informationstechnischen Verfahren und Geräten für die Sicherheit in der Informationstechnik, soweit dies zur Erfüllung von Aufgaben des Bundes erforderlich ist,
2. Entwicklung von Kriterien, Verfahren und Werkzeugen für die Prüfung und Bewertung der Sicherheit von informationstechnischen Systemen oder Komponenten,
3. Prüfung und Bewertung der Sicherheit von informationstechnischen Systemen oder Komponenten und Erteilung von Sicherheitszertifikaten,
4. Zulassung von informationstechnischen Systemen oder Komponenten, die für die Verarbeitung oder Übertragung amtlich geheimgehaltener Informationen (Verschlußsachen) im Bereich des Bundes oder bei Unternehmen im Rahmen von Aufträgen des Bundes eingesetzt werden sollen sowie die Herstellung von Schlüsseldaten, die für den Betrieb zugelassener Verschlüsselungsgeräte benötigt werden,
5. Unterstützung der für Sicherheit in der Informationstechnik zuständigen Stellen des Bundes, insbesondere, soweit sie Beratungs- oder Kontrollaufgaben wahrnehmen; dies gilt vorrangig für den Bundesbeauftragten für den Datenschutz, dessen Unterstützung im Rahmen der Unabhängigkeit erfolgt, die ihm bei der Erfüllung seiner Aufgaben nach dem Bundesdatenschutzgesetz zusteht,
6. Unterstützung
   - der Polizeien und Strafverfolgungsbehörden bei der Wahrnehmung ihrer gesetzlichen Aufgaben,
   - der Verfassungsschutzbehörden bei der Auswertung und Bewertung von Informationen, die bei der Beobachtung terroristischer Bestrebungen oder nachrichtendienstlicher Tätigkeiten im Rahmen der gesetzlichen Befugnisse nach den Verfassungsschutzgesetzen des Bundes und der Länder anfallen.

Grundschutz-handbuch

IT-Sicherheit definiert das BSI in seinem IT-Grundschutzhandbuch als Schutz vor dem Verlust der Vertraulichkeit (Schutz vor unbefugter Preisgabe), der Integrität (Schutz vor unbefugter Veränderung) und der Verfügbarkeit (Schutz vor unbefugter Vorenthaltung) von Informationen. Als vierte Grundfunktion wird vor dem Hintergrund rechtsverbindlicher digitaler Willensäußerungen (Stichwort: Digitale Signatur) immer häufiger auch die Verbindlichkeit (Nachweis von Absender und Empfänger) hinzugenommen. Das IT-Grundschutzhandbuch beschreibt u.a. eine Reihe von organisatorischen Sicherheitsmaßnahmen sowie technischen Sicherheitsfunktionen, die als Grundfunktionen sicherer Systeme auch bei der Formulierung von Sicherheitskriterien zur Prüfung und Bewertung von IT-Systemen wiederzufinden sind.

Zertifizierung von IT-Produkten

Die Zertifizierung eines IT-Produktes erfolgt grob skizziert nach folgendem Ablauf: Der Hersteller beauftragt eine Zertifizierungsstelle (BSI oder eine der derzeit drei privaten Zertifizierungsstellen TÜVIT, Essen, TÜv PS, München und debisZert, Bonn) mit der Zertifizierung sowie eine Evaluierungsstelle (mehrere privatwirtschaftliche Anbieter, z.B. TÜVs) mit der Evaluierung (Stichwort: Gewaltenteilung). Die Zertifizierungsstelle hat die Aufgabe der Prüfbegleitung und prüft nach Abschluß der Evaluierung den Prüfbericht der Evaluierungsstelle daraufhin, ob die Evaluierung kriterienkonform durchgeführt worden ist. Ist dies der Fall, erstellt die Zertifizierungsstelle den Zertifizierungsreport, der veröffentlicht wird.

15.2 ITSEC

Vorläufer

Der vom BSI-Vorläufer »Zentralstelle für Sicherheit in der Informationstechnik« bereits Anfang 1989 veröffentlichte Kriterienkatalog (ZSIEC) bildete neben vergleichbaren Werken aus den USA (CSEC/Orange Book) und Europa (CESG3 in UK, SCSSI in Frankreich) die Grundlage für das erste Kriterienwerk zur Prüfung und Bewertung der Sicherheit von IT-Systemen auf europäischer Ebene, den ITSEC (*Information Technology Security Evaluation Criteria*). Sie wurden gemeinsam von den Ländern Frankreich, Großbritannien, den Niederlanden und der Bundesrepublik mit dem Ziel erarbeitet, eine einheitliche Grundlage für die Zertifizierung von IT-Systemen durch die nationalen Zertifizierungsstellen in der EU zur Verfügung zu stellen. 1991 wurden die ITSEC von der EU und 1992 vom Bundesminister des Inneren offiziell bekanntgegeben und dienen seitdem als Basis für die Prüfung und Bewertung der Sicherheit von IT-Systemen in Deutschland sowie den anderen EU-Mitgliedsstaaten. Da es sich bei den ITSEC um ein recht umfangreiches Kriterienwerk handelt, soll es an dieser Stelle nur kurz erläutert werden.

Sicherheitsfunktionen

Nach ITSEC wird zwischen sicherheitsspezifischen Funktionen (Identifikation und Authentisierung, Rechteverwaltung/-prüfung, Beweissicherung, Wiederaufbereitung usw.) und der Vertrauenswürdigkeit hinsichtlich Korrektheit und Wirksamkeit dieser Funktionen unterschieden. Die sicherheitsspezifischen Funktionen sind in zehn Funktionsklassen (die hierarchischen Klassen F-C1, F-C2, F-B1, F-B2, F-B3 und die exemplarischen Klassen F-IN, F-AV, F-DI, F-DC und F-DX) eingeteilt. Ein Sicherheitsprodukt, das eine bestimmte Funktionalitätsklasse für sich beansprucht, muß allen Anforderungen dieser Klasse entsprechen und erhält nach erfolgreicher Prüfung ein Zertifikat mit Hinweis auf diese Klasse.

Vertrauenswürdigkeit

Bei der Evaluierung der Vertrauenswürdigkeit von sicherheitsspezifischen Funktionen wird zwischen der Korrektheit der Implementierung dieser Funktionen (sieben Evaluationsstufen von E0 bis E6) und ihrerer Wirksamkeit (niedrig, mittel, hoch) gegenüber einem potentiellen Angriff unterschieden. Ein Zertifikat, das etwa nur die Vertrauenswürdigkeit »E1 niedrig« bestätigt, sagt nichts über den Umfang der Funktionalität des Produktes aus. Ein »F-C2, E2 mittel«-Zertifikat bestätigt dagegen sowohl eine Funktionsklasse (F-C2) als auch die Vertrauenswürdigkeit in die korrekte Implementierung (E2) und ebenso die Wirksamkeit (mittel).

15.3 Common Criteria

Neu seit Mitte 1998

Seit Mitte 1998 liegt mit den *Common Criteria for Information Technology Security Evaluation* (Gemeinsame Kriterien für die Prüfung und Bewertung der Sicherheit von Informationstechnik / CC) ein weiteres (neben den ITSEC) internationales Kriterienwerk für die Sicherheitsbewertung vor. Die CC entstanden in intensiver Zusammenarbeit zwischen Deutschland, Frankreich, Großbritannien und den Niederlanden mit Vertretern aus Kanada und den USA. Grundlagen der CC sind die europäischen ITSEC (Information Technologie Security Evaluation Criteria), die US-amerikanischen TCSEC (*Orange Book/Trusted Computer System Evaluation Criteria*) sowie die kanadischen Kriterien CTCPEC (*Canadian Trusted Computer Product Evaluation Criteria*). Ziel war es, durch Harmonisierung der unterschiedlichen Kriterienwerke die Voraussetzung für eine gegenseitige Anerkennung von Evaluierungsergebnissen zu schaffen.

Jetzt gültig in Deutschland

Das im Mai dieses Jahres fertiggestellte Kriterienwerk in der Version 2.0 soll in Kürze zum internationalen Standard (ISO) für die Bewertung der Sicherheitseigenschaften von informationstechnischen Produkten und Systemen werden. Seit der Bekanntgabe durch das Bundesministerium des Inneren im Einvernehmen mit dem Bundesministerium für Wirtschaft sind die CC gültige Evaluierungskriterien in Deutschland. Sie sind den bisher in Europa benutzten ITSEC gleichwertig. Hersteller können selbst entscheiden, ob sie ihre Produkte nach ITSEC oder CC evaluieren lassen. Nachfolgend eine kurze Erläuterung der CC.

Die CC verbinden den nordamerikanischen Ansatz (Verwendung von Schutzprofilen) mit dem der ITSEC (Verwendung von Sicherheitsvorgaben).

Evaluierung

Die Vorgehensweise bei der Evaluation entspricht weitgehend derjenigen der ITSEC. Die vom Hersteller beschriebenen Sicherheitsfunktionen werden auf ihr Vorhandensein, Ihre Vertrauenswürdigkeit und ihre Wirksamkeit geprüft. Funktionale Sicherheitsanforderungen, dazu zählen z.B. die Standard-Sicherheitsanforderungen wie Identifikation und Authentisierung, Protokollierung usw. aber auch neue Anforderungen wie z.B. Schutz der Privatsphäre, können zu einem Schutzprofil zusammengefaßt werden. In diesem Fall werden zu Beginn der Evaluierung die Sicherheitsanforderungen des Schutzprofils in spezielle Sicherheitsvorgaben für das zu evaluierende IT-Produkt überführt.

Schutzprofile

Ein Schutzprofil verallgemeinert Sicherheitsvorgaben unabhängig von einem konkreten IT-Produkt. Es beschreibt vielmehr ein Sicherheitskonzept mit den Aspekten Sicherheitsumgebung, Bedrohungen, Sicherheitsziele und relevante Sicherheitsanforderungen der CC (aufgeteilt in Funktionalität und Vertrauenswürdigkeit). Mit Schutzprofilen sollen anerkannte Lösungen für Standard-Sicherheitsprobleme beschrieben werden. Die CC enthalten drei vordefinierte Schutzprofile: Commercial Security 1 (CS1), Commercial Security 3 (CS3) und PFFW (Netzwerk / Transportschicht-Paketfilter-Firewall).

Die Schutzprofile der CC sind vergleichbar mit den Klassen des Orange Books und der ITSEC. So entspricht das CC-Schutzprofil CS1 in etwa der Klasse C2 der amerikanischen TCSEC (Orange Book), die wiederum Vorlage war für die europäische ITSEC-Funktionalitätsklasse F-C2. In den CC ist vorgesehen, daß auch IT-Anwendergruppen weitere Schutzprofile erarbeiten können, die durch ein noch zu etablierendes Registraturverfahren, das eine Evaluierung dieser Schutzprofile einschließt, weltweite Anerkennung erlangen können.

Die Verwendung von Schutzprofilen ist nicht bindend. Liegt kein passendes Schutzprofil vor oder sollen funktionale Sicherheitsanforderungen evaluiert werden, die nicht Bestandteil der CC sind, können die Sicherheitsvorgaben eines IT-Produktes direkt formuliert werden. Die Evaluierung eines IT-Produktes kann sich demnach entweder auf ein spezielles Schutzprofil für dieses Produkt beziehen oder direkt auf dessen vom Hersteller beschriebene Sicherheitsvorgaben. Ausgenommen von der Evaluierung nach CC ist wie bei den ITSEC die Qualitätsbewertung von Verschlüsselungsalgorithmen.

EAL-1 bis EAL-7

Die CC unterscheiden sieben hierarchische Vertrauenswürdigkeitsstufen (Evaluation Assurance Level/EAL) und drei Stufen der Wirksamkeit von Mechanismen. Die EALs der CC sind vergleichbar mit den hierarchischen Stufen der ITSEC, wobei EAL 2 in etwa der Stufe E1 entspricht, EAL 7 der Stufe E 6. Auch die Vertrauenswürdigkeitsaspekte von CC und ITSEC sind vergleichbar (siehe Tabelle 15.1).

Tabelle 15.1: Vergleich der Vertrauenswürdigkeitsaspekte in ITSEC und CC

ITSEC	Common Criteria
Anforderungen	Funktionale Spezifikation
Architekturentwurf	Entwurf auf hoher Ebene
Feinentwurf	Entwurf auf niedriger Ebene
Implementierung	Darstellung der Implementierung
	Funktionale Tests
Konfigurationskontrolle	Automatisierung/Leistungsvermögen/Anwendungsbereich des Konfigurationsmanagements
Programmiersprachen und Compiler	Werkzeuge und Techniken
Sicherheit beim Entwickler	Sicherheit bei der Entwicklung
Benutzerdokumentation	Benutzerhandbuch

Tabelle 15.1: (Fortsetzung)

ITSEC	Common Criteria
Systemverwalter-Dokumentation	Systemverwalter-Handbuch
Anlauf und Betrieb	Installierung, Generierung und Anlauf
Auslieferung und Konfiguration	Auslieferung
Eignung der Funktionalität	Evaluation der Sicherheitsvorgaben
Zusammenwirken der Funktionalität	Evaluation der Sicherheitsvorgaben
Stärke der Mechanismen	Stärke der Sicherheitsfunktionen des EVG (Evaluierungsgegenstand)
Bewertung der Konstruktions-schwachstellen	Schwachstellenanalyse
Bewertung der operationellen Schwachstellen	
Benutzerfreundlichkeit	Mißbrauch

16 Die Kryptokontroverse

Krypto nicht nur fürs Militär

Kryptografische Verfahren wurden in der Vergangenheit fast ausschließlich zur Geheimhaltung sensible Informationen im militärischen Umfeld und von Geheimdiensten genutzt. Mit dem Einzug der Informationstechnik in den Wertschöpfungsprozeß von Unternehmen wächst nun auch dort das Interesse an Verfahren, mit denen sich Informationen vor unberechtigtem Zugriff schützen lassen. Information ist zu einem Produktionsfaktor von gleicher, wenn nicht höherer Bedeutung wie Kapital und Arbeit geworden. Sie ist in der Regel zeitkritisch und verliert an Wert, wenn sie zum falschen Zeitpunkt in falsche Hände gelangt. So kann der Verlust eines Informationsvorsprungs an Mitbewerber kostspielige Investitionen in Forschung und Entwicklung zunichte machen. Auch die neue Qualität der Unternehmenskommunikation im Zeitalter der Globalisierung hat ein wachsendes Sicherheitsbedürfnis zur Folge. Informationen, die wettbewerbsentscheidend sein können, werden weltweit zwischen Zentrale, Niederlassungen und Partnern, zwischen Entwicklungslabors, Qualitätsprüfung und Produktionsstätten ausgetauscht. Anstelle teurer Standleitungen wird dafür verstärkt das Internet genutzt. Eine kostengünstige, aber auch unsichere – weil abhörbare – Alternative. Technologien, um Informationen auszuspionieren, sind frei verfügbar und werden nicht mehr nur von Geheimdiensten genutzt, sondern sind auch verstärkt im Rahmen gezielter Wirtschaftsspionage anzutreffen.

Kryptografische Verfahren zum Schutz der Vertraulichkeit von Informationen gewinnen deshalb eine wachsende Bedeutung im kommerziellen Umfeld. Es gibt inzwischen eine Vielzahl von kommerziell genutzten Verfahren, die im Unterschied zu den Verfahren der Geheimdienste öffentlich zugänglich und international standardisiert sind. Auch andere Einsatzgebiete für kryptografische Verfahren gewinnen mit zunehmender kommerzieller Nutzung der Informationstechnik an Bedeutung. So läßt sich mit speziellen Verfahren prüfen, ob Informationen echt sind und nicht manipuliert wurden. Auch die Identität von Urhebern und Absendern kann durch kryptografische Verfahren entweder eindeutig ermittelt oder gegebenenfalls anonymisiert werden. Diese Verfahren dienen in erster Linie nicht dem Schutz der Vertraulichkeit von Informationen, sondern sind im Rahmen der Verbindlichkeit von elektronischen Geschäften von Bedeutung (siehe Teil I, Kapitel 2.7 Digitale Signatur).

Pro und Kontra staatlicher Kontrollen

Die zunehmende kommerzielle und private Nutzung von Kryptografie zum Schutz der Vertraulichkeit von Informationen hat in der Öffentlichkeit zu einer verstärkten Diskussion über Sinn und Notwendigkeit staatlicher Kontrollen geführt. Bei der sogenannten Krypto-Debatte geht es um den Interessenkonflikt zwischen kommerziellen und privaten Geheimhaltungsbedürfnissen auf der einen und staatlichen Sicherheitsinteressen auf der anderen Seite. Um Strafverfolgungsbehörden die Arbeit zu erleichtern und zum Schutz der nationalen Sicherheit werden Reglementierungen gefordert, die den Einsatz von Kryptografie einer staatlichen Kontrolle unterwerfen.

16.1 Krypto-Reglementierungen

Eine Reglementierung des Einsatzes von Kryptografie kann auf unterschiedlichen Ebenen erfolgen; die schärfste Form einer Reglementierung wäre zunächst ein Verbot sämtlicher Verfahren.

Beschränkung auf Kryptoverfahren mit Hintertüren

Eine weitere Möglichkeit wäre, nur den Einsatz staatlich genehmigter Verfahren mit eingebauten Hintertüren zuzulassen, die den Behörden eine Entschlüsselung ermöglichen. Eine solche Initiative wurde 1993 von der US-Regierung vorgestellt (Clipper-Chip). Sie scheiterte jedoch am politischen Widerstand und am Widerstand der Wirtschaft. Ähnlich einzustufen ist der auf Initiative des damaligen Innenministers Kanther in Deutschland entwikkelte Krypto-Chip namens Pluto. Dieser Chip, mit einem universellem Master-Schlüssel ausgestattet, wird von Siemens im Auftrag des BSI entwickelt und soll zunächst für den Einsatz auf Systemen vorgesehen sein, die zum Schutz staatlicher Verschlußsachen dienen.

Verkürzte Schlüssellängen

Durch eine Begrenzung der Schlüssellänge können kryptografische Verfahren zwar zugelassen, aber im Bedarfsfall ausgehebelt werden. Diese Form der »Reglementierung« bedeutet, daß ohne Kenntnis des Schlüssels allein durch das bloße Ausprobieren aller möglichen Schlüssel (Brute-Force-Attack) der verwendete Schlüssel bei vertretbarem Aufwand herausgefunden werden kann. Auf diese Weise können kryptografische Verfahren, die als sicher gelten, weil sie mit logischen Angriffen nicht auszuhebeln sind, durch die Verkürzung des erlaubten Schlüssels unsicher gemacht werden. Ein Verfahren, das bei vielen US-amerikanischen Softwareprodukten im Zusammenhang mit den amerikanischen Exportrestriktionen praktiziert wird. Eines der bekanntesten symmetrischen Verfahren, der DES-Algorithmus, arbeitet standardmäßig mit einer Schlüssellänge von 56 Bit. Bei einem symmetrischen Verfahren verdoppelt jedes zusätzliche Bit die Anzahl der möglichen Schlüssel und umgekehrt. Eine Schlüssellänge von 56 Bit kann aber schon heute nicht mehr als sicher im Hinblick auf eine Brute-Force-Attack mit leistungsfähiger Spezial-Hardware betrachtet werden. Die internationalen Internet-Browser von Netscape und Microsoft arbeiten mit einem 40-Bit-Schlüssel der mittlerweile bereits mit einem im Internet verfügbaren Bildschirmschoner geknackt werden kann. Erst eine Schlüssellänge von 90 Bit gilt bei einem symmetrischen Verfahren derzeit als sicher. Voraussetzung ist, daß das Verfahren selbst sicher ist und keine Abkürzung der Schlüsselsuche erlaubt.

Public-Key-Verfahren

Public-Key-Verfahren, die ein inverses Schlüsselpaar zur Ver- und Entschlüsselung nutzen, beruhen auf dem Problem, ein strukturiertes mathematisches Problem zu lösen. Das bekannteste Verfahren nach RSA beruht auf dem Fakturisierungsproblem großer Zahlen, wobei die Teiler einer Zahl N gefunden werden müssen. Da N Teil des öffentlichen Schlüssels ist und sich die mathematischen Verfahren zur Lösung des Faktorisierungsproblems im Laufe der Zeit optimieren können, sind Aussagen über die erforderliche Länge sicherer Schlüssel schwierig. Experten sprechen von der Faustregel, daß zehn zusätzliche Schlüsselbits den Rechenaufwand zum

Knacken eines RSA-Schlüssels verdoppeln. Empfohlene Schlüsselgrößen bei sensiblen Daten liegen bei 1024 bis 2000 Bits.

Key Escrow oder Key Recovery

Durch die Hinterlegung von Schlüsseln oder eines Masterschlüssels bei einem Schlüsseltreuhänder sollen staatliche Institutionen in der Lage sein, im Bedarfsfall Schlüssel anzufordern, um Nachrichten zu entschlüsseln. So müßte nicht die Verwendung von Kryptoverfahren reglementiert werden, sondern unabhängig von der Stärke des Verfahrens wäre eine Kontrolle allein über die erforderliche Schlüsselhinterlegung gewährleistet. Nach dem Scheitern der Clipper-Chip-Offensive der US-Regierung gehen von dort starke Bestrebungen in Richtung einer solchen Lösung im Sinne einer *Key Management Infrastructure* (KMI) aus.

16.1.1 Reglementierungen beim Einsatz von Kryptografie im internationalen Vergleich

Sonderrolle Frankreichs und Großbritanniens

Unter den großen europäischen Staaten hat bisher nur Frankreich den Gebrauch von Kryptografie zur Verschlüsselung eingeschränkt. Von 1990 bis 1996 war Verschlüsselung per Gesetz de facto verboten. Nach einer Gesetzesänderung ist sie nun unter der Bedingung erlaubt, daß staatliche Behörden bei Bedarf die Nachricht entschlüsseln können. Derzeit plant Großbritannien ein Gesetz, daß eine staatliche Lizensierung von Kryptografie-Dienstleistern wie Zertifizierungsstellen (TTPs, Trusted Third Parties) und Key Recovery Agents (Schlüsselhinterlegungsstellen) vorsieht. Das Gesetz soll kommerziellen und privaten Nutzern zwar nicht vorschreiben, die Dienste dieser neuen Institutionen in Anspruch nehmen zu müssen; es verbrieft allerdings das Zugriffsrecht des Staates auf alle verwendeten Schlüssel, ganz gleich ob lizensiert oder nicht.

Deutschland

In Deutschland forderte der vormalige Innenminister Manfred Kanther im April 1997 ein Krypto-Gesetz, das eine staatliche Genehmigung für kryptografische Verfahren und die Schlüsselhinterlegung bei einer unabhängigen Institution vorsah. Das Vorhaben scheiterte jedoch u.a. am Widerstand der liberal geführten Ministerien Wirtschaft, Justiz und Forschung. Das Kabinett verschob im Oktober 1997 in einem Beschluß die Entscheidung über eine Krypto-Regulierung bis zum Ende der Legislaturperiode. Es gilt als nicht ausgeschlossen, daß es nach der Bundestagswahl wieder auf den Tisch kommt.

16.1.2 Argumente gegen eine Kryptoregulierung

Regelungen können umgangen werden

Die Gegner einer Kryptoregulierung haben eine Vielzahl von Argumenten gegen eine staatliche Kontrolle des Einsatzes von Kryptografie. So wird darauf hingewiesen, daß die organisierte Kriminalität eine Reglementierung mit vielen Mitteln umgehen könnte. Kriminelle würden zunächst freiwillig keine Schlüssel hinterlegen. Wenn erlaubte Kryptoverfahren keine Sicherheit bieten, wären starke Verfahren (wenn auch möglicherweise nur zu Schwarzmarktpreisen) weiterhin verfügbar. Durch eine doppelte Verschlüsselung ließen sich Informationen zunächst mit einem starken Verfahren verschlüsseln und im Anschluß mit einem gesetzlich erlaubten schwachen Verfahren, für das dann auch bereitwillig ein Schlüssel hinterlegt würde, der im Ernstfall einer Behörde aber nichts nutzt. Durch sogenannte Steganographie-Programme können verschlüsselte Zusatzinformationen unsichtbar in audiovisuelle Daten eingebaut werden. Es ist nicht einmal feststellbar, ob eine solche Datei verschlüsselte Zusatzinformationen enthält oder nicht.

Geheimdienste

Eine Schlüsselhinterlegung bei einer wie auch immer gearteten unabhängigen Institution wäre mit einem enormen Administrationsaufwand und hohen Kosten verbunden. Zudem könnten solche Zentralen zum bevorzugten Ziel von Angriffen befreundeter oder nicht-befreundeter Geheimdienste und ausländischer Industriespione werden. Interessant ist in diesem Zusammenhang auch eine am 6. Januar 1998 veröffentlichte Studie des Europäischen Parlaments über ein flächendeckendes Abhörsystem (ECHOLON) des US-Geheimdienstes, das in Europa jedes E-Mail, jedes Telefonat und jedes Fax abhört. Die für Europa wichtigsten Stationen sind im englischen Menweth-Hill und Morwenstow stationiert. Mittels künstlicher Intelligenz werden die abgehörten Informationen nach Stichworten gefiltert, um sie gewichtet und effektiv auswerten zu können. Die Studie weist auf die Bedrohung der zivilen und menschlichen Rechte europäischer Bürger hin und äußert Besorgnis über die kommerziellen Rechte der im Rahmen der Gesetze operierenden Unternehmen, die durch Industriespionage bedroht sind.

Meinung der Verbände

Wirtschaftsverbände wie der VDMA und der ZVEI weisen darauf hin, daß eine Einschränkung der Möglichkeiten von Unternehmen, ihre sensiblen Informationen vor dem Zugriff durch Mitbewerber zu schützen, massive Wettbewerbsnachteile nach sich ziehen könnten. Die bisherige liberale Situation in Deutschland und in weiten Teilen Europas hat zudem dazu geführt, daß sich auf dem Gebiet der Verschlüsselung eine heimische Spitzentechnolgie entwickeln konnte, die auch im internationalen Vergleich führend ist. Zusammenfassend lauten die Argumente von Gegnern einer Kryptoregulierung, daß sich alle diesbezüglichen Maßnahmen nicht zur Bekämpfung der organisierten Kriminalität eignen, sondern vielmehr die Falschen und deren berechtigtes Schutzbedürfnis treffen. Auch wenn die Diskussionen um eine Krypto-Regulierung in Deutschland zur Zeit zurückgegangen sind, sollte die Entwicklung vor diesem Hintergrund aufmerksam verfolgt werden, zumal von US-amerikanischer Seite nach wie vor ein massiver Druck in Richtung einer Regulierung ausgeübt wird. Auch das Europäische Parlament und die OECD beschäftigen sich nach wie vor intensiv mit dem Thema Krypto-Regulierung. So lehnte das Europäische Parlament in seiner im Mai 1998 verabschiedeten »Initiative zum elektronischen Geschäftsverkehr« die Regulierung von Kryptoverfahren ab, beläßt jedoch die Ausgestaltung der nationalen Kryptopolitik weiterhin den einzelnen Staaten. Mit der am 27.3.1997 verabschiedeten Krytografie-Richtlinie hat die OECD Richtlinien für eine Vereinheitlichung der nationalen Kryptografiepolitik formuliert. Ziel ist es, Hinderungen des internationalen Handels aufgrund nationaler Gesetzgebungen entgegenzuwirken. Pläne von amerikanischer Seite zum Key Escrow konnten sich nicht durchsetzen.

16.1.3 Das Fernmeldeverkehr-Überwachungsgesetz (FÜV)

Die 1995 auf Basis der Verordnungsermächtigung des § 10b FAG (*Fernmeldeanlagengesetz*) erlassene FÜV hat die Befürchtung geweckt, daß nun auf dem Verordnungsweg ein heimliches Krypto-Gesetz eingeführt werden könnte. Ein »Krypto-Gesetz durch die Hintertür« vermuteten die Kritiker. Die *Fernmeldeverkehr-Überwachungs-Verordnung* (FÜV) verpflichtet alle Betreiber von Fernmeldeanlagen, verschlüsselte Daten abhörenden Behörden im Klartext zur Verfügung zu stellen. Das FAG bezieht sich aber nur auf Fernmeldeanlagen und nicht auf davon unabhängige Dienstleistungen. Verschlüsselungsverfahren gelten nicht als Fernmeldeanlagen im Sinne des FAG, denn mit ihrer Hilfe werden keine Nachrichten übertragen, sondern sie werden lediglich zur Verfremdung von Daten vor ihrer Übermittlung verwendet. Nach Meinung von Experten sind Betreiber von Fernmeldeanlagen daher nicht verpflichtet, Schlüsselduplikate aufzubewahren, solange Teilnehmer Daten unabhängig vom Übertragungsdienst von Endgerät zu Endgerät verschlüsseln können.

16.1.4 Import/Export-Regulierungen für Kryptrografie

Wassenaar-Abkommen

1996 unterzeichneten 33 Nationen das *Abkommen von Wassenaar* (Wassenaar arrangement on export controls for conventional arms and dual-use goods and technologies), das die Liste der exportbeschränkten Güter der 1994 aufgelösten COCOM (*Coordinating Committee for Multilateral Export Coontrols*) ersetzt. Das Ziel ist nach wie vor, durch nationale Regelungen der Mitgliedsstaaten dafür zu sorgen, daß Güter, die zu militärischen Zweck genutzt werden können, nicht in Krisengebiete exportiert werden. Zu den Mitgliedern gehören zum Großteil die NATO-Staaten, aber auch andere wie Japan und Australien. Bereits 1992 hatte die COCOM den Export von Kryptografie für den Massenmarkt erlaubt. Bis auf die USA haben sich die Teilnehmerstaaten in ihren nationalen Gesetzgebungen danach verhalten. Das Wassenaar-Abkommen bezeichnet Kryptografie als eine Dual-Use-Ware, das heißt, sie kann sowohl militärischen als auch zivilen Zwecken dienen. Es reguliert den Export von Kryptografie ähnlich wie ehemals die COCOM. Generell soll demnach der Export von Kryptografie- Produkten kontrolliert werden. Massenmarktprodukte und Public-Domain-Produkte sind von der Beschränkung jedoch ausgenommen. Das Wassenaar-Abkommen spezifiziert nicht den Begriff Massenmarkt und auch nicht den Spielraum und den Inhalt nationaler Kontrollen für Kryptografie-Produkte, die nicht für den Massenmarkt bestimmt sind. Dies ist der nationalen Gesetzgebung überlassen. Einige beteiligte Länder, darunter die USA, reglementieren aber auch die Ausfuhr von Massenmarktprodukten im Bereich Kryptografie.

EU-Exportkontrolle für Dual-Use-Güter

In der EU wurde 1994 mit der *Dual-Use-Regulation* (EU-Exportkontrolle für Dual-Use-Güter) ein Rahmenwerk für den Export von Waren geschaffen, das auch eine Liste von Dual-Use-Gütern enthält. Für deren Export sollen auf nationaler Ebene Genehmigungsverfahren eingeführt werden. Auch Kryptoprodukte dürfen demnach nur nach Genehmigung ausgeführt werden. Ausgenommen sind davon allgemein zugängliche sowie über das Internet vertriebene Kryptosoftware. Das Dual-Use-Regularium spezifiziert aber nicht den Spielraum, den Inhalt oder die Einführung nationaler Kontrollen. Von daher gibt es eine Vielzahl unterschiedlicher Genehmigungsverfahren für den Export von Kryptografieprodukten bei den Mitgliedsstaaten. Für Deutschland gilt: Der Export von Verschlüsselungssystemen ist genehmigungspflichtig. Allgemein zugängliche Produkte für den Massenmarkt sowie über das Internet vertriebene Software sind von der Genehmigungspflicht allerdings ausgeschlossen. Deutschland regelt den Export von Kryptografieprodukten demnach nicht restriktiver, als das Abkommen von Wassenaar und die EU-Exportkontrolle für Dual-Use-Güter es erfordern. Diese erlauben den Export von kryptographischer Software, die für den Massenmarkt bestimmt ist. Für den Import gibt es keine Beschränkung.

US-Exportrestriktionen

Kryptografische Systeme gelten als kriegswichtige Dual-Use-Ware beziehungsweise als Munition und unterliegen strengen Exportbeschränkungen. Der Export bedarf grundsätzlich einer Genehmigung, auch wenn es sich um Software handelt, die für den Massenmarkt bestimmt ist oder als Public Domain kursiert. Kryptoverfahren mit Schlüssellängen bis 40 Bit dürfen exportiert werden. Eine Lizenz für den Export starker Kryptografie ist nur in Ausnahmefällen zu bekommen. Dies betrifft z.B. die Verwendung bei ausländischen Banken und bei ausländischen Niederlassungen amerikanischer Unternehmen. Ansonsten ist der Export starker Kryptografie nur erlaubt, wenn die Software Key Recovery unterstützt, d.h. diese neue Exportlockerung (für symmetrische Verfahren mit 56 Bit und RSA 1024 Bit) gilt nur, wenn der Benutzer an einen Key Recovery-Agent in den USA angeschlossen ist.

Neuregelung im Dezember 1998

In ihrer Vollversammlung am 2. und 3. Dezember 1998 haben die 33 Vertragsstaaten des Wassenaar-Abkommens eine Neuregelung der Exportkontrolle für Kryptografie-Produkte beschlossen. Die ursprünglich umfassende Kontrolle, die durch eine Vielzahl von Ausnahmen geprägt war, wurde durch eine Positivliste ersetzt. Verschlüsselungsprodukte mit einer Schlüssellänge unter 56 Bit unterliegen keiner Exportbeschränkung mehr. Die Exportkontrolle für Verschlüsselungsprodukte mit Schlüsseln über 64 Bit wird auch auf Massenmarkt-Produkte erweitert. Die Beschränkung auf 64 Bit gilt zunächst für zwei Jahre und muß dann einvernehmlich erneuert werden oder entfällt. Von der Exportkontrolle ausgenommen sind Verfahren zur digitalen Signatur und Authentisierung.

Key Recovery-Verfahren nicht mehr aktuell

Einzelne Staaten, die ursprünglich eine Sonderbehandlung von »Key Recovery«-Produkten gefordert hatten, konnten sich nicht durchsetzen, so daß der Export von Verschlüsselungstechnologie auch künftig ohne Schlüsselhinterlegung bei staatlichen Behörden möglich ist. Diese Änderung wurde von allen Mitgliedsstaaten, also auch Deutschland unterzeichnet. Die Vereinbarung muß allerdings noch ratifiziert werden.

Europäische Anbieter nach wie vor benachteiligt

Die Änderungen des Wassenaar-Abkommens haben durch eine neue Positivliste mehr Klarheit geschaffen und viele Dinge vereinfacht. Nach wie vor definiert das Abkommen nicht den Spielraum und die Ausgestaltung der nationalen Kontrollen. Deutsche Hersteller können weiterhin hochwertige Verschlüsselungs-Produkte (> 56 Bit) mit Genehmigung exportieren. Allerdings sind europäische Anbieter von Krypto-Produkten durch die erweiterte Exportkontrolle für starke Verschlüsselung gegenüber amerikanischen Firmen nach wie vor benachteiligt. Amerikanische Anbieter können ohne Handelsschranken den etwa gleich großen Wirtschaftsraum des US-amerikanischen Marktes mit Kryptografie-Produkten aller Art bedienen. Innerhalb der EU hingegen dürfen europäische Hersteller nur nach einer Exportgenehmigung mit entsprechend hohem Verwaltungsaufwand an Mitgliedsstaaten liefern. Vor diesem Hintergrund ist für den europäischen Binnenmarkt ein ebenso uneingeschränkter Handel mit Krypto-Produkten auf der Basis der Dual Use-Verordnung der EU anzustreben.

17 Normen und Standards der Informationssicherheit

Kommunikationssicherheit

Das Internet hat sich zu einem wichtigen Informations- und Kommunikationsmedium im privaten und auch professionellen Bereich entwickelt. Aufgrund der geringen Kosten und weltweiten Zugangsmöglichkeiten ist es eine kostengünstige Alternative zu teuren Standleitungen und bietet eine Vielzahl von Nutzungsmöglichkeiten für die unternehmensweite Kommunikation sowie für die elektronische Abwicklung von Geschäften (E-Commerce). Für die Nutzer und Anbieter von Internet-Anwendungen stellt sich dabei die Frage der Sicherheit immer dringlicher. Das Internetprotokoll IP bietet keinen Schutz vor dem Abhören oder Verändern von Nachrichten. Auch das Vortäuschen falscher Identitäten auf Sender- und Empfängerseite ist auf einfache Weise möglich. Eine sichere Kommunikation über das Internet muß folgende Bedingungen erfüllen:

1. Nur Sender und Empfänger sollen den Inhalt einer Nachricht interpretieren können (Vertraulichkeit).
2. Ein Verfälschung der Nachricht muß feststellbar sein (Integrität).
3. Die Urheberschaft einer Nachricht muß nachweisbar sein (Authentizität).
4. Der Empfänger soll den Erhalt der Nachricht nicht abstreiten können (Verbindlichkeit, Non-Repudiation).

ISO-Schichtenmodell

Diese Eigenschaften einer sicheren Kommunikation können durch kryptografische Verfahren zur Verschlüsselung von Informationen, zur sicheren Authentisierung von Kommunikationspartnern und zur digitalen Signatur realisiert werden. Es gibt dazu eine Vielzahl standardisierter Kryptoalgorithmen (DES, IDEA, RSA usw), auf die in Teil I näher eingegangen wurde. Statt dessen sollen im folgenden die wichtigsten Implementierungen dieser Verfahren in sogenannten Sicherheitsprotokollen erläutert werden. Eine gängige Klassifizierung dieser Sicherheitsprotokolle ist die Einteilung auf der Basis des ISO-7-Schichtenmodells. Demnach unterscheidet man Protokolle zur Sicherung der Netzwerkebene (Ebenen 1-4-ISO-7-Schichtenmodells) und Protokolle zur Sicherung der Anwendungsebenen 5 bis 7.

Abbildung 17.1: ISO-Schichtenmodell

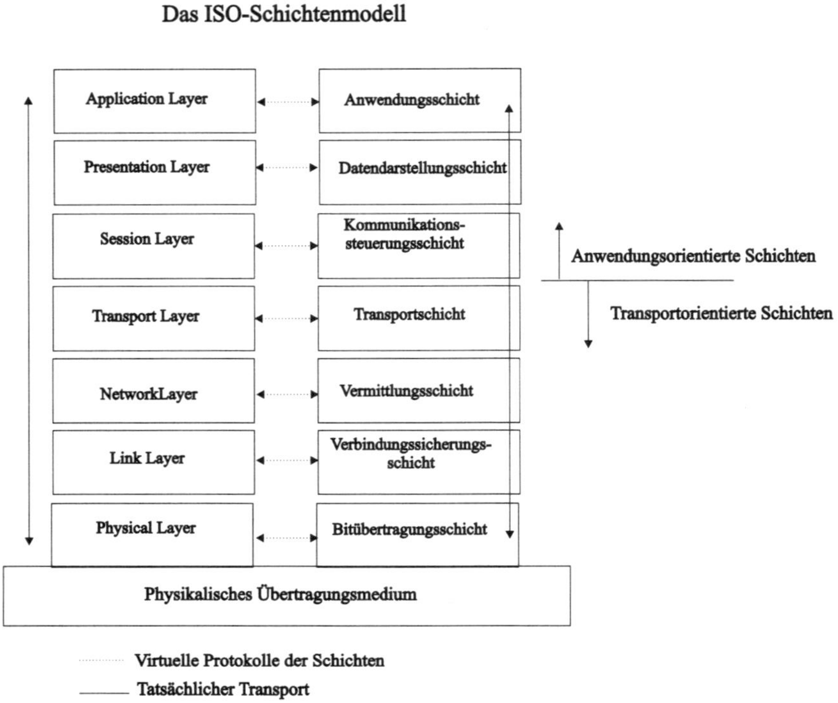

17.1 Protokolle zur Sicherung der Netzwerkebene

Auf Netzwerkebene sind die nachfolgend beschriebenen Verfahren weitgehend als Standards genormt bzw. akzeptiert. SSL (Secure Socket Layer) wird als Sicherheitsprotokoll in Web-Browsern vielfach genutzt. IPSEC (Internet Protocol Security) ist ein Internetprotokoll, das einen sicheren Kanal zwischen Sender und Empfänger aufbaut, und SKIP (Simple Key Management for Internet Protocols) ist ein Verfahren zur Erzeugung und zum Austausch von Schlüsseln.

17.1.1 SSL

Browser-Sicherheit

SSL ist ein von Netscape entwickeltes Sicherheitsprotokoll, das einen sicheren Datenkanal aufbaut, durch den beliebige Daten geschickt werden können. Im engeren Sinne handelt es sich um ein zwischen Transportebene und Sitzungsebene eingefügtes Handshake-Protokoll, das Authentisierung, Datenintegrität und Verschlüsselung für TCP/IP-Applikationen wie HTTP, SMTP u.a. zur Verfügung stellt. Mittels eines asymmetrischen Verschlüsselungsverfahrens (RSA) wird vor Verbindungsaufbau ein Sitzungsschlüssel vereinbart, aus dem ein Schlüssel für ein symmetrisches Verschlüsselungsverfahren (z.B. DES) gebildet wird, mit dem die eigentlichen Datenpakete verschlüsselt werden. Die Authentizität der verwendeten öffentlichen Schlüssel wird mittels X.509-Zertifikaten gewährleistet. SSL ermöglicht sowohl eine Client- (optional) als auch eine Server-Authentisierung. Das symmetrische Verfahren zur Verschlüsselung der Nutzdaten ist nicht festgelegt. Client und Server einigen sich zu Beginn der Verbindung über das bevorzugte Verfahren. Der Server authentisiert sich gegenüber dem Client mittels Übersendung seines Zertifikats oder seines öffentlichen Schlüssels. Der Client erzeugt einen zufälligen vorläufigen Hauptschlüssel und verschlüsselt diesen mit dem öffentlichen Schlüssel des Servers. Optional authentisiert sich der Client gegenüber dem Server durch die Übersendung seines Zertifikats und die zusätzliche Signierung des vorläufigen Hauptschlüssels. Der Server entschlüsselt nun den vorläufigen Hauptschlüssel mit dem öffentlichen Schlüssel des Clients. Aus dem vorläufigen Hauptschlüssel und Zufallswerten wird nun der endgültige Hauptschlüssel erzeugt. Der Austausch von Nutzdaten erfolgt fragmentarisch, wobei die einzelnen Fragmente komprimiert und mit einem Message Authentication Code (MAC) versehen werden. Der MAC dient der Prüfung der Integrität der Fragmente. Die Sicherheit des SSL-Protokolls hängt wesentlich von der verwendeten Schlüssellänge ab. Die Integration von SSL in amerikanischen Export-Produkten wie Netscape Navigator oder Microsoft Internet Explorer als SHTTP (Browser-Integration) bietet nur eine Schlüssellänge von 40 Bit und ist deshalb nicht als sicher einzustufen.

Eine weitere, inzwischen auch nach RFC standardisierte SSL-Implementierung ist TLS zur Sicherung von Proxis.

Abbildung 17.2 erläutert die Initialisierung einer sicheren Verbindung zwischen Client und Server. Zunächst wird eine Public-Key-Verbindung zwischen Client und Server aufgebaut, über die ein symmetrischer Schlüssel und die Zertifikate sicher ausgetauscht werden. Für die eigentliche Datenübertragung wird dann das schnellere symmetrische Verschlüsselungsverfahren verwendet.

Abbildung 17.2: Initialisierungsphase bei SSL

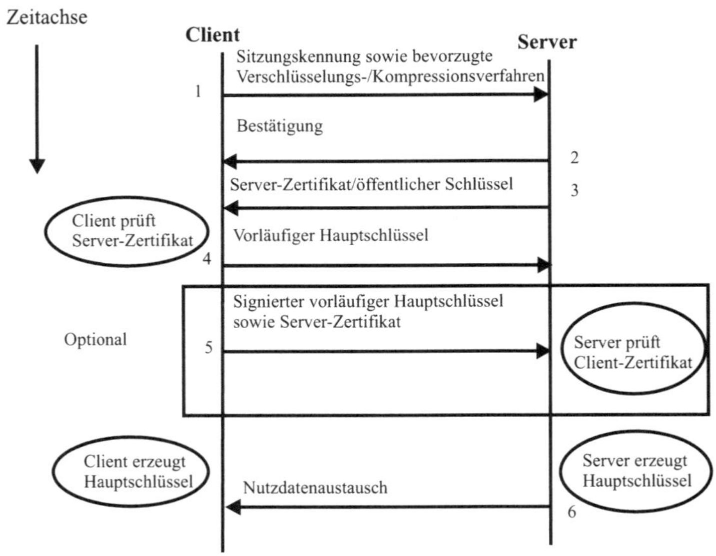

17.1.2 IPSEC

Sicherer Kanal im Internet

IPSEC (Internet Protocol Security) ist eine Initiative zur Gewährleistung der Sicherheit aller mittels IP übertragenen Daten. Diese Initiative wird von IETF getragen und wurde in den RFC 1825 bis 1829 festgeschrieben. Es erfolgt eine Authentisierung und / oder Verschlüsselung von Datenpaketen auf der IP-Paket-Ebene, also noch bevor UDP- oder TCP-Pakete in IP-Pakete eingepackt und über die Leitung verschickt werden. Dieser Vorgang ist auf Ebene 3 (Network-Layer) des ISO-7-Schichtmodells angesiedelt. Je nach Zweck wird zu dem IP-Header (der ja die Quell- und die Zieladresse des Datenpaketes trägt) ein Authentication Header (kurz AH) eingefügt, oder die verschlüsselten Daten werden verpackt (ESP=Encapsulating Security Payload). Mit dieser Sicherheitserweiterung kann demnach jedes einzelne Datenpaket vor Verfälschung geschützt und verschlüsselt werden. Damit würden einige Protokolle auf übergeordneten Schichten, wie z.B. SSL, bei bestimmten Anwendungen überflüssig werden, denn je nach verwendetem Schlüssel lassen sich Pakete auch verbindungsorientiert sichern. Anwendungsbezogene Sicherheitsfunktionen, wie beispielsweise digitale Signaturen, werden weiterhin erforderlich sein, da IPSEC die Pakete nur auf dem Weg zwischen zwei Instanzen schützt.

Transport- oder Tunnel-Mode

Beim Verschlüsseln kann zwischen zwei Modi unterschieden werden: Im Transport-Mode wird der Inhalt des Paketes (also das UDP- oder TCP-Paket) in den kryptografischen Rucksack gepackt und mit dem identischen IP-Header auf die Reise geschickt. Im Gegensatz dazu wird im Tunnel-Mode das ganze Paket mit originalem IP-Header verschlüsselt und mit einem Klartext-IP-Header versehen. Der Tunnel-Mode erhöht zwar den Overhead, sorgt aber dafür, daß IP-Adressen nicht gefälscht werden können, da diese auch verschlüsselt übertragen und so am Zielsystem geprüft werden können. IPSEC läßt beliebige Schlüsselmanagement-Verfahren zu und erlaubt auch, starke Algorithmen und SmartCards zu verwenden. Das SKIP-Verfahren (Simple Key Management for Internet Protocol) beispielsweise ist auf DES (für ESP) und MD5 (für AH) definiert und beruht auf dem Diffie-Hellman Keymanagement. Das ist ein Public-Key-Verfahren auf Basis des mathematischen Problems des diskreten Logarithmus.

Eine weitere interessante Variante ist das ISAKMP (Internet Security Association and Key Management Protocol), das die IETF in die Definition von IP V6 aufgenommen hat.

17.1.3 SKIP

Schlüssel-management

SKIP (Simple Key Management for Internet Protocols) ist zur Sicherung von Byte-orientierten Protokollen wie IP (Internet Protokoll) entwickelt worden. Es ermöglicht die sichere Kommunikation zwischen zwei Instanzen, ohne daß ein Eingriff in die Anwendung erforderlich wird. SKIP verwendet symmetrische Schlüssel zur Verschlüsselung von Paketen, die zusammen mit den Paketen übermittelt werden. Das einzelne Paket wird zunächst mit einem zufällig generierten Paketschlüssel symmetrisch verschlüsselt. Der Paketschlüssel selbst wird asymmetrisch mit dem öffentlichen Schlüssel des Empfängers verschlüsselt. Die Generierung der asymmetrischen Schlüsselpaare von Sender und Empfänger basieren auf dem Diffie-Hellman-Verfahren. Weitere Details zu SKIP sind in Teil I, Kapitel 2.5 beschrieben.

17.1.4 GSS

Das GSS-API (Generic Security Service Application Programming Interface) ist eine standardisierte Sicherheitsschnittstelle, die Anfang der neunziger Jahre von der Internet Engineering Task Force (IETF) ursprünglich zur Sicherung von Internet-Anwendungen definiert wurde. Sie ermöglicht die Verwendung kryptografischer Sicherheitsmechanismen zur

- Authentisierung von Kommunikationspartnern und
- Sicherung der Kommunikation hinsichtlich Vertraulichkeit und Integrität

in verteilten Systemen über eine gemeinsame Schnittstelle. Das GSS-API schafft eine Unabhängigkeit von Mechanismen, Kommunikation und Systemen, wie nachfolgend näher erläutert wird.

Unabhängig von Sicherheits-mechanismen

Die grundlegende Absicht bei der Entwicklung der GSS-API war die Unabhängigkeit der Schnittstelle von speziellen Sicherheitsmechanismen. Deshalb ist die Schnittstelle flexibel hinsichtlich der verwendeten Kryptosysteme (symmetrisch / asymmetrisch) und deren Algorithmen wie z.B. RSA, DES, IDEA. Darüber hinaus ist sie für die Anwendung das darunterliegende Authentisierungssystem.

Jede Art von Kommunikation

Ein weiterer Aspekt zur Erhöhung der Flexibilität ist die Kommunikationsunabhängigkeit des GSS-API. Die Definition des GSS-API enthält selbst keine Kommunikationsaufrufe oder -anforderungen. Die von den einzelnen Sicherheitsmechanismen erzeugten, kyptografisch geschützten Datenelemente werden über die Schnittstelle an die aufrufende Anwendung zurückgegeben. Die Datenübertragung erfolgt dann auf Anwendungsebene.

Betriebssystem-unabhängig

Wichtig für die Akzeptanz und Verbreitung einer Schnittstelle wie des GSS-APIs ist die Plattform- und Betriebssystemunabhängigkeit. GSS enthält in der Schnittstellendefinition keine system- und rechnerspezifischen Anforderungen, statt dessen aber eine Gruppe von einfachen, systemunabhängigen Schnittstellen.

Wie könnte eine Authentisierung nach GSS ablaufen?

Benutzer-transparent

Die beiden Partner – Benutzer oder Maschinen – wollen eine sichere Kommunikation beginnen. Hierzu sind die folgenden Schritte nötig, die für den Benutzer transparent ablaufen:

1. A sendet sein Zertifikat an B.
2. B prüft die Echtheit des Zertifikats mit dem öffentlichen Schlüssel der Zertifizierungsinstanz. Nach erfolgreicher Prüfung ist die Identität von A bewiesen.
3. B erzeugt einen zufälligen (random) Sitzungsschlüssel und verschlüsselt diesen mit dem öffentlichen Schlüssel von A.
4. B sendet den verschlüsselten Sitzungsschlüssel zusammen mit dem eigenen Zertifikat an A.
5. A prüft die Echtheit des Zertifikats von B mit dem öffentlichen Schlüssel der Zertifizierungsinstanz. Nach erfolgreicher Prüfung ist die Identität von B bewiesen.
6. A entschlüsselt den Sitzungsschlüssel mit seinem geheimen Schlüssel und kann ihn nun für diese Sitzung zum Verschlüsseln von Daten für A benutzen.

Sitzungsschlüssel

In jedem GSS-Prozeß wird der Sitzungsschlüssel jeweils neu und zufällig erzeugt und mit dem öffentlichen Schlüssel des Empfängers chiffriert. Er gilt nur für diese eine Sitzung. Ein Abfangen und Wiedereinspielen des Sitzungsschlüssels ist deshalb sinnlos, weil er beim nächsten Mal keine Gültigkeit mehr hat. Nur der Empfänger kann den Sitzungsschlüssel korrekt dechiffrieren, weil nur sein geheimer Schlüssel ein einwandfreies Ergebnis bringt. Die nachfolgende Kommunikation erfolgt verschlüsselt, wobei der Klartext-Sitzungsschlüssel verwendet wird.

17.2 Protokolle zur Sicherung der Anwendungsebene

Die anerkannten Standards zur Sicherung der Anwendungsebene sind SHTTP (Secure Hyper Text Transfer Protocol), SET (Secure Electronic Transactions), S/MIME (Secure Multipurpose Internet Mail), Mailtrust und ISAKMP. Sie werden nachfolgend beschrieben.

17.2.1 SHTTP

Sichere Übermittlung von HTML

SHTTP ist eine Erweiterung des HTTP-Protokolls, das der Übermittlung von HTML-Seiten zwischen Servern und Browsern dient. Ähnlich wie SSL ermöglicht es den sicheren Austausch von Dokumenten im Internet mittels Authentisierungs- und Verschlüsselungsverfahren. Während SSL auf der Transportebene aufsetzt und innerhalb des Browsers anwendungsunabhängig funktioniert, arbeitet SHTTP auf der Anwendungsebene und beschränkt sich auf Browser-Anwendungen, in die es integriert ist. Im Unterschied zu SSL wird mit SHTTP nicht der Kommunikationskanal verschlüsselt, sondern jeder HTTP-Request separat. Dies erlaubt jedoch im Unterschied zu SSL eine digitale Signatur von Nachrichten. SSL verwendet dagegen die Signatur nur zur Authentisierung zwischen Server und Client (siehe auch Teil I, Kapitel 2.9).

17.2.2 SET

Sicherheit von Kreditkarten-zahlungen

Bei SET handelt es sich um eine reine Anwendung, die ausschließlich zur sicheren Abwicklung von Zahlungsvorgängen dient. Ziel der maßgeblich von Mastercard und Visa getragenen Initiative ist es, einen Standard für das sichere Bezahlen mit Kreditkarten in unsicheren Netze, wie z.B. das Internet, zu schaffen. Für den nur zögernd anlaufenden Electronic Commerce wird von diesem Standard erwartet, daß er die notwendige Sicherheit und damit auch Akzeptanz auf Seiten der Nutzer realisiert. Darüber hinaus gewährleistet SET, daß es zu keinem Medienbruch bei der Abwicklung von Bestell- und Zahlungsvorgängen kommt. SET wurde auf der Basis von sieben sogenannten Business-Requirements entwickelt, die die Anforderungen an diesen Standard wie folgt spezifizieren:

1. Zahlungs- und Orderinformationen sollen vertraulich behandelt werden.
2. Die Integrität der im Rahmen des Zahlungsvorgangs übermittelten Daten soll gewährleistet sein.
3. Der Kartenbenutzer muß sich als Karteninhaber authentisieren.
4. Der Händler muß sich gegenüber dem Karteninhaber authentisieren.
5. Es sollen die besten kryptografischen Verfahren verwendet werden.

6. Das Protokoll soll nicht von sicheren Transportmechanismen auf unteren Schichten abhängen, dessen Benutzung aber nicht verbieten.
7. Das Protokoll soll auf verschiedenen Hard- und Software-Plattformen lauffähig sein (Interoperabilität).

Beteiligte Parteien

Weiterhin unterscheidet SET sieben an der Transaktion beteiligte Parteien: Karteninhaber, Händler, Kartenherausgeber (für Karteninhaber), Akquisiteur (für Händler), Zahlungs-Gateway, Kreditkarten-Institut, diverse Zertifizierungsstellen (Karteninhaber-Zertifizierungsstelle, Zahlungs-Gateway-Zertifizierungsstelle).

Abbildung 17.3: Beteiligte Gruppen im elektronischen Zahlungsverkehr (nach Mathias Kutzner/Steffen Evers, TU-Berlin)

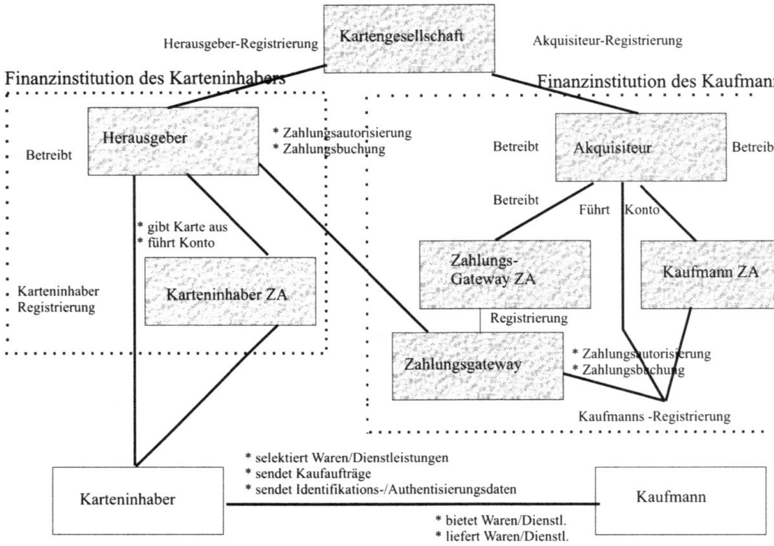

Ablauf einer Transaktion

Die Transaktion zwischen Kunde und Händler hat folgenden formalen Ablauf:

1. Der Karteninhaber wählt Waren und Dienstleistungen per Internet aus.
2. Der Karteninhaber trägt seine Auswahl in ein elektronisches Bestellformular ein.
3. Der Karteninhaber wählt die Art der Bezahlung aus (SET unterstützt derzeit nur die Bezahlung per Kreditkarte).
4. Der Karteninhaber versendet die Daten (Bestellung / Zahlungsinstruktionen) an den Händler (Kartenmarke, Kartennummer usw.).
5. Der Händler läßt sich die Zahlung durch die Finanzinstitution des Karteninhabers bestätigen (Zahlungs-Authorisierungsanfrage).
6. Der Händler sendet nach einer positiven Antwort eine Auftragsbestätigung an den Kunden.
7. Der Händler liefert die Ware aus.

8. Der Händler fordert von der Finanzinstitution des Karteninhabers die Bezahlung.

SET beschäftigt sich vor allem mit den unter Punkt 4, 5, 6 und 8 genannten Transaktionen. Als kryptografische Methoden werden symmetrische Verfahren (DES zur Verschlüsselung der Daten) sowie asymmetrische Verfahren (RSA) und Hashfunktionen (SHA1 für digitale Signaturen zur Authentisierung und Integritätsprüfung) genutzt.

Duale Signatur

Mit der Einführung sogenannter dualer Signaturen hat das SET-Verfahren eine sehr interessante Lösung für die selektive Geheimhaltung von Transaktionen zwischen Kunde, Händler und Bank entwickelt. Diese Lösung stellt sicher, daß der Händler nicht in den Besitz der Kreditkarteninformationen gelangt und das Finanzinstitut des Kunden nicht in den Besitz der Bestellinformationen. Beide können aber prüfen, ob diese Informationen korrekt sind (Integrität) und von wem sie gesendet wurden (Authentisierung). Der Ablauf ist wie folgt:

1. Der Kunde errechnet je einen Hashwert für die Bestellung und die Kreditkarteninformationen. Beide Hashwerte werden miteinander verbunden und darüber ein weiterer Hashwert errechnet.
2. Dieser Hashwert wird vom Kunden mit seinem privaten Schlüssel signiert (duale Signatur).
3. Der Benutzer sendet die duale Signatur, den Hashwert der Kreditkarteninformationen und die verschlüsselten Bestellinformationen (Hybrid-Verfahren) an den Händler.
4. Der Händler entschlüsselt die Bestellinformation, errechnet darüber einen Hashwert, verbindet diesen Wert mit dem Hashwert der Kreditkarteninformationen und errechnet über das Ergebnis einen Hash. Diesen Wert vergleicht er mit dem vom Kunden zugeschickten signierten Wert. Stimmen beide Werte überein, ist der Kunde authentisiert und die Integrität der Informationen sichergestellt.

Analog dazu erfolgt die Transaktion des Kunden mit seiner Finanzinstitution, wobei die Bank die verschlüsselten Kreditkarteninformationen erhält, die duale Signatur und den Hashwert der Bestellung. Der wesentliche Vorteil ist, daß dieses Verfahren auch vor nicht vertrauenswürdigen Händlern schützt, denn Kreditkarteninformationen gelangen niemals in die Hände eines Händlers.

Aufwendige Wallet-Software

Ein Nachteil des SET-Verfahrens ist der relativ große Aufwand. Der Kunde muß sich zunächst eine mehrere MB umfassende Software aus dem Netz laden (Wallet-Software), bevor er seine Buchungen absichern kann. Auch auf Banken und Händler kommt ein hoher Aufwand an Supportleistungen zu.

Mit dem SET-Verfahren zur Sicherung von Kreditkartenzahlungen im Internet konkurrieren deshalb derzeit auch andere Verschlüsselungssysteme, insbesondere auf der Basis von SSL.

17.2.3 S/MIME

Sichere E-Mails

Das MIME (Multipurpose Internet Mail)-Format (RCF 1521) ist 1997 als IETF-Standard für erweiterte Internet-E-Mail verabschiedet worden. Die MIME-Codierung strukturiert den Rumpf einer E-Mail, der im Unterschied zum E-Mail-Kopf normalerweise unstrukturiert ist. Dies ermöglicht das Versenden von Informationen unterschiedlicher Art (Dokumente, Graphiken, Audio- und Video-Sequenzen) in standardisierter Form als E-Mail. MIME bietet jedoch keine Möglichkeiten zur Sicherung der Kommunikation. Ergänzende Sicherheitsfunktionen entsprechend der Syntax in PKCS (Public Key Cryptography Standards) werden durch S/MIME bereitgestellt.

Es bietet die gleichen Sicherheitsfunktionen wie PEM und PGP. Da es in seiner internationalen Version, die sich zum Standard entwickeln dürfte, aufgrund der US-Exportrestriktionen im Bereich Verschlüsselung nur eine Schlüssellänge von 40 Bit für die Datenverschlüsselung bietet, muß man der Sicherheit dieser Version mit Skepsis gegenüberstehen.

17.2.4 MailTrust

Der deutsche Standard

MailTrust ist ein seit 1994 von TeleTrusT e.V. betriebenes Projekt zur Sicherung des elektronischen Datenaustauschs zwischen beliebigen Kommunikationspartnern in einer offenen Systemumgebung. TeleTrusT ist ein Kompetenzverbund aus Herstellern und Anwendern zur Förderung einer vertrauenswürdigen Informations- und Kommunikationstechnik. Mit dem MailTrust Standard sollen Kryptoverfahren für Identifikation/Authentisierung, digitale Signaturen und Verschlüsselung zur Verfügung gestellt werden, die mit technischen Komponenten unterschiedlicher Hersteller anwendbar sind. Das Konzept soll eine End-To-End-Sicherheit umfassen und sowohl anerkannte Internet-Standards als auch die Anforderungen des deutschen Signaturgesetzes vom August 1997 berücksichtigen. Die eingesetzten kryptografischen Verfahren sollen einen hohen Sicherheitsstandard ermöglichen und eine Alternative zur den sicherheitsrelevanten Restriktionen (verkürzte Schlüssellänge, Key Escrow) US-amerikanischer Exportprodukte darstellen. Es gibt bereits eine Vielzahl von Produkten, die die MailTrust-Spezifikationen erfüllen. Zu den wichtigsten Spezifikationen des MailTrust-Standards zählen die folgenden Punkte:

Schnittstelle Kommunikation

- Mailtrust unterstützt das Datenaustauschformat nach dem Internet-Standard RFC 1421 (PEM – Privacy Enhanced Mail) und erweitert diesen Standard um Nachrichtentypen für den Transfer von binären Daten und von Massendaten. Ein Übergang zu S/MIME Datenformaten ist vorgesehen.

Schnittstelle Zertifizierungs-infrastruktur

- MailTrust unterstützt eine Zertifizierungshierachie entsprechend des Internet-Standards RCF 1422 und nutzt X.509v1 (zukünftig auch C.509v3)-Zertifikate. Die Kommunikation zwischen Teilnehmer und Zeritifizierungsinfrastruktur erfolgt gemäß den PEM-Konventionen.

- Jeder Teilnehmer muß über einen sicheren Bereich (Personal Security Environment) für sicherheitsrelevante Operationen verfügen, wo z.B. Schlüssel und Zertifikate sicher speicherbar sind (z.B. SmartCards). MailTrust unterstützt eine Teilmenge der in PKCS#11 (Public Key Cryptographie Standard) festgelegten Mechanismen.

Schnittstelle Sicherheits-Token

- MailTrust berücksichtigt anerkannte Internet-Standards sowie die Anforderungen an das deutsche Signaturgesetz. Dies soll die Interoperabilität von Implementierungen in unterschiedlichen Anwendungen und auf unterschiedlichen Hardware-Plattformen gewährleisten.

Integration in verschiedene Applikationen

Es gibt bereits eine Vielzahl von Produkten (insbesondere im E-Mail-Bereich), die die MailTrust-Spezifikationen erfüllen.

17.2.5 ISAKMP

Schlüsselmanagement

ISAKMP ist ein universelles Key-Managment-Protokoll, das dem Cisco/IETF-Lager zuzurechnen ist. Es stellt einen Protokollrahmen für standardkonforme Implementierungen von Sicherheitsfunktionen dar. Für die Chiffrierung und Integritätssicherung von Nachrichten ist eine symmetrische Verschlüsselung vorgesehen, wobei das Verfahren nicht festgelegt ist. Es werden allerdings Mindestanforderungen für die Verschlüsselung (DES) und die Integritätssicherung (HMAC-MD5) gestellt. Die Authentisierung von Kommunikationspartnern kann nach unterschiedlichen Verfahren wie DSS, RSA, Kerberos, GSS usw. erfolgen. Ein erster konkreter Implementierungsentwurf ist ISAKMP/Oakley oder auch IKE (Internet Key Exchange) genannt. IKE besteht aus zwei Phasen: In der ersten Phase erfolgt ein Schlüsselaustausch zwischen den Kommunikationspartnern nach dem Diffie-Hellmann-Verfahren in Verbindung mit Zufallswerten. Die Authentisierung der Kommunikationspartner kann nach verschiedenen Verfahren erfolgen, wie z.B. durch das Signieren einer Nachricht mittels DSS oder RSA. Die erste Phase ist abgeschlossen mit der Generierung des endgültigen symmetrischen Schlüssels für die Verschlüsselung der nachfolgenden zweiten Phase des Key-Managements. Während dieser zweiten Phase werden Informationen über das bevorzugte Verschlüsselungsverfahren und die dazu notwendigen Schlüssel für beliebige Protokolle wie beispielsweise IPSEC ausgetauscht. Der Hauptunterschied zu SKIP ist, daß kein zusätzlicher Header zum Transport des Chiffrierschlüssels definiert wird, sondern ein TCP-Kanal (Port) benutzt wird.

A Glossar

ACA	Access Controlled Area. Datenbereich, für den eine Zugriffskontrolle besteht.
Access Control	Zugriffskontrolle. Begrenzung von Rechten der Subjekte, wie Benutzer, Benutzergruppen und Prozesse, bei der Nutzung von Objekten, wie Daten und Schnittstellen, mit dem Ziel, den Zugriff auf die berechtigten Subjekte zu beschränken.
Accountability	Nachvollziehbarkeit. Eigenschaft eines IT-Systems, die es erlaubt, versuchte und erfolgte Zugriffe von Subjekten auf Objekte nachzuvollziehen. Dazu gehört auch die Identifikation von Subjekten und die Kontrolle der Aktionen.
ACF2	Access Control Facility von Computer Associates (CA). Security Subsystem für IBM Mainframes VM, MVS C2 zertifiziert, vergleichbar mit RACF von IBM.
ACL	Access Control List von Windows NT und DCE/Kerberos Zugriffsliste. Eine nach Objekten geordnete Tabelle, die Zugriffsberechtigungen von Benutzern/Benutzergruppen auf Objekte regelt. Bestandteil des NTFS Dateisystems (siehe NTFS).
ActiveX	Microsoft Programmiersprache. Der Programmcode wird als Teil einer HTML-Seite durch einen geeigneten Browser von einem Web-Server auf einen lokalen PC geladen und dort ausgeführt. Ein ActiveX Control (Programm) kann alle denkbaren Befehle ausführen. Es gibt keine Sicherheitsarchitektur. Statt dessen gibt es ein Authenticode-Zertifikat-Verfahren, das sich aber noch bewähren muß. Derzeit gelten ActiceX Programme als durchaus gefährlich, weil sie Festplatteninhalte ausspähen oder löschen können.
API	Application Program Interface. Schnittstelle zur Kommunikation von Anwendungsprogrammen mit dem Betriebsystem oder anderen Programmen.
Applet	Ein in JAVA geschriebenes Programm, das in einer HTML-Seite über einen geeigneten Browser ausgeführt werden kann. Ein Applet kann, wenn es nicht richtig implementiert wurde, »unerwünschte Nebenwirkungen« erzeugen und ein Sicherheitsrisiko darstellen.

Application Layer	Anwendungsebene 7 des OSI-Schichtenmodells Implementierung des OSI-Schichtenmodells in Anwendungen. Alle übrigen darunterliegenden Schichten 1-6 müssen erfüllt sein, um ein Programm zu nutzen.
ASCII	American Standard Code for Information Interchange. Zeichensatz der PC-Welt, basierend auf einem 8-Bit-Code mit 256 Zeichen.
Asymmetrische Verschlüsselungsverfahren	Auch Public-Key-Verfahren genannt. Verwenden zwei Schlüssel zum Ver- und Entschlüsseln. Das Schlüsselpaar besteht aus einem geheimen und einem öffentlichen Schlüssel.
Audit	Revision, Prüfung. Audit in der DV meint: DV-Revision, Prüfung auf ordnungsmäßige DV. DV-Audit ist ohne ein Logging nicht möglich. Deshalb nennt man die Logdatei auch Audit-File.
Authentisierung Authentifizierung Authentication	Echtheitsprüfung. Bestätigung der Echtheit eines Subjekts oder Objekts. Bei der Zugriffskontrolle wird die Authentisierung zur Verifizierung der Identifikation verwendet. Schwache Authentisierungsmittel sind Paßwörter, PINs. Als stark gelten SmartCards-basierte oder biometrische Verfahren, die mit Challenge-Response-Technik arbeiten.
Authentisierungs-Server	Vorschaltrechner, der die Authentisierungsfunktion ausführt.
Backup	Sicherungskopie von Daten. Ausweichlösung für Hard- und Software zur Absicherung von Katastrophen.
Basic Authentication	WWW-Standard zur allerdings nicht sehr sicheren Authentisierung von Clients.
BAUD-Rate	Maßeinheit für die serielle Kommunikation, entspricht BPS (Bit per second). Anzahl der Bits, die pro Sekunde übertragen werden.
BDSG	Bundes-Datenschutz-Gesetz. Die Länder haben zusätzlich eigene Datenschutzgesetze erlassen.
Bitnapping	Unberechtigte Kenntnisnahme von Daten, erpresserische Unterschlagung von Daten
Blowfish	Schneller symmetrischer Chiffrier-Algorithmus, entwickelt von Bruce Schneier. Der Algorithmus ist veröffentlicht.
Browser	Programm, das mit Hilfe des HTTP auf Web-Server zugreift und Dokumente im HTML-Format interpretiert.
Brute-Force Attacks	Angriff auf verschlüsselte Daten. Es werden alle möglichen Schüssel solange ausprobiert, bis der passende gefunden ist.

BSI	Bundesamt für Sicherheit in der Informationstechnik, Bonn
CA	Certification Authority. Zertifizierungsinstanz oder Trust Center, stellt Zertifikate z. B. für die digitale Signatur aus. Siehe auch Zertifizierungs-Instanz
CAST	Umwandeln eines Dateityps in einen anderen Cast ist ein symmetrischer 64-Bit-Block-Chiffrier-Algorithmus, den C. M. Adams und S. E. Tavares entwickelt haben. Er ist dem DES ähnlich.
CBC	Cipher Block Chaining. Block-Verkettungs-Modus in DES. CBC kombiniert als Schlüssel jeweils den Schlüssel mit dem vorigen Block.
CCITT	Comité Consultatif International Télégraphique et Téléphonique.
CERT	Computer Emergency Response Team. Internet-Feuerwehr, die schnell auf Hackerangriffe oder Sicherheitslücken reagiert, Hilfe leistet oder informiert.
Certificate Revocation List (CRL)	Sperrliste für Zertifikate. Die Liste wird mit dem geheimen Schlüssel der Zertifizierungsinstanz signiert und öffentlich gemacht. Jeder kann sie einsehen, ihre Glaubwürdigkeit durch Verifizierung der Signatur überprüfen und sich davon überzeugen, ob ein erhaltenes Zertifikat noch gültig ist.
CFB	Cipher Feed Back. Modus von DES, bei dem außer dem Schlüssel noch Daten aus demselben Block verwendet werden.
CGI	Common Gateway Interface. Schnittstelle von Benutzerdaten und Programmen (z. B. Datenbanken) auf Web-Servern.
Challenge Response	Handshaking zur Authentisierung von Benutzern. Auf die Random-Challenge des Hosts antwortet der Kommunikationspartner mit seiner Response, die der Host prüft. Bei diesem Vorgang wird oft ein Session-Key etabliert.
Chosen Plaintext Attack	Siehe Plaintext Attack
Cipher Text	Schlüsseltext, verschlüsselter Klartext
Compusec	Computer Security, DV-Sicherheit
Common Criteria	Gemeinsame Kriterien für die Prüfung und Bewertung der Sicherheit in der Informations-technik. Vereinbart zwischen USA, Kanada und Europa.
Communication Server	Verbindungsrechner zum öffentlichen Netz, der einem LAN vorgeschaltet ist.
Cookies	Informationen, die von einem Web-Server in den Browser eines Client-PCs geladen und gespeichert werden. Sie können dann bei der nächsten Verbindung genutzt werden.

Cracker Vorsätzlich tätiger Hacker mit unlauteren, d.h. meist mit Gewinnabsichten.

Crypto Server Vorschaltrechner, der die Aufgabe hat, Verschlüsselungsfunktionen auszuführen.

DAC Discretionary Access Control. Benutzerbestimmbare Zugriffskontrolle.

Daemon Prozeß, der auf einem Server abläuft, um definierte Dienste zur Verfügung zu stellen,
z.B. httpd (WWW-Daemon).

Data Encryption Key (DEK) Schlüssel zur Chiffrierung von Nutzdaten und zur Berechnung des MAC (Message Authentication Codes).

Data Stamp Datumsstempel. Ergänzung einer Nachricht durch Datum/Zeit ihrer Erzeugung.

DCE Distributed Computing Environment von OSF enthält auch Sicherheitsdienste:
- Authentisierungs-Dienste
- Privilege-Dienste
- Registry- Dienste

DDNSIX Department of Defense Intelligence Information Systems Network Security for Information Exchange. Netzsicherheitsprotokoll des US-Verteidigungsministeriums, das als Referenzmodell von TSIG dient.

DDTSEC Department of Defense Trusted Computer Systems Evaluation Criteria, Orange Book.

DEK Data Encryption Key. Schlüssel zur Chiffrierung von Nutzdaten und zur Berechnung des MAC (Message Authentication Codes).

Denial of Service Dienstleistungsverhinderung. Methode der Sabotage ohne unberechtigte Kenntnisnahme von Daten. Verweigern eines Dienstes, unberechtigte Verzögerung oder Verhinderung der Kommunikation zwischen Prozessen. Z.B. durch Belegung der CPU mit anderen Prozessen, Sperrung von Datenbanksätzen oder Nichtfreigabe von Sätzen für andere Benutzer (dead lock).

DES Data Encryption Standard von 1977 (IBM), ANSI X3.92-1091. Symmetrische Verschlüsselung, Blockchiffre mit einem 56-Bit-Schlüssel. 1977 von IBM entwickelt. 1980 von der amerikanischen ANSI genormt. Es werden jeweils Blöcke von 64 Bit mit dem Schlüssel in 16 Runden modifiziert. DES gilt nicht mehr als sehr sicher. Sicherer ist Triple DES mit einer Schlüssellänge von 112 oder 168 Bit.

Diffie-Hellman Diffie-Hellman ist ein Public-Key-Algorithmus für einen sicheren Schlüsselaustausch. Kann nicht zur Datenverschlüsselung verwendet werden.

Digitale Signatur

Code, der einem Dokument beigefügt wird, und der die Integrität des Dokuments sichert. Die digitale Signatur wird zum Nachweis der Urheberschaft gegenüber Dritten ohne Offenlegung geheimer Informationen verwendet.
Die digitale Signatur wird aus einem Hash (Prüfsumme) des Dokuments gebildet, der mit dem geheimen Schlüssel des Absenders chiffriert wird. Der Empfänger entschlüsselt zunächst den Hash mit dem öffentlichen Schlüssel des Absenders und überprüft ihn dann durch wiederholte Ermittlung.

Digitales Zertifikat, Zertifikat

Ein digitales Zertifikat ist ein signiertes Dokument wie ein Paß, das die Authentizität einer Person darstellt. Es enthält den öffentlichen Schlüssel einer Person und ist mit dem geheimen Schlüssel einer vertrauenswürdigen dritten Partei (Zertifizierungsinstanz) verschlüsselt. Die Zertifizierungsinstanz macht ihre öffentlichen Schlüssel bekannt. Heute werden Zertifikate im allgemeinen nach der X.509-Norm ausgestellt.

DNS

Domain Name Service. Dienst, der die Namen der Rechnersysteme speichert und auf Anfrage zusammen mit der IP-Adresse liefert. Ein DNS besteht in jedem Internet-Teilnetzwerk. IP-Adressen werden unverschlüsselt geliefert.

DSA

Digital Signature Algorithm. Seit 1991 durch NIST genormt; heißt seitdem auch DSS (Digital Signature Standard). DSS wurde von NSA (National Security Agency) in den USA entwickelt und basiert auf einem per Public-Key verschlüsselten Hash (SHA).

DSS

Digital Signature Standard. DSS wurde von NSA (National Security Agency) in den USA entwickelt und basiert auf einem per Public-Key verschlüsselten Hash (SHA), siehe DAS. Dieser Standard benutzt den Digital Signature Algorithm (DSA). DSA ist ein Public-Key- Algorithmus zur Erzeugung von digitalen Signaturen. DSA kann nicht zur Datenchiffrierung verwendet werden.

Dual-Homed Gateway

Rechner (PC), der mit zwei Netzwerkinterfaces ausgerüstet ist. Dieses Gateway ermöglicht den Übergang zwischen zwei Netzen. Es wird z. B. als Vorschaltrechner vor einem Mainframe eingesetzt, um eine Kommunikation mit einem PCP/IP-basierten Netz zu ermöglichen.

E1-E6

Evaluationssufen nach ITSEC, wobei E1 die geringsten und E6 die höchsten Anforderungen an die Vertrauenswürdigkeit stellen. Kommerzielle Sicherheit erfordert E2 bzw. E3.

E3, EEE End-To-End-Encryption. Verschlüsselung von Nutzdaten auf dem gesamten Weg zwischen dem Computer des Absenders und dem des Empfängers.

EAL1 - EAL7 Evaluationsstufen nach den Common Criteria. EAL1 bedeutet keine Sicherheit. EAL2 entspricht der IT-SEC-Stufe E1. Kommerzielle Sicherheit erfordert EAL3 bis EAL4.

ECB Electronic Code Book. Einfachmodus von DES. Nur für kleine Datenmengen bis zu 8 Byte verwendbar. Alle Blöcke werden mit demselben Schlüssel chiffriert. Deshalb sind Known Plaintext Attacks möglich.

Echtheit von Daten Die Echtheit von Daten kann durch Überprüfung der Datenintegrität (siehe Integrität von Daten) und der Authentisierung des Absenders bewiesen werden. Hierzu erzeugt man einen Hash (siehe Hash) und signiert diesen mit dem geheimen Schlüssel des Absenders.

EDI Electronic Data Interchange. Standard zum Austausch von Daten.

EDIFACT Standard zum Austausch formatierter Daten.

Einweg-Verschlüsselung Einwegfunktion zur Verschlüsselung von Paßworten (One-Way Function). Einwegverfahren erlauben keine Entschlüsselung. Bei der Authentisierung eines Benutzers wird zunächst das Paßwort einwegverschlüsselt und erst dann mit der gespeicherten, einwegverschlüsselten Kopie verglichen.

Elektronische Unterschrift Siehe digitale Signatur.

ElGamal Public Key Cryptosystem. Hat keine hohe Bedeutung.

End-To-End-Encryption Verschlüsselung von Nutzdaten auf dem gesamten Weg zwischen dem Computer des Absenders und dem des Empfängers.

Erase on Delete Physisches Löschen von Daten durch Überschreiben.

ESP Encapsulating Security Payload. Sicherheitsverfahren im Rahmen von IPSEC (siehe dort).

False Alarm Fehlalarm, unechter Alarm.

FEAL Fast Encryption Algorithm von NTT, Japan. Ähnlich DES, aber viel schneller und zumindest in der 8- und 16-Bit-Version weniger sicher. In Frankreich, Großbritannien, Deutschland und USA patentiert; lizenzpflichtig.

FEP Front End Processor. Vorschaltrechner vor einem Großrechner oder Server.

Firewall Vorschaltrechner. Eine Firewall gilt als die sichere Maßnahme, um das interne Netz vor unerwünschtem Zugriff zu schützen. Die Firewall überwacht die Kommunikation zwischen dem Internet und firmeninternen Netzwerken. Einbruchsversuche aus dem Internet werden sofort einem Sicherheitsverantwortlichen gemeldet.

Flaw Schwachstelle, Defekt, Mangel
Design flaw = Mangel im Design
Implemenation flaw = Mangel in der Ausführung

FTP File Transfer Protocol. Erlaubt den Dateiaustausch zwischen Rechnern über eine TCP-Verbindung.

Gateway Kontrollstation zur Verbindung unterschiedlicher Welten. Gateways konvertieren Protokolle; sie sind Rechner mit zwei Netzwerkkarten und Software zur Verbindung von unterschiedlichen Systemen. Protokolle werden untereinander verständlich gemacht.

Geheimhaltung Siehe Verschlußsachen.

GINA Graphical Identification and Authentication. Schnittstelle in Windows NT, die es Entwicklern ermöglicht, sich in die Benutzeranmeldung einzuklinken, um z. B. eine starke Authentisierung hinzuzufügen.

Green Book Das Sicherheits-Kriterienbuch der britischen Regierung, das jetzt durch ITSEC ersetzt wurde.

GSS Generic Security Services. Standardisierte Sicherheitsschnittstelle, die unabhängig von Hardware, Betriebssystem, Kommunikationsarten und Sicherheitssystem ist.

Hacker Angreifer oder Eindringling in IT-Systeme. Das Wort ist abgeleitet von »auf der Tastatur herumhacken«. Hacker konnten in der Vergangenheit mehrmals durch Ausprobieren von Paßworten in Computer eindringen. Im Gegensatz zu Crackern, die meist mit Gewinnabsichten in Computersysteme eindringen, steht bei Hackern primär die Herausforderung, in Systeme einzudringen und deren Grenzen bzw. Schwachstellen aufzuzeigen, im Mittelpunkt.

Handshake Handshake ist ein Übertragungsverfahren, bei dem der Empfänger dem Sender den Empfang von Daten bestätigt und ihm mitteilt, daß er zum Empfang weiterer Daten bereit ist. Damit ist die störungsfreie Zusammenarbeit von unterschiedlich schnellen Systemen gewährleistet. Eine Vereinbarung könnte z. B. sein, daß alle ausgetauschten Daten verschlüsselt werden oder nach welchem Verfahren die Verschlüsselung erfolgen soll.

Hash
Hash Totals

Kryptografische Prüfsumme über ein Dokument zur Sicherstellung der Integrität. Bekannte Hashverfahren sind u. a. MD4, MD4, SHA und RIPEMD.

HBCI

Neuer Standard zur Kommunikation zwischen einem intelligenten Kundensystem und einem entsprechenden Bankrechner zur Durchführung von Homebanking-Transaktionen in Deutschland. Der Datentransfer wird hierbei über eine Netto-Datenschnittstelle abgewickelt, die auf einer sehr flexiblen Trennzeichensyntax (ähnlich EDIFACT) basiert. Zielgruppe für HBCI ist der Privatkundenmarkt, der momentan noch von den bestehenden T-Online-Anwendungen (BTX) dominiert ist. Der HBCI-Standard wurde im Zentralen Kreditausschuß (ZKA), der aus allen Verbänden der deutschen Kreditwirtschaft zusammengesetzt ist, vereinbart. Die Version 1.0 ist verfügbar.

Folgende Vorteile sollen HBCI zum Durchbruch verhelfen:

- sehr leistungsfähige, flexible Netto-Datenschnittstelle.
- Multibankfähigkeit durch gemeinsame Verab schiedung im Zentralen Kreditausschuß (ZKA).
- Unabhängigkeit vom Transportnetz, dadurch auch für alternative Netze, wie z. B. Internet, geeignet.
- Attraktivität durch Erschließung neuer Geschäftsvorfälle für den Homebankingbereich.
- Erweiterte Sicherheitsfunktionen für den Betrieb in unsicheren Netzen, wie z. B. im Internet.

Hook

Ansatzpunkt, Haken, Falle.

Hook-Up Security:

Komponentensicherheit. Ins Betriebssystem eingebaute Hooks erlauben z. B. die enge Verzahnung eines Security Subsystems mit dem Betriebssystem.

HTML

Hyper Text Markup Language. Datenformat der WWW-Seiten.

HTTP

Hyper Text Transfer Protocol. Protokoll zur Übertragung von HTML-Dokumenten zwischen Web-Server und Web-Browser im Internet (siehe auch S/HTTP).

Hybridverfahren

Gemischte Anwendung von symmetrischen und asymmetrischen Verschlüsselungsverfahren (z. B. DES und RSA). Hybridverfahren verbessern sowohl Durchsatz als auch Schlüsselmanagement. Verschlüsselung der Nutzdaten erfolgt symmetrisch mit einem Random-Key, der asymmetrisch verschlüsselt mitgeliefert wird.

ICV

Integrity Check Value. Wird auch als Nachrichten-Authentisierungs-Code bezeichnet.

IDEA Symmetrischer Block-Chiffrier-Algorithmus, ähnlich dem DES, entwickelt an der ETH Zürich; Schlüssellänge 128 Bit, gilt als sehr sicher.

IEEE 802.10 Norm für die Datensicherheit im LAN, auch SILS genannt.

SILS = Security in Local Area Systems. Die Sicherheitsdienste der ISO-Sicherheitsarchitektur werden in der Netzwerkschicht als Leistungsmerkmale des Medium-Access-Control-Sublayers angeordnet (siehe ISO-Sicherheitsarchitektur).

SILS fordert Vertraulichkeit, Erkennung der Datenunversehrtheit, Authentisierung der Daten, Zugangskontrolle.

IEEE 802.11 Norm für die Verschlüsselung von Daten in drahtlosen Netzen.

IETF Internet Engineering Task Force. Normierungsgremium für das Internet.

IKE Internet-Key-Exchange. Anderer Name für ISAKMP.

INFOSEC Informationssicherheit. Oberbegriff für Computer Security und Communication Security.

Beinhaltet auch Integrity und Reliability. Die Integrität von Daten existiert nur, wenn die gespeicherten Daten überprüfbar korrekt, also nicht manipuliert oder zerstört sind. Die Integrität wird durch kryptografische Prüfzahlen (Hash) überprüft.

Internet Weltweites offenes Netzwerk zur Kommunikation, zum Datenaustausch usw.

Intranet Geschlossener Bereich im Internet, auf den nur registrierte Benutzer nach Authentisierung zugreifen können. Intranets dienen der Kommunikation innerhalb von Unternehmen oder Organisationen.

Integrität von Daten Beweis der Datenintegrität (Unversehrtheit) mit kryptografischen Mitteln (Hash).

IP Internet Protocol. Kommunikations-Protokoll für Netze. IP-Software verwaltet die Adressen der Knoten, leitet die abgehenden Nachrichten und erkennt eingehende Nachrichten.

IP-Adresse Enthält die Adresse der Netzwerkskarte und identifiziert den Rechner innerhalb des weltweiten Netzes eindeutig.

IPSEC Internet Protocol Security zur Gewährleistung der Sicherheit aller mittels TCP/IP übertragenen Daten. Die Regeln sind in RFC1825 bis 1829 beschrieben.

ISAKMP Internet Security Association and Key Management Protocol. Universelles Schlüsselmanagement-Protokoll, auch IKE genannt. Von Cisco/IETF entwickelt. Im Unterschied zu SKIP wird nicht ein zusätzlicher Header, sondern ein TCP-Kanal (Port) zum Transport des Chiffrierschlüssels benutzt.

ISO 7498/2 (Security) Definiert Sicherheit im ISO-Referenzmodell.

ISO Sicherheitsarchitektur In Schicht 1 werden Vertraulichkeit und die Verhinderung von Verkehrsflußanalysen geregelt.
In Schicht 2 ist die Vertraulichkeit von verbindungsorientierten und verbindungslosen Kommunkationsbeziehungen geregelt.
Schicht 3 definiert die Authentisierung des Kommunikationspartners, den Nachweis des Ursprungs der Daten, Zugangskontrolle und Verhinderung der Verkehrsflußanalyse.

ITSEC Information Technology Security Evaluation Criteria Basiert auf dem Orange Book und den entsprechenden Kriterien in GB, F und D. Die Kriterien wurden von den europäischen Staaten GB, F, NL und D als europäische Sicherheitskriterien vereinbart. Sie sind inzwischen von allen europäischen Staaten anerkannt.

ITSEM Information Technology Security Evaluation Manual. Beschreibt die Anwendung der ITSEC.

IV Initial Vector. Initialisierungsvektor zum Start des CBC (cipher block chaining). Für DES-CBC wird sowohl ein Schlüssel wie auch ein IV benötigt. Der zweite Vektor ist dann der Schlüsseltext des ersten Blocks.

JAVA Applet Ein Java Applet ist ein kleines Programm, das zur Zeit hauptsächlich zur Darstellung multimedialer Effekte benutzt wird. Beim Betrachten der Webseiten kann der Browser des Anwenders das Programm automatisch herunterladen und auf dem Client ausführen. Es gibt zwar eine Sicherheitsarchitektur. Sie ist aber nicht lückenlos. Deshalb sollte man gegenüber Applets mißtrauisch sein.

JAVA Von SUN geschaffene Sprache zur Programmierung von Objekten (JAVA Applets).

KEA Key Exchange Algorithm. Eine verbesserte Version von Diffie-Hellman.

Kerberos

Kerberos ist ein Authentisierungsserver für offene Systeme und wurde im Projekt Athena vom MIT entworfen. Mit Kerberos kann ein SSO in C/S-Systemen realisiert werden (mit Kerberos kann sich ein Server von der Echtheit eines Clients überzeugen).
Kerberos bietet 3 Ebenen:

- Authentisierung beim Verbindungsaufbau
- Authentisierung von Nachrichten
- Vertraulichkeit von Nachrichten

Das System besteht aus einem Kerberos Server und einem Ticket Granting Server (TGS), sowie entsprechender Software. Kerberos wird in DCE verwendet.

Key

Schlüssel zur Chiffrierung von Daten durch Modifizierung mit einem Verschlüsselungsalgorithmus.

Key Distribution

Schlüsselverteilung. Ein Key Distribution Center (Schlüssel-Verteilungszentrale) ist eine technische und organisatorische Einrichtung zur Schlüsselverteilung in einem IT-Kommunikationssystem.

Key Encryption Key (KEK)

KEK werden zum Schutz von Data Encryption Keys verwendet (siehe dort). Mit diesem Schlüssel werden Session Keys, Working Keys oder Data Encryption Keys zum Zwecke der Übertragung verschlüsselt. Der KEK wird auch Master Key genannt.

Key Escrow

Verschlüsselungsverfahren, bei denen in der Regel der Staat oder ein Unternehmen über eine Kopie des Schlüssels zum Dechiffrieren verschlüsselter Daten verfügt. Der Nachschlüssel muß bei einer staatlichen Stelle hinterlegt bzw. in einer Datenbank des Unternehmens als Backupkopie gespeichert werden.

Key Generation

Schlüsselerzeugung. Automatische Erzeugung von Schlüsseln. Algorithmen, die nach dem Public-Key-Verfahren (zwei voneinander abhängige Schlüssel) arbeiten, wie z. B. RSA, benötigen eine automatische Schlüsselgenerierung, die auf sichere Weise einmalige und nicht nachvollziehbare Schlüssel erzeugt.

Key Management

Schlüsselmanagement. Organisation der Schlüsselherstellung, -verteilung, -aufbewahrung und -speicherung, Schlüsselbenutzung und -vernichtung gemäß einer Sicherheitspolitik.

Key Recovery

Verfahren, das den Staat oder ein Unternehmen oder eine Behörde in die Lage versetzt, verschlüsselte Daten der Benutzer zu entschlüsseln. Dabei wird der Sitzungsschlüssel nicht nur mit dem öffentlichen Schlüssel des Empfängers, sondern zusätzlich mit dem öffentlichen Schlüssel der Stelle chiffriert, die das Nachschlüsselrecht besitzt. Beide Schlüssel werden mitgesandt.

Known Plaintext Attack	Angriffsverfahren auf verschlüsselte Daten. Der Angreifer kennt sowohl den Klartext als auch den Schlüsseltext. Er versucht, durch Ausprobieren den Schlüssel zu finden.
Kryptoanalyse	Bewertung der kryptografischen Stärke eines Verschlüsselungssystems durch Analyse des Systems.
Kryptografie	Wissenschaft von den Methoden der Verschlüsselung und Entschlüsselung von Daten mit dem Zweck der Unkenntlichmachung der Informationen für Unberechtigte.
Kryptologie	Wissenschaft von der Geheimhaltung von Informationen durch Transformation der Daten. Sie umfaßt die Bereiche Kryptografie und Kryptoanalyse.
L0phtcrack	Hackertool. Liefert in einem Windows NT-System mit 90 Benutzern in 15 Minuten alle Paßworte.
LDAP	Einfachversion von X.500. Soll den sehr komplexen X.500-Standard ersetzen.
Link Encryption	Leitungsverschlüsselung. Verschlüsselung der Nutzdaten und der Kontrollinformationen auf der Leitung (von Modem zu Modem).
Log-in, Log-on	Anmeldeprozedur zu einem IT-System oder Anwendungsverfahren.
Log-off, Log-out	Abmeldeprozedur aus einem IT-System oder Anwendungsverfahren.
Logging	Protokollierung von sicherheitsrelevanten Informationen zur Beweissicherung in einer Logdatei.
Login Script	Anweisungen, die bei Anmeldung eines Benutzers am File Server ausgeführt werden.
Logische Bombe	Unberechtigt und verdeckt implantierte Routinen/ Programme, die bei Eintritt eines logischen Ereignisses (Datum, Logon usw.) einen Angriff einleiten.
MAC (Access Control)	Mandatory Access Control. Festgelegte Zugriffskontrolle. Die Zugriffskontrolle erfolgt durch File Labels und durch formale Ermächtigung des zugreifenden Subjekts. Im File Label werden der Geheimhaltungsgrad und die Kategorie des Objekts gespeichert. Notwendig für Zertifikate B1 und höher.
MAC	Message Authentication Code. Hash basierend auf DES. Für Banken standardisiert unter ANSI X 9.9 (Financial Institutions Message Authentication).
Mailtrust	Deutscher Standard der TeleTrust e.V. für ein sicheres Mailprotokoll mit starken Kryptoalgorithmen. Erlaubt die Anwendung der digitalen Signatur und Verschlüsselung.

Maintenance Hook — Zur Wartung oder Fehlersuche eingebaute Trap Door, die auch ein Angreifer verwenden könnte. Maintenance Hooks müssen deshalb so geschaffen sein, daß sie nicht zur Verletzung der Sicherheit mißbraucht werden können.

Maskerade — Ein unberechtigter Benutzer maskiert sich mit der Benutzerkennung und dem Paßwort des berechtigten Benutzers und verschafft sich seine Zugriffsrechte.

Master Key — Siehe Key Encryption Key.

MD2 — Hash Algorithmus, der einen 128-Bit-Hash-Wert erzeugt. Gilt inzwischen als unsicher.

MD4 — Hash Algorithmus, der einen 128-Bit-Hash-Wert erzeugt. Gilt nicht mehr als sicher

MD5 — Hash Algorithmus, der einen 128-Bit-Hash-Wert erzeugt. MD5 ist eine verbesserte Version von MD4. Die Sicherheit von MD5 ist inzwischen in Frage gestellt worden.

MDC — Modification Detection Code zur Sicherung der Programmintegrität mittels DES Checksum.

NCSC — National Computer Security Center USA Unterabteilung der NSA (National Security Agency) vergleichbar mit dem BSI. NCSC evaluiert Systeme und erteilt Zertifikate.

NfD — Nur für den Dienstgebrauch.

NIST — National Institute of Standard and Technology Amerikanische Normungsbehörde.

Non-Repudiation — Verbindlichkeit von Daten, Sende- und Empfangsnachweis. Durch Non-Repudiation wird ein fälschungssicherer Beweis der Herkunft bzw. der Ankunft von Daten erbracht. Non-Repudiation macht digitale Signaturen verbindlich. Hierzu sind erforderlich: digitale Signatur, Austausch vertrauenswürdiger Zertifikate, Schlüsselerzeugung, die sicherstellt, daß es keine Kopie des geheimen Schlüssels gibt.

NSA — National Security Agency der USA

NTFSDOS — Hackertool; erlaubt die Umgehung des Windows NTFS-Dateisystems.

Object Reuse — Wiederaufbereitung von Daten. Physische Löschung von Objekten zum Zwecke der Wiederbenutzung. Objekte können Dateien, Hauptspeicher, Swapperdatei usw. sein.

OFB — Output Feedback. Key Autokey Cipher Mode von DES. Die Verschlüsselung ist abhängig von Klar- und Schlüsseltext.

One Time Key — Einmalschlüssel

One-Way-Function Einwegfunktion zur Verschlüsselung von Paßworten. Einwegverfahren ermöglichen keine Entschlüsselung.

Orange Book Umgangssprachliche Bezeichnung des TCSEC (Trusted Computer System Evaluation Criteria). Herausgegeben vom amerikanischen Verteidigungsministerium DoD. Es gibt die Sicherheitsstufen

D1	Keine Sicherheit
C1,C2	Discretionary access control
B1-B3,A1	Mandatory Access Control

OSI/ISO Open System Interconnection-Schichtenmodell Kommunikationsstandard mit sieben Schichten (Hardware bis Anwendungsschicht):
- Anwendungsschicht
- Präsentationsschicht
- Sitzungsschicht
- Transportschicht
- Datenschicht
- Linkschicht
- physikalische Schicht

OTP One-Time-Password. Ein OTP wird nur für eine Sitzung verwendet.

PAC Privilege Attribute Certificate (in DCE). Im PAC stehen die Rechte des Benutzers, wie z.B. seine Benutzergruppen-Zugehörigkeit. In DCE sendet der Application Client dem Application Server verschlüsselt das PAC.

PC/TCP TCP/IP-Implementierung für PC (DOS und OS/2) von FTP-Software.

PEM/PKCS Privacy Enhanced Mail. Früher Standard zur Erzeugung einer digitalen Signatur für E-Mail. IETF RFCs 1421 und 1424 Standard. Basiert auf 7-Bit-Nachrichten. Durch S/MIME (siehe dort) überholt.
PEM ist als Internet-Standard definiert. Es existieren mehrere Implementierungen für verschiedene Mailsysteme. PEM basiert auf dem Verschlüsselungsalgorithmus RSA.
PEM ist eine sehr wirkungsvolle Methode zum Schutz des Inhalts von E-Mails und zur Authentisierung der Urheberschaft. Da sie sich jedoch der üblichen Transportmechanismen des Internets bedienen, helfen sie nicht gegen Unterdrückung von Nachrichten, und vor allem schützen sie nicht gegen Erstellung von Kommunikationsprofilen durch die Protokollierung aller E-Mails einer Person.

Personalisierung von SmartCards
SmartCards werden von der SmartCard-Ausgabestelle, auch Registrierstelle genannt, personalisiert, d.h. mit den Merkmalen des Besitzers versehen. Sie erhalten die persönliche Erst-PIN, das Schlüsselpaar und das Zertifikat. Auf der Oberfläche können der Name des Besitzers, sein Foto und seine Unterschrift aufgedruckt werden. Die Seriennummer der Karte sollte als Mindestmerkmal zur eindeutigen Zuordnung aufgedruckt sein.

PGP
Pretty Good Privacy. Das bekannteste E-Mail-Sicherheitstool von Phil Zimmermann. Wird heute von Network Associates vertrieben.

PIN
Personal Identification Number. Paßwort zur Authentisierung meist gegenüber einem Token oder einer SmartCard. PINs sollten länger als 4 Stellen lang und alphanumerisch sein.

Piggy Backing
Huckepack-Eindringen in ein IT-System. Unberechtigter Zugriff eines Dritten unter Ausnutzung einer fremden Zugriffsberechtigung, z.B. nachdem ein Berechtigter sich angemeldet hat.
Kann durch eine gesicherte Pausenfunktion verhindert werden.

PKCS
Public-Key-Cryptography-Standards von RSA, Inc. ist ein Standard zur Implementierung von Public-Key-Verfahren. Es gibt mehrere Versionen.
Vereinbart mit Microsoft, Apple, DEC, Lotus, SUN und MIT.

PKI
Siehe Public-Key-Infrastructure.

Plaintext
Unverschlüsselter Klartext.

Plaintext Attack
Angriff auf eine verschlüsselte Datenmenge (Cipher text). Chosen Plaintext Attack: Dem Angreifer sind einige Klartext-Elemente sowie der dazugehörige Schlüsseltext bekannt. Der Klartext kann auch vom Angreifer vorgegeben und verschlüsselt werden.

PPP
Point-to-Point-Protocol. Zum Austausch von Datenpaketen im Internet per Modem. PPP liegt unter PCP/IP und ist für die serielle Datenübertragung zuständig.

Proxy
Stellvertreter eines Servers gegenüber einem Client und Stellvertreter eines Clients gegenüber einem Server.

Proxy Agent
Auf einem Application Server installierte Software, die einen Sicherheitsdienst anbietet. Der Proxy Agent empfängt nur Pakete des entsprechenden Dienstes auf der einen Seite des Gateways und überträgt diese dann auf die andere Seite, wenn die Filterregeln erfüllt sind. Proxies gibt es für die Dienste HTTP, SMTP, FTP, Telnet etc.

Public-Key	Öffentlicher Schlüssel eines Public-Key-Verfahrens.
Public-Key-Encryption (PKE)	Verfahren, das zwei verschiedene, sich ergänzende Schlüssel zur Ver- und Entschlüsselung verwendet. Einer der beiden Schlüssel wird als Secret-Key geheimgehalten; der andere Public-Key wird veröffentlicht. RSA oder Diffie-Hellman sind bekannte Public-Key-Algorithmen.
Public-Key-Infrastructure (PKI)	Infrastruktur zur Erzeugung, Verteilung und Verwaltung von Schlüsseln und Zertifikaten sowie von Sperrlisten.
PWDump	Hackertool; extrahiert aus der Windows NT Registry die Paßwort-Datenbank.
RACF	Ressource Access Control Facility Security Subsystem der IBM für VM und MVS Mainframes. Rel 1.8 hat das C2-Zertifikat der amerikanischen NCSC seit 1988. Rel 1.9 wurde verbessert und mit B1 zertifiziert.
Replay Attack	Wiedereinspielen von Informationen, z.B. abgefangenen Paßworten.
RHD	RSA-DES-Hybridverfahren. Kombination des symmetrischen DES zur Verschlüsselung der Massendaten und des asymmetrischen RSA zur Verschlüsselung des Sitzungsschlüssels.
RIP	Routing Information Protocol.
RIPEMD	Europäischer Hashalgorithmus. 512-Bit-Eingabe, Hashcode mit 128 oder 160 Bit Länge. Gilt als sehr sicher.
RC2	64-Bit-Block-Chiffrierer.
RC4	Symmetrischer Strom-Chiffrierer.
RFC	Request for Comment. Normen-Entscheidungsplattform aus den Anfängen des Internets. Hat heute die Bedeutung eines Normierungsgremiums für das Internet.
RSA	Rivest, Shamir, Adelman sind die Erfinder des RSA-Algorithmus. RSA Inc. besitzt die Lizenzrechte an RSA. Asymmetrisches Public-Key-Verschlüsselungsverfahren. Es werden zwei verschiedene, aber voneinander abhängige Schlüssel zur Ver- und Entschlüsselung benötigt. Ein Schlüssel ist öffentlich bekannt (Public-Key), der zweite bleibt geheim (Secret-Key). Wird zur sicheren Authentisierung, Verschlüsselung und zur digitalen Signatur verwendet.
SATAN	System Administrator Tool for Analysing Networks Überprüft IP-Netzwerke auf Schwachstellen, die ein Angreifer ausnützen könnte.

Schlüsselmanagement	Organisation der Schlüsselherstellung, -verteilung und -speicherung. Benutzung und Vernichtung regelt die Sicherheitspolitik.
Secret-Key	Geheimer Schlüssel eines Public-Key-Chiffrier-Verfahrens.
SEPP	Secure Electronic Payment Protocol. Ähnlich dem STT-Protokoll. Überholt durch SET.
Session-Key	Schlüssel, der nur für eine Sitzung gilt (Sitzungsschlüssel). Der Session-Key wird üblicherweise, mit einem anderen Schlüssel chiffriert, zwischen zwei Systemen ausgetauscht.
SET	Secure Electronic Transactions. Das gemeinsame Sicherheitsprotokoll von Visa und Mastercard zur Verschlüsselung von Kreditkartendaten im Internet. Wird von IBM, Microsoft und anderen unterstützt.
SHA	Secure Hash Algorithm der NSA. Erzeugt einen 160-Bit-Hash-Wert. Wird im DSS (Digital Signature Standard) verwendet.
S-HTTP	Secure Hypertext Transfer Protocol. Gemeinsames Sicherheitsprotokoll auf der Anwendungsebene, das Verschlüsselungsfunktionen und Signaturen anbietet. Entwickelt von Enterprise Integration Technologies und Commerce Net (IBM, NCSA, Verisign u.a.)
Signatur	Siehe digitale Unterschrift.
Signaturgesetz (SigG)	Gesetz zur Regelung der digitalen Signatur in Deutschland.
Signaturverordnung (SigV)	Verordnung zum Signaturgesetz, die weitere, auch technische Details regelt.
SILS	Security in Local Area Systems.
SKIP	Simple Key Management for Internet Protocols. Das bekannte Schlüsselmanagement von Sun Microsystems. Es basiert auf dem Diffie-Hellman-Public-Key-Verfahren.
Skipjack	Algorithmus, der im Clipper und Capstone Chip verwendet wurde. Symmetrischer Block-Chiffrierer mit einer fixen Schlüssellänge von 80 Bits.
SmartCard	Prozessor Chipkarte. SmartCards werden in der Informationssicherheit u.a. als Schlüsselspeicher eingesetzt. RSA SmartCards übernehmen die Verschlüsselung von Daten in der Karte.
SMTP	Simple Mail Transport Protocol. Einfaches Protokoll zur Übertragung von E-Mails über das Internet. Die Identität des Absenders wird nicht geprüft. Die Übertragung erfolgt im Klartext.

S/MIME Secure/Multipurpose Internet Mail. Spezifikation für Secure-Mail von RSA, Inc. »digital envelope« arbeitet mit der hybriden Methode. Die Nachricht wird mit einem symmetrischen Algorithmus verschlüsselt, der Schlüssel mit RSA. Es werden 3 verschiedene symmetrische Algorithmen wahlweise zugelassen: DES, Triple-DES und RC2. RSA wird als Public-Key-Algorithmus verwendet.

Spoofing Vortäuschen einer Identität im Internet, in dem eine echte Internetadresse gefälscht wird.

SSL Secure Socket Layer. Das am weitesten verbreitete Sicherheitsprotokoll der Netscape-Browser, das zwischen den Anwendungen (HTML, FTP, NNTP u.a.) und dem Netz liegt und derzeit als Quasi-Standard gilt. Dieses Protokoll ist zuständig für die Authentizität von Servern und Clients und für die Nachrichtenintegrität und Vertraulichkeit. In den USA ist dieses Protokoll als 128-Bit-Version erhältlich. Außerhalb der USA steht nur eine 40-Bit-Verschlüsselung zur Verfügung, die relativ unsicher ist.

STT Secure Transaction Technology. Das Kreditkartenprotokoll von Visa und Microsoft.

TCP/IP Transmission Protocol Program / Internet Protocol erlaubt eine hervorragende Interoperabilität zwischen Netzwerken. Eine Anzahl von Protokollen, die ursprünglich vom amerikanischen Verteidigungsministerium entwickelt worden sind. TCP/IP ist für zahlreiche Computer verfügbar (z.B. UNIX, MS-DOS oder Windows).

TCSEC Trusted Computer Systems Evaluation Criteria Orange Book

TeleTrust Deutscher eingetragener Verein zur Förderung von Wissenschaft, Normung und Bildung im Bereich der Entwicklung einer verläßlichen Informations- und Kommunikationstechnik.

Telnet Das Telnetprotokoll erlaubt eine Terminalsitzung zwischen einem Client und einem Server über eine TCP-Verbindung. Der Client muß sich beim Server durch eine Login-Prozedur authentisieren. Paßworte werden im Klartext übertragen.

Tempest Temporary Emission and Spurious Transmission Abstrahlsicherheit

TGS Ticket Granting Server in Kerberos-Systemen. Vom Kerberos Server wird im Login-Prozeß ein Urticket angefordert, das der Benutzer mittels Paßwort verwenden kann. TGS stellt dann ein Ticket für den entsprechenden Server aus. Der Anwendungsclient kann dieses Ticket zum Identitätsnachweis bei einem Anwendungsserver verwenden.

Token Funktionseinheit, die einem Subjekt (Benutzer) gehört, und die zu seiner Identifikation und Authentisierung verwendet wird. Ein klassischer Token ist der Schlüssel. Moderne Tokens sind ID-Cards, SmartCards, ID-Tokens usw.

Trap Door (TD) Falltür. Verdeckt implantierte Routinen/Programme für einen Angriff auf ein IT-System durch Umgehung oder Durchdringung eines Sicherheitssystems. Die Trap Door wird durch eine spezielle Zeichen- oder Ereignisfolge von einem Terminal aufgestoßen. Eine Trap Door kann auch zu Test- und Wartungszwekken eingebaut sein.

Triple DES Triple DES ist sicherer als DES. Triple DES arbeitet mit einer Schlüssellänge von 112 oder 168 Bit. Es werden jeweils Blöcke von 64 Bit mit dem Schlüssel in 16 Runden modifiziert (siehe DES).

Trust Center (TC) Vertrauenswürdige dritte Partei, die Zertifikate ausstellt und beglaubigt. Wird häufig auch Zertifizierungsinstanz oder Zertifizierungstelle (CA) genannt (siehe dort).

Trusted LAN (TLAN) Lokales Netzwerk, das vertrauenswürdig ist, d.h. zertifiziert wurde.

Trustee Bevollmächtigter, Treuhänder. Netware-Benutzer, der definierte Zugriffsrechte besitzt.

TSS Transaction Security System der IBM. Hardware/Software-Lösung zur Sicherung von Transaktionen zwischen PC und MVS. Kombination von DES-Verschlüsselung mit SmartCard. Wird in Banken für bestimmte Aufgaben eingesetzt.

Tunneling Schaffung eines sicheren »Tunnels«, durch den Informationen geschleust werden;

IPSEC (RFC1825-1827).

UDP User Datagram Protocol

UNIX V.4.1 Sichere Version der UNIX Version 4.

URL Uniform Resource Locator. IP-Adresse einer Ressource im Internet.

Verbindlichkeit von Daten Siehe Non-Repudiation.

Verschlußsachen
Es gibt folgende Stufen:
- 1. VS-Nur für den Dienstgebrauch (official use only, restricted)
- 2. VS-vertraulich (confidential)
- 3. VS-geheim (secret)
- 4. VS-streng geheim (top secret)

Verschlüsselung Chiffrierung
Es gibt zwei unterschiedliche Verfahren: Symmetrische (DES, IDEA, Triple DES) und asymmetrische (RSA, DAS); (siehe jeweils dort).

Vertraulichkeit von Daten
Die Vertraulichkeit von Daten wird durch sichere Verschlüsselung gewährleistet.

Viren
Programme, die sich unbemerkt in andere kopieren und zu einem definierten Zeitpunkt irgendwelche Aktionen ausführen, die meist schädlich sind.

VPN
Virtual-Private-Network. Logisches sicheres Netz innerhalb eines bestehenden unsicheren Netzes, in dem verschlüsselte Informationen zwischen den beteiligten Rechnern durch »secure tunnels« übertragen werden.

WAN
Wide Area Network. Weitverkehrsnetz; verbindet entfernte Computer über Standleitungen oder öffentliche Wählleitungen (ISDN oder X.25) miteinander.

Web-Server
Rechner, der den auf dem HTTP basierenden Internetdienst WWW anbietet.

WWW
World-Wide-Web. Internetdienst, der auf HTTP basiert.

X.400
OSI-Standard für E-Mail-Systeme.

X.500
OSI-Standard für Verzeichnisdienste.

X.509
Internationale Norm für digitale Zertifikate.

X.509V3 Zertifikat
Teilnehmer in Kommunikationssystemen erhalten von einer akkreditierten Zertifizierungsinstanz ein Zertifikat mit der Benutzerkennung, einem Gültigkeitsdatum und dem öffentlichen Schlüssel. Es ist mit dem geheimen Schlüssel der Zertifizierungsinstanz signiert. Der Empfänger eines Zertifikats kann sich durch Prüfung der Signatur mit dem öffentlichen Schlüssel der Zertifizierungsinstanz von der Glaubwürdigkeit des Zertifikats überzeugen.

Zertifikat
Datensatz zur eindeutigen Authentisierung von Kommunikationspartnern (siehe X.509v3-Zertifikat)

Zertifizierungsinstanz

Die Zertifizierungsinstanz ist eine anerkannte vertrauenswürdige Stelle. Sie generiert und verteilt Schlüssel und Zertifikate. Sie unterschreibt die Zertifikate der Benutzer mit ihrem eigenen geheimen Schlüssel elektronisch (siehe auch X.509v3 Zertifikate).

Das deutsche Signaturgesetz regelt die Zertifizierungsinstanzen.

Zugriffsrechte

Zugriffsrechte auf eine Ressource (Gerät, Datei oder Dateiengruppe usw.) sind:

Read, Write, Create, Delete (Erase), Scan, Rename und Modify oder Execute.

B Adressen, Literaturhinweise

B.1 Adressen

B.1.1 Wurzelinstanz, Oberste Zertifizierungsstelle

Regulierungsbehörde für Telekommunikation und Post
Postfach 8001
55003 Mainz
E-Mail: *schwemmer@bapt.de*
Telefon: 06131 / 18-0
Fax: 06131 / 18-5618

B.1.2 Oberste Zertifizierungsstelle für Betriebssysteme, technische Komponenten, Zertifizierungsstellen

Bundesamt für Sicherheit in der Informationstechnik (BSI)
Postfach 200363
53133 Bonn
Telefon: 0228 / 9582-0
Fax: 0228 / 9582-400

B.1.3 CERT in Deutschland

BSI-CERT

Bundesamt für Sicherheit in der Informationstechnik (BSI)
Postfach 200363
53133 Bonn
Telefon: 0228 / 9582-427
Fax: 0228 / 9582-427
E-Mail: *cert@bsi.de*

DFN-CERT

Universität Hamburg
Fachbereich Informatik
Vogt-Kölln-Str. 30
Telefon: 040 / 5494-2262
Fax: 040 / 5464-2241
E-Mail für Vorfälle und Sicherheitslücken: *dfncert@cert.dfn.de*
Andere Anfragen: *dfncert-request@cert.dfn.de*
Mailinglisten für Diskussionen: *win-sec@cert.dfn.de*
Mailinglisten für sicherheitsrelevante Informationen: *win-sec-ssc@cert.dfn.de*
World Wide Web: *http://www.cert.dfn.de/dfncert/dfncert.html*

B.1.4 Virus Center

Micro-BIT Virus Center
E-Mail: *cert@rz.uni-karlsruhe.de*
Telefon: 0721 / 376422
Fax: 0721 / 32550

B.1.5 Firewall-Mailing-Liste

E-Mail: *majordomo@greatcircle.com* (subscribe firewalls)

B.1.6 Nützliche Internet-Adressen

Datenschutz und Datenrecht (Verlag Vieweg), Informationen zum Thema Datenschutz: *http://www.dud.de*

Gesamthochschule Kassel, Informationen zum Thema Datensicherheit: *http://www.provet.org*

Telesec: *http://www.telekom.de/telesec*

Teletrust e.V.: *http://www.teletrust.de*

Universität Siegen, Informationen zum Thema Verschlüsselung: *http://www.uni-siegen.de/security*

Universität Freiburg, Informationen zum Thema Sicherheit in der Kommunikationstechnik: *http://www.iig.uni-freiburg.de/dbskolleg*

Universität Freiburg, Informationen zum Thema verläßliche IT-Systeme: *http://www.iig.uni-freiburg.de/gi/vis/*

B.1.7 Anbieter der beschriebenen Sicherheitslösungen

Kryptokom
Gesellschaft für kryptografische Informationssicherheit
und Kommunikationstechnologie mbH
Dennewartstr. 27
52068 Aachen
Telefon: 0241 / 963-1380
Fax: 0241 / 963-1390
World Wide Web: *http://www.kryptokom.de*

Utimaco Safeware AG
Dornbachstr. 30
61440 Oberursel
Telefon: 06171 / 917-0
Fax: 06171 / 917-110
World Wide Web: *http://www.utimaco.de*

B.2 Literaturhinweise

KES
Zeitschrift für Kommunikations- und EDV-Sicherheit
SecuMedia Verlags-GmbH
Gaulsheimer Str. 17
Postfach 1234
55205 Ingelheim
Telefon: 06725/5995
Fax: 06725/5994

Datenrecht und Datenschutz (DuD)
Zeitschrift für Datenrecht und Datenschutz
Friedr. Vieweg & Sohn Verlagsgesellschaft mbH
Postfach 5829
65048 Wiesbaden

Pohlmann, Norbert: Firewall-Systeme, Sicherheit für Internet und Intranet Internat. Thomson Publ. 1997, ISBN 3-8266-4015-2

Bieser, Wendelin: Chipkarte statt Füllfederhalter: Daten beweissicher »elektronisch unterschreiben« und zuverlässig schützen, Hüthig Verlag, 1998 ISBN 3-7785-2634-0

Smith, Richard E.: Internet Kryptographie, Addison Wesley Longman, Inc. ISBN 3-8273-1344-9

Reinhard Wobst: Abenteuer Kryptologie; Addison Wesley Longman, Inc. ISBN 3-8273-1193-4

Hermann-Josef Bergmann, Jutta Stolp: Datenschutz und Datensicherheit für vernetzte PCs, Hüthig Verlag, Heidelberg, 1997 ISBN 3-7785-2530-1

Bruce Schneier: Angewandte Kryptographie, Addison Wesley Longman, Inc. ISBN 3-89319-854-7

Stichwortverzeichnis

R

S

T

U

V

W

X

Z